经济刑法基础理论

JINGJI XINGFA JICHU LILUN

王海桥 著

中国政法大学出版社

2021·北京

图书在版编目（ＣＩＰ）数据

经济刑法基础理论/王海桥著. 一北京:中国政法大学出版社,2021.5
ISBN 978-7-5620-9990-1

Ⅰ.①经… Ⅱ.①王… Ⅲ.①经济犯罪－刑法－研究－中国 Ⅳ.①D924.334

中国版本图书馆CIP数据核字(2021)第102540号

出 版 者	中国政法大学出版社
地　　址	北京市海淀区西土城路25号
邮寄地址	北京100088信箱8034分箱　邮编100088
网　　址	http://www.cuplpress.com (网络实名：中国政法大学出版社)
电　　话	010-58908586(编辑部) 58908334(邮购部)
编辑邮箱	zhengfadch@126.com
承　　印	固安华明印业有限公司
开　　本	720mm×960mm　　1/16
印　　张	13
字　　数	240千字
版　　次	2021年5月第1版
印　　次	2021年5月第1次印刷
定　　价	59.00元

目 录
CONTENTS

导　论

　　自 20 世纪 70 年代末中国现代化进程重新起步以来，四十多年间，中国的经济社会诸多领域都发生了巨大的变迁。目前，中国正处于从传统社会向现代化经济社会转型的过程之中，农业社会、工业社会、信息社会多种形态并存，特别是不同经济区域的发展呈现出明显差异，这是一个经济利益格局不断调整、重新形成的过程，也是一个社会共识、价值观和公共信仰日趋离散化和逐渐实现多元化的过程。很显然，中国当前的经济社会变迁对刑法适用产生了深刻的影响，刑法的发展态势、程度与社会变迁的状况紧密交织在一起。中国正在努力构建和谐社会，力求实现现代化，经济社会变迁体现出新的阶段性特征，更加重视对资源和环境保护，继续推进市场经济变革，实现公有制与非公有制经济平等保护，进一步完善法律制度；与此同时，坚持改革开放，与国际社会的联系日益密切，全球化趋势更加明显。这在某种程度上表明，社会转变使得经济发展对刑法的依赖性更强，社会缺乏安全感，社会内部价值多元化，国际社会对国内刑法影响加大。由于市场经济活动中个体选择的自由和欲求增多，再加上科技的进步、经济的全球化、文化的异质、国际跨境金融风险的不断发生，社会行动者被海量的信息淹没。经济社会呈现出既繁荣又混乱的状态，一个现代化的社会却有着无处不在的集聚性经济风险，需要完善的刑法保障社会安全。从刑法角度来看，在社会变迁使得生活经济形态快速转变的情形下，普通刑法所设定的犯罪构成要件已无法完整保护我们理想的生活状态，各种新形态的特别刑法、附属刑法大量出现于各种刑事法律领域，其中经济刑法即为此新形态之一。

经济刑法的概念应当从应然和实然两个层面展开分析，在作出具体界定时，需要在明确经济刑法与经济犯罪关系的前提下对经济刑法作出准确诠释。从部门法衔接的角度而言，刑法与经济法作为各自独立的部门法规范体系，尽管在经济行为这一事实范畴的理解方面存在一致性，但是二者关于经济行为的规范价值判断存在显著差异。刑法重点评价的是何种经济行为具有严重的法益侵害性，属于刑法所确立的违法犯罪类型，需要在规范层面予以否定性评价并给予刑罚责难。这就意味着，在刑法与经济法的关系理解上，关键点在于刑法与经济法的行为违法界限究竟何在。作为具有实践效力的部门法，刑法的生命力及其核心价值主要在于刑事司法适用，其在应然层面的讨论最终仍然需要回到实然层面。就实然层面而言，经济刑法作为以违反特定的经济活动法规为前提，适用于关于商事活动及经济交易犯罪，保护整体经济秩序之安定性及公正性的刑法规范的总称，其范畴主要应当被限定为《刑法》[1]分则第三章"破坏社会主义市场经济秩序罪"。我国现行《刑法》第三章规定了破坏社会主义市场经济秩序犯罪，其相关罪名所规制的经济违法行为不仅涵盖了经济法所调整的宏观的"市场调控行为"和微观的"市场规制行为"，也包含了商法所调整的部分商事行为和知识产权法所调整的部分知识产权行为，与此同时还要求行为的实施能够对经济秩序造成严重损害。因此，刑法所规制的经济违法行为应当被理解为行为人在经济活动过程中所实施的与市场经济秩序违反相关的行为。也即认为，刑法之中的经济行为按照现行《刑法》分则第三章的规定，是严重违反经济秩序的行为，在与经济法重合的范畴内，要求经济违法行为具有严重的法益侵害性，刑法并不调整所有的经济违法行为，与此同时，刑法所规制的对象并不限于经济法所界定的经济违法行为，还包括商法、知识产权法以及其他扰乱市场经济秩序的行为。

由于中国经济正处于快速转型期，司法实践中不时遇到新问题，刑法典必须随着不同区域经济社会的发展而进行相应的修改和完善。20多年来，我国立法机关先后通过了11个刑法修正案、1个单行刑法和13个刑法立法

---

[1]《刑法》，即《中华人民共和国刑法》，为表述方便，本书中涉及的我国法律直接使用简称，省去"中华人民共和国"字样，全书统一，不再赘述。

解释文件，并在其他非刑事法律中规定了一些刑事条款，对 1997 年《刑法》进行了局部修改、补充和完善。这些刑事立法的变化主要是为了适应经济社会的快速变化，体现了刑法的发展，另一方面却只能是非系统性的和暂时性的应急措施。近年来的许多刑事立法趋势越来越表明我国开始注重效率和预防的技术性法益与技术性立法。在某种意义上，法益不再是被用以拘束立法者任意立法的审查标准，而是一个可以任意切割或是填充任何经济犯罪概念、任何经济利益的空盒子。可以发现，我国刑法规范的频繁修改和变更更多地表现为随着区域经济形态变化和生产要素重新流动配置，经济犯罪大量增加、刑法需要规制的经济领域危险逐渐上升、传统犯罪在新兴经济领域不断出现新形态。

针对不同的经济社会现实，不同国家刑事政策的内涵和精神在经济生活领域都会有所不同。因此，只有从经济社会实际需求出发制定的刑事政策才能对经济刑事立法、司法、执法活动产生积极的导向作用，并且刑事政策必须随着我国经济社会的发展而有所调整。与此同时，我国资源在空间分布上并不均衡，京津冀、长三角和中西部等区域都有适合各自的区域经济发展模式，民营经济比重差异明显，这种经济失衡的状态导致经济犯罪呈现出显著的区域差异特征。因此，刑事政策的确立还应在保持刑法规范相对稳定的大前提下，从特定适用区域的不同经济结构出发，在立法和司法层面确定适合该区域市场经济规律的具体刑事政策。特别需要关注的是，中国经济发展水平较高的区域已经全面进入信息时代，经济犯罪呈现出与以往截然不同的特质，依靠传统的刑事政策思维进行打击已经难以满足经济社会发展的客观现实需要，因此有必要就此进行特别思考并提出治理对策。

对经济刑法规范进行解释适用，必须找到判断的基准，这种重要的基准主要就是要考虑立法所设立的行为类型以及其所欲保护的法益所在，因此，有必要对经济刑法的保护法益和行为类型进行阐释。经济刑法作为以整体经济秩序及整体经济中具有重要功能的主体权益、工具或制度为保护客体的刑法规范，其整体上的保护对象是经济交易秩序而非传统上学者们所认为的管理秩序，但是这种抽象的超个人经济法益应当被理解为可以还原为具体的个人经济法益，但这种还原并不意味着任何一种具体的经济犯罪都一定存在一个直接的个人被害主体。经济刑法的行为类型应当从两个方面进行理解：一方面，经济刑法的行为类型是一个次序概念、意义概念和功能性概念，可以在不同程度上适应复杂多样的社会现实，具有典型性、普遍性的不法行为在类型中能够被立法者和司法者直观地、整体地加以掌握。正是在这个意义上，类型不再是一种精确的形式逻辑的思维，只是在某种程度上将具体的违法事实归属于类型之下，使得彼此之间产生对应，而在这种彼此对应里，经济刑法的行为类型构成了普遍与特殊的中介。它相对于经济刑法（和经济犯罪）的概念属于具体，而相对于需要刑法规制的事实则属于特殊中的普遍者。另一方面，经济刑法的行为类型亦与发生在经济活动领域中的个别违法现象相区别，因为对于类型来说，只出现过一次或几次的不法活动不是典型的事物。因此，经济刑法的行为类型本身在法领域意指的是规范类型。

经济刑法的规范解释，是刑法解释基本原理在经济活动领域基于经济刑法规范特殊性的具体化，其遵循刑法解释的基本原理。具体而言，应包括经济刑法解释理念、方法及其运用规则三个层面。经济刑法解释理念应能指导经济刑法规范适用的整个过程，其对经济刑法解释基本方法的选择和确定具有决定性作用，并且经济刑法解释方法应当在法实践过程中遵循某些特定的规则，这种从理论到实践的系统化运行模式能够真正保证实现经济刑法的立法类型化转向司法的个案定型化，只有通过双向对应的解释路径才能最终促使经济刑法解释的原理建构具有内在的自我完善功能。

第一节　经济刑法的概念

对于经济刑法的概念应当自应然和实然两个层面展开分析，在作出具体界定时，需要在明确经济刑法与经济犯罪关系的前提下对经济刑法作出准确诠释。

一、经济犯罪与经济刑法的关系

"经济刑法"迄今仍不是一个严格意义上的法律概念，它是学者们为便于从刑法学的角度研究经济犯罪问题而采用的一个学理概念。在经济刑法这个大概念之下，有些学者在研究中还将其细分为财产刑法、资本刑法、环境刑法（公害刑法）、金融刑法、企业刑法、公司刑法、商事刑法、竞业刑法等较低层次的概念，这些也都不是严格的法律概念，而是学理概念。[1] 但学界一般认为，在实然层面上，经济刑法是关于经济犯罪及其刑事责任和刑罚的刑事法律规范的总称。从这一界定可以看出，经济刑法与经济犯罪的关系取决于经济犯罪这一范畴的界定。规范刑法学领域所探讨的经济犯罪是刑法条文明确规定的经济犯罪，是经济刑法的一部分，而犯罪学领域中所探讨的经济犯罪则不仅包括刑法领域的经济犯罪，而且包括其他在犯罪学上有研究意义，在刑事法律中却没有加以明确规定的经济犯

---

〔1〕　参见陈泽宪主编：《经济刑法新论》，群众出版社2001年版，第14~15页。

罪行为。我们姑且称前一种经济犯罪的概念为狭义的经济犯罪概念,它与经济刑法所规范的犯罪行为的范围是一致的;而后一种为广义的经济犯罪概念,它所研究的犯罪行为的范围大于规范刑法学的范畴,此范畴下的经济犯罪与经济刑法是交叉关系,各有彼此不能包含的内容。研究经济刑法的立法模式,是从规范刑法学角度出发对经济犯罪的立法载体形式和具体条文的立法规定方式进行探讨。狭义的经济犯罪概念符合这一要求,而广义的经济犯罪概念则是与这一要求相悖的。基于以上关系界定,笔者对于经济刑法和经济犯罪的探讨均立足于规范刑法学的领域(即成文法领域),不对犯罪学领域的其他经济犯罪进行讨论。因此,要处理好经济犯罪与经济刑法的关系,就必须站在规范刑法学的立场上去理解经济犯罪。

但有的学者在主张就经济犯罪单独立法时认为,制定具有单独性的有关经济犯罪的刑事法规,主要是就经济犯罪或者破坏市场经济秩序的犯罪作出专门性的规定,它不可能涉及刑法的一般原理、一般原则、犯罪的总的形式、刑罚的种类等基本内容。这种单独性的刑法规范必须以刑法典为基础,它所规定的内容不过是刑法典分则中的一类犯罪,不可能具有刑法典的品性和共性。如果涉及经济犯罪的刑事规范被冠以"刑法"的名称,那么涉及其他类型犯罪的刑事规范也可被冠以"人身刑法""财产刑法"等名称,这样"刑法"本身就不复存在了。因此,这些学者认为应当将单独性的经济犯罪刑法规范冠以"经济犯罪法"或者"破坏市场经济犯罪法"之名。[1] 笔者不赞同这种观点:首先,即使没有总则性的刑法一般原理等规定,在这种专门经济犯罪立法的设计上,经济犯罪的立法描述仍然包括具体经济犯罪行为的罪状和法定刑,仍然涉及经济犯罪的刑事责任和刑罚问题,经济犯罪仅是经济刑法内容的一部分。"经济犯罪法"或"破坏市场经济犯罪法"的名称并不能涵括经济犯罪的刑事责任和刑罚部分。只规定具体经济犯罪的构成要件而不规定经济犯罪的刑事责任和刑罚的行政法律法规,仅仅是经济犯罪的目录而已,不能被称为真正的罪刑规范。其次,即使经济刑法单独立法,它与刑法典的关系也是特别法与一般法的关系,并不存在分裂刑法的问题,因为单行经济刑法也必须受到刑法总则一般原

〔1〕 杨兴培、李翔:《经济犯罪和经济刑法研究》,北京大学出版社 2009 年版,第 393 页。

理的制约和指导。

因此，笔者认为，经济刑法这一学理概念并无不当，其是关于经济犯罪行为的规范总称。在应然层面上，其不仅包括刑法实体法所确立的经济犯罪的各种类型，有时还包括犯罪学角度所研究的经济犯罪。但是在实然层面上，其是指我国关于经济犯罪及其刑事责任和刑罚的刑事法律规范的总称。经济刑法作为刑法学中关于经济犯罪的规范总称，虽然主要聚焦经济活动主体实施的经济违法行为及其刑事制裁，在刑事政策、法益衡量以及解释论等方面均具有特殊性，但在立法模式和司法适用层面均遵循刑法的一般原理。

二、经济刑法的概念

传统犯罪分为人身（people）侵害及财产（property）侵害两类。因为被害对象（victims）可能是人，例如杀人、伤害及妨害自由；犯罪客体也可能是财产或财物，例如抢夺、侵占及毁损。1940 年美国社会学者萨瑟兰教授（Edwin H. Sutherland）提出白领犯罪（white-collar crime）概念前，相关研究认为从杀人（murder）、伤害（assault）、加重窃盗（burglary）、抢夺（robbery），以及性侵害（sex offenses）案件来看，犯罪应属于社会底层（lower class）的产物，因为就犯罪率来看，上流社会犯罪仅仅占整体犯罪的 2%。

犯罪学上的经济犯罪概念最早由英国学者希尔（E. C. Hill）提出。1872年，在于英国伦敦举行的预防与抵制犯罪的国际会议上，希尔以《犯罪的资本家》为题发表演讲，首先道出了经济犯罪的重要性。[1]其后，美国学者萨瑟兰教授于 1939 年首次以犯罪主体的独特身份和地位为视角提出了白领犯罪这一概念。其认为，白领犯罪是一种商业（business）与犯罪的结合，可能是个人行为，也可能具有组织性，与非犯罪集团合作，有复杂的文书作业及掩饰为其特征，而且调查人员往往难以了解其动机，以及取得证据。他从犯罪学角度将经济犯罪的范围界定为："具有崇高社会地位的人在其职业活动中违反别人所托付的信任，破坏刑法规范的行为。"[2]

---

〔1〕　林山田：《经济犯罪与经济刑法》，三民书局 1981 年版，第 5 页。

〔2〕　周密主编：《美国经济犯罪和经济刑法研究》，北京大学出版社 1993 年版，第 20 页。

前述学者对于经济犯罪含义的探讨都是以犯罪主体的特殊身份为视角进行的。尤其是白领犯罪,虽然它与经济犯罪的概念并不完全等同,[1]但是将以往被人们所忽视的白领阶层的犯罪引入了犯罪学关注的领域,这在犯罪学上具有划时代的意义。然而,白领犯罪的研究角度决定了其重大意义只能局限于犯罪学,在主要以刑法所保护法益之不同为标准来划分犯罪类型的规范刑法中,最早由德国学者林德曼教授(K. Lindeman)提出的"经济刑法"一词具有更加重大的研究意义。1932 年,德国刑法学者林德曼提出,经济犯罪是一种侵犯国家整体经济及其重要部门与制度的可罚性行为。这一定义抓住了经济犯罪的本质。1954 年,联邦德国在修改经济刑法时进一步明确下列两种情况是经济犯罪:①该行为所波及的范围或造成的影响具有严重破坏经济秩序,特别是现行市场秩序或价格制度性质的;②行为人顽固地反复进行违法行为,或在营业上追求应受谴责的利益,或实施其他不负责任的行为从而表现出对经济秩序,特别是对关于保护现行市场秩序和价格制度的公共利益持藐视态度。[2]

对于经济刑法的概念,国外存在以下三种宽窄不一的认识:

第一,狭义的经济刑法概念。早在 1932 年,德国刑法学者林德曼就已经写过一本书,叫作《有独立的经济刑法吗》。在这本书中,他给经济刑法下了一个定义:"经济犯罪是以整体经济及其重要部门为保护对象的法律。"[3]这种经济刑法的概念强调经济刑法所保护的是与整体经济运行相关的超个人法益。多数学者认为这种经济刑法概念因其关注范围过窄而影响了其适应性。[4]笔者赞同认为此种定义失之过窄的说法,因为过窄的范围界定会不利于国家通过刑法对经济犯罪进行打击。

---

〔1〕 白领犯罪是以犯罪主体的特定身份来界定的,而经济犯罪是以犯罪行为的性质和侵犯的客体来界定的,白领犯罪与经济犯罪是交叉关系。有的白领犯罪不是经济犯罪,如白领所犯的侵犯公民人身权利、民主权利的犯罪;有的经济犯罪也不是白领犯罪,如生产销售伪劣商品罪并不要求犯罪主体必须是白领。

〔2〕 参见[日]神山雄敏:"德国经济刑法制度的变迁",载《经济犯罪研究》(第 1 卷),成文堂 1991 年版,第 3 页,转引自顾肖荣等:《经济刑法总论比较研究》,上海社会科学院出版社 2008 年版,第 3 页。

〔3〕 林东茂:《危险犯与经济刑法》,五南图书出版公司 1996 年版,第 63 页。

〔4〕 林山田:《经济犯罪与经济刑法》,三民书局 1981 年版,第 88~89 页。

第二，广义的经济刑法概念。经济刑法是一切与经济活动和经济利益有关的刑法规范，包括传统形态的财产刑法和新兴形态的"公害刑法"以及一切从事经济管制的附属刑法，如被分散规定于民商法、经济与贸易及财税法规以及一切经济性行政法规中具有刑法性质的法律规范。[1]这种经济刑法所保护的法益不仅包括与整体经济运行相关的超个人法益，而且包括一切与经济有关的个人法益（这种与经济相关的个人法益不仅包括关系整体经济运行的个人法益，还包括财产性的个人法益）。这种经济刑法的概念界定无疑有过宽之嫌，因为如果只要是涉及经济利益的法益便要对其进行保护，会使经济刑法丧失独特性，从而不利于国家制定专门性的法律和运用专门性的手段有力打击经济犯罪。

第三，折中的经济刑法概念。经济刑法是规定经济犯法行为的处罚条件及其法律后果的刑事法规范。这里所称的经济法规乃指规定有关经济生活与经济活动的法律规范，特别是一切经济结构与经济交易所需货物的生产、制造、分配与交易等经济活动的刑法规范。[2]这种经济刑法所保护的法益是与整体经济运行相关的超个人法益和个人法益。从这个范畴的经济刑法所保护的法益来讲，笔者认为这个范围是合适的。例如，生产、销售有毒、有害食品罪所保护的法益，不仅包括食品的生产、销售秩序和国家食品监督管理秩序，还包括个人的身体健康权和消费者的相关权利。这其中不仅包括社会法益、国家法益这种超个人的法益，还包括与整体经济运行秩序相关的个人法益。

针对上述不同经济刑法的概念，学界存在不同认知。前文已述，经济刑法是关于经济犯罪刑法规范的总称。有学者认为，所谓经济犯罪，从刑法的角度看，一般是指为了谋取不法利益，利用法律交往和经济交易所允许的经济活动方式，直接或间接地违反规范经济活动的法规，而足以危害正常的经济活动与妨碍经济秩序的应受处罚的行为；另有学者则分析指出，经济刑法是与经济性法规有关的刑法规范的总称，那些未违反特定的经济法规，而直接由刑法规定的一般财产犯罪（如抢劫罪等）和其他追求非法

---

〔1〕　林山田：《经济犯罪与经济刑法》，三民书局1981年版，第87~88页。
〔2〕　林山田：《经济犯罪与经济刑法》，三民书局1981年版，第89页。

经济利益的犯罪（如赌博罪等）规范，则不属于经济刑法的范畴。[1]

　　依照日本学者的见解，经济犯罪为"侵害一般消费者或经济主体之企业、公机关等之财产的、经济的利益，或使之发生危险之行为"。与之相对应，经济刑法有广义和狭义之分。广义的经济刑法为"适用于关于企业活动及经济交易之犯罪的处罚规定总体"。其所欲保护的法益有三：其一，包含企业在内之个人之财产法益；其二，整体经济秩序之安定性与公正性；其三，规范财经相关事业或交易之法规之实效性。若仅保护后两种法益，则为狭义的经济刑法。与此同时，经济犯罪作为一种从财产犯罪分化而来的专业性新型犯罪，其和普通财产犯罪虽然都以财物和经济利益为犯罪目标，但却有着以下三个主要区别：一是从犯罪领域来看，经济犯罪发生在经济活动的过程中，而普通财产犯罪中并不存在真实的经济活动；二是就犯罪手段而言，普通财产犯罪大多为体力犯罪，且与经济活动中的职业行为无关，而经济犯罪则大多为智力犯罪，且与行为人所从事的职业有关；三是普通财产犯罪的被害人受损情况通常直接、具体，而经济犯罪却很少针对某个特定个人，其受害者不但有个人，而且有社会整体或集体，故其被害人的受损情况往往间接、复杂。基于前述考虑，笔者认为，为凸显经济刑法相对于传统刑法中保护个人财产法益之规范的特殊性，而避免彼此不同之概念相互混淆，应当排除第一种法益。再者，刑法本来就不应成为行政法的工具，刑法本身具有独立性，其违法性判断并不必然受行政机关所为判断拘束，且"规范财经相关事业或交易之法规"基本上皆为行政法规，原则上本来就附有行政处罚的法律效果，所以即使没有经济刑法特别来保护此类法规之实效性，也不致造成在规范效力上的漏洞，是以前述第三种法益也不应属于经济刑法所应保护之法益。就刑法保护法益角度而言，经济刑法之定义应采狭义说，是指以违反特定的经济法规为前提，适用于关于商事活动及经济交易犯罪，保护整体经济秩序之安定性及公正性的刑法规范的总称。

---

　　[1]　详细评析请参见陈泽宪主编：《经济刑法新论》，群众出版社2001年版，第16~17页。

第二节　我国经济刑法的范畴

一、刑法与经济法协调语境中的"经济行为"

市场经济是现代国家发展国民经济的一般体制和基本模式，依靠市场实现资源的优化配置，亦即通过市场解决社会经济生活中生产什么、如何生产亦即为谁生产的问题。相应地，市场参与主体所进行的前述活动便是经济行为。经济行为是市场机制动态化的体现，支撑其运行的机制便是优胜劣汰的市场竞争。由于竞争是集相互角逐的过程和优胜劣汰的结果于一体的运行机制，因而行为主体会想方设法在经济运行中获取有利结果，以使自身立于不败之地，由此原本产生经济效益的经济行为便可能具有了负外部性，因而需要规制。现代法治国背景下，法治自然成了经济规制的依据和保障，但法和法学在传统上重视由法的不同部门对经济行为或经济关系做"分别调整"和"分段调整"。随着社会化和现代经济的发展，经济行为形式多样、经济关系复杂多变，相互联结、相互渗透，产生了对经济行为进行综合治理、系统调整的客观要求。经济法正是反映经济关系分化与综合这两种发展趋势要求，体现法律的统、分两种调整机制功能的法律部门。一方面，它通过具体的制度和规范，分别细致地调整着各种经济关系；另一方面，它又在总体上和全过程中对经济关系进行综合、系统的挑战。经济法既是国家全面调控经济、对经济实行综合治理的法律部门，同时也是体现现代法系统工程的法律部门。[1]

经济法与民商法、行政法等传统部门法有所不同，即没有独立的法律责任承担形式。实践中，若发生经济违法行为，通常转为民事责任、行政责任或者刑事责任的追究与承担，并没有独立的经济法律责任承担形式（尽管有学者提出，不名誉等制裁措施也是制裁形式，但仍有诸多争议），因而在经济法中对经济违法行为的责任追究需要依据其违法性和损害程度确立相应的责任机制，如侵权、违约或者犯罪等，既可能是仅追究上述三

---

〔1〕　参见刘文华主编：《经济法》（第4版），中国人民大学出版社2012年版，第48页。

种责任类型中的一种，也可能是多种责任形式并存。从这个意义上来说，刑法与经济法的关系实际上就是经济行为犯罪化的问题，即其犯罪化的标准和依据是什么？若如此，随之而来的问题便是，什么是经济行为？"经济行为"在不同的学科中可能有不同的理解，刑法理解的范畴可能比较广泛，即与经济活动有关的行为，也可能稍微窄一点，仅指民商事行为。但经济法对经济行为的理解是特定的，即仅指国家介入市场的经济运行行为，或者有的学者强调，体现国家意志的经济行为方为经济法上的"经济行为"而非笼统地指出"与经济有关的行为"。这样一来，刑法与经济法关系问题的研究范围可能也就相应地缩小了，与刑法学的一般认识也有所差别。不过，这一研究的命题可能更为集中一些，因为经济法通常将"经济行为"依据经济学原理和其影响范围的不同而分为微观的"市场规制行为"和宏观的"宏观调控行为"两大类，前者较为典型的就是竞争行为、垄断行为，后者如税收政策、金融调控等行为。相应地，就是对这两大类行为的犯罪化问题予以研究，如垄断行为是否应予以犯罪化、理由是什么？如美国对垄断行为作出了刑罚规定，但欧盟却没有，为什么？《反垄断法》没有直接规定垄断行为的刑事责任，但《刑法》对串通招投标行为规定了刑事责任（串通招投标行为，通常被认为是典型的横向垄断协议，即垄断行为之一种），实践中有人提出我国当前垄断行为十分猖獗，应该规定刑事责任。那么，是否应该规定，理由是什么，界定标准又如何确定等便都是值得研究的。因此，关于刑法与经济法的关系，本部分拟从最基本的概念研究着手，即从对"经济行为"的界定谈起。

刑法与经济法作为各自独立的部门法规范体系，尽管在经济行为这一事实范畴的理解方面存在一致性，但是二者关于经济行为的规范价值判断存在显著差异。刑法重点评价的是何种经济行为具有严重的法益侵害性，属于刑法所确立的违法犯罪类型，需要在规范层面予以否定性评价并给予刑罚责难。这就意味着，在刑法与经济法的关系理解上，关键点在于刑法与经济法的行为违法界限究竟何在？二者对经济行为是否应当作一致性理解，当存在冲突时二者的违法评价又应如何有效协调？就刑法与经济法的关系而言，二者均处于宪法统率下的统一法规范体系之中，同时对经济领域的违法行为进行规制调整，但是由于经济法本身缺乏自己的责任承担形式，因此对于那些严重侵害经济领域保护法益的行为，需要刑法予以规制和惩罚。刑法与经济法的衔接正是在立法层面大量采用空白罪状规范的经济刑法领域。刑法作为经济法的补充法、后盾法的特性得以充分体现，刑法的适用应符合法规范的同一性要求，即对于相同的概念和规范内容原则上应当与经济法进行一致性理解，经济领域的刑事违法性判断一般要求符合二次违法性原则。但是，就刑法角度而言，完全无视刑法的独立性判断，主张经济领域的刑法规范只能作为经济法的后盾法、补充法加以适用，显然是对二者关系的理解存在偏差。

经济法对违法行为的理解通常与"经济"范围的界定密切相关，只有准确理解何为"经济"才能将与经济活动相关的违法行为纳入经济法规制的范畴。问题在于，"经济"概念的范围过于宽泛，任何满足人类需求的行为，尤其是与财产相关的经济活动，都可以被纳入经济领域。比如，德国宪法法院就认为，经济法就是包括全部与经济活动有关的规定。[1]这样一种宽泛的理解显然不符合我国经济法的界定。与此同时，在刑事领域，经济违法行为的规制属于经济刑法范畴，而刑法对于经济关系的调整要比经济法更加广泛，不仅仅局限于国家介入市场的经济运行行为或体现国家意志的经济行为。因此，在刑法之中讨论经济行为，无法直接照搬经济法关于经济违法行为的界定，需要对经济违法行为根据刑法的规范保护目的进行独立分析。对刑法之中的经济违法行为进行界定需要厘清一个前提，即在刑事立法层面，某种行为是因属于经济刑法所规制的对象，所以应当被界定为经济犯罪行为，还是由于其本身属于经济活动之中的违法行为，所以被刑法规制时属于经济刑法范畴？笔者认为，刑法之中的经济违法行为应当是存在于我国经济活动之中，被我国刑法所调整，归属于经济刑法范畴的行为。如此可以肯定，虽然属于经济活动之中的行为但是不被刑法所调整、规制的，不属于刑法之中的经济违法行为，虽然被刑法所调整规制，但不能归属于经济刑法范畴的，也不属于刑法之中的经济犯罪行为。

作为具有实践效力的部门法，刑法的生命力及其核心价值主要在于刑事司法适用，其在应然层面的讨论最终仍然需要回到实然层面。就实然层

---

[1]　参见王世洲：《德国经济犯罪与经济刑法研究》，北京大学出版社 1999 年版，第 1 页。

面而言，经济刑法是以违反特定的经济活动法规为前提，适用于商事活动及经济交易犯罪，保护整体经济秩序之安定性及公正性的刑法规范的总称，其范畴主要应当被限定为我国《刑法》分则第三章"破坏社会主义市场经济秩序罪"。按照经济法学界的认知，经济法与民法、商法、知识产权法等存在较为显著的区分，因此经济法所规制的经济行为主要是国家介入市场经济运行行为，与民事行为、商事行为、知识产权行为等界限较为显著。但是，在刑法领域，尽管如前文所述，对于经济刑法的概念和范畴存在不同认知，但可以肯定的是，现行《刑法》分则第三章规定了破坏社会主义市场经济秩序犯罪，其相关罪名所规制的经济违法行为不仅涵盖了经济法所调整的宏观的"市场调控行为"和微观的"市场规制行为"，也包含了商法所调整的部分商事行为和知识产权法所调整的部分知识产权行为。与此同时，还要求行为的实施能够对经济秩序造成严重损害。因此，刑法所规制的经济违法行为应当被理解为行为人在经济活动过程中所实施的违反市场经济秩序的相关行为。也即认为，刑法之中的经济行为按照现行《刑法》分则第三章的规定，是严重违反经济秩序的行为，在与经济法重合的范畴内，要求经济违法行为具有严重的法益侵害性，刑法并不调整所有的经济违法行为。与此同时，刑法所规制的对象并不限于经济法所界定的经济违法行为，还包括商法、知识产权法以及其他扰乱市场经济秩序的行为。具体而言，应当从以下三个方面进行理解：

第一，刑法之中的经济行为应当被限定为严重侵害经济秩序法益的行为。笔者认为，经济刑法的保护法益是整体经济秩序之安定性与公正性，经济法与刑法所欲保护的法益共同构成具体的犯罪行为类型。因此，刑法所规制的经济违法行为的范畴原则上应当以经济法为限，但是基于刑法的严厉性，刑法所规制的并非所有经济法领域内的违法行为，而是那些严重破坏整体经济秩序之行为。

第二，与经济法不同，刑法中的经济违法行为不限于违反国家经济管理秩序的行为。国家经济的快速平稳发展，需要以刑法作为强力手段予以保障，但是在市场经济环境下，国家的干涉应当作为市场资源基础性配置作用的补充。因此，刑法在对市场经济进行介入时必须适度，只规制那些严重扰乱市场经济秩序的经济行为。在这个意义上，经济刑法本身具有显著的二次违法性特征。经济行为扰乱市场经济秩序，是否意味着刑法所规制的经济违法行为只能是违反经济管理秩序的行为？是否包括平等主体之间的经济交易违法行为？经济刑法主要是与经济类管理法规相衔接，不仅涉及经济犯的调整范畴，还与商法、知识产权法的调整范畴部分重合。这就意味着，刑法中的经济违法行为主要是与经济管理秩序相关的行为，体现出较为明显的"公法"色彩；另一方面，对于基于商事合同、知识产权合同等进行的经济平等主体之间发生的经济交易性违法行为，虽然具有明显的"私法"性质，但当其因为行为方式或者侵害法益足以严重扰乱、破坏市场交易安全等时，也属于刑法中的经济犯罪行为。

第三，就刑法与经济法的关系而言，对经济刑法空白罪状的规范内容应独立判断。基于罪刑法定原则的基本要求，刑法对于罪刑相关的概念，应当尽可能加以类型化，这种类型化是根据刑法的规范保护任务决定的，其也是立法原意和刑法目的解释的界限。空白罪状援引的经济法规，在与刑法的罪责条款相衔接时，往往具体规定的是构成要件要素的具体规范内容。[1]因此，在就经济刑法进行相关刑事裁量的过程中，必须注重刑法价值的独立判断，防止规范适用的从属性，进而才能有效避免经济行政部门法规实际上直接补足刑法的犯罪构成。这是因为，刑法作为唯一规制犯罪与刑罚的部门法，具有独立的规制对象和范围，具有相对于其他法律而言独立的价值观念和评价机制。[2]此外，进行刑法的独立性判断时，还必须考虑经济刑法的规范保护任务，即使经济法有关于追究刑事责任的指引性条款，但是如不存在需要刑法保护的明确的现实化法益，犯罪构成要件也不存在齐备的可能性，此时不应按照经济法的规定追究刑事责任。

二、我国经济刑法的范畴界定

我国 1979 年《刑法》并没有明确规定经济犯罪的概念，而是在其分则第三章规定了走私罪、投机倒把罪、偷税罪、假冒商标罪等破坏社会主义

---

〔1〕　刑法的构成要件和构成要件要素应当加以区分，理论上对此存在认识误区。详细请参见肖中华：《犯罪构成及其关系论》，中国人民大学出版社 2000 年版，第 142 页以下。

〔2〕　具体阐释请参见肖中华："经济犯罪的规范解释"，载《法学研究》2006 年第 5 期。

经济秩序罪。其后的第五届全国人民代表大会第二十二次会议于 1982 年 3 月 8 日审议通过了《关于严惩严重破坏经济的罪犯的决定》（已失效），该决定在国内首次使用了"经济犯罪"这一术语。但其只对经济犯罪的外延予以罗列，[1]并未给出一个法定的、内涵式的经济犯罪概念。我国目前的刑法也未对经济犯罪的概念给予明确界定。这种情况带来了刑法学界关于经济刑法范畴的争论。

此外，我国公、检、法机关对经济刑法的范围认识也不一致：对于公安机关而言，经济刑法就是指《刑法》分则第三章规定的"破坏社会主义市场经济秩序罪"，检察机关所称的经济刑法除了《刑法》分则第三章以外，还包括《刑法》分则第八章规定的"贪污贿赂罪"；法院系统的经济刑法范围既包括《刑法》分则第三章、《刑法》分则第八章，还包括《刑法》分则第五章"侵犯财产罪"。[2]

从公、检、法机关关于经济犯罪范围的不同认识和多年来学界的争论来看，经济刑法的范畴界定主要有以下三类：

第一，大经济犯罪范畴。这种观点认为经济犯罪是指违反国家工业、农业、财政、金融、税收、价格、海关、工商、森林、水产、矿山等经济管理法规，或者盗窃、侵吞、骗取、哄抢、非法占有公共财物和公民的合法财物、破坏社会主义经济秩序和经济建设，使国家、集体和人民利益遭受严重损害，依法应当受到刑罚处罚的行为。[3]由此引申，经济犯罪应当包括三个层次：一类是破坏社会主义经济秩序触犯《刑法》的行为；另一类是侵犯财产所有权触犯《刑法》的行为；还有一类是以获取经济利益为目的的其他触犯《刑法》的行为。这类大经济犯罪概念以广义的经济为标准来判断犯罪性质，即既包括关涉整体经济运行的犯罪，也包括财产犯罪，以及其他涉及经济利益的犯罪，如贪污贿赂犯罪。也有学者基于此种广义的经济标准判断认为，在我国，经济刑法似应包括下列刑法规范：一是《刑法》分则第三章关于"破坏社会主义市场经济秩序罪"的规定；二是

---

〔1〕 该决定以条文形式罗列了违反国家海关、工商、金融、财政、金银等经济管理法规的犯罪。

〔2〕 孙国祥、魏昌东：《经济刑法研究》，法律出版社 2005 年版，第 32 页。

〔3〕 孙广华："论经济犯罪（上）"，载《中国法学》1988 年第 2 期。

《刑法》分则第八章关于"贪污贿赂"的规定；三是《刑法》分则第五章"侵犯财产罪"中关于"职务侵占罪"和"挪用资金罪"的规定；四是《刑法》分则第六章第六节关于"破坏环境资源保护罪"的规定；五是国家立法机构通过的补充规定某种经济犯罪的单行刑法，如 1998 年全国人大常委会《关于惩治骗购外汇、逃汇和非法买卖外汇犯罪的决定》和 1999 年《刑法（修正案）》中关于经济犯罪的规定等；六是在国家经济行政法律中规定有关经济犯罪的附属刑法规范。[1]

笔者认为，在这种概念界定下，经济刑法的范围显然将会失之过宽，如果仅以与经济利益相关为判断标准，那么大多数犯罪恐怕都会涉及经济利益，如以贪财为动机的杀人。以谋取经济利益为目的既可以为法定犯罪构成要件规定的犯罪主观方面的部分，也可以超出法定犯罪构成要件，考察非法定构成要件的犯罪动机，这样的考察类似于国外的广义的经济刑法概念，因为没有考虑到经济犯罪的独特性而已经失去了在刑法上对其进行独立考察的意义。以是否与经济利益相关为标准来界定经济刑法的范围太过宽泛和笼统，导致没有确定的界限可以被用来区分经济犯罪和非经济犯罪。这样的范围界定可以将刑法中的大多数犯罪归入经济刑法的统领范围，但是也使经济刑法的独特性丧失了，不符合研究的目的。

第二，中经济犯罪范畴。这种主张认为经济犯罪活动或表现为违反国家经济管理法规，破坏国家经济管理活动的行为；或表现为侵害社会主义的所有制关系、攫取公私财物的行为；或表现为利用职权牟取暴利的行为。[2]依照上述观点，经济犯罪主要包括两大类：一类是我国 1979 年《刑法》分则第三章规定的"破坏社会主义经济秩序罪"；另外一类是 1979 年《刑法》分则第五章规定的"侵犯财产罪"和第八章规定的"贪污贿赂罪"。这类经济犯罪概念将财产犯罪、贪污贿赂犯罪和破坏社会主义经济秩序的犯罪都列入经济犯罪，也存在无视破坏经济秩序犯罪的独特性、忽略其与侵犯财产犯罪和贪污贿赂犯罪之不同的弊端。

经济犯罪不同于贪污贿赂犯罪，贪污贿赂犯罪所侵犯的主要客体是国

---

〔1〕　参见陈泽宪主编：《经济刑法新论》，群众出版社 2001 年版，第 17~18 页。

〔2〕　张穹："经济犯罪概念刍议"，载《中国法制报》1987 年 1 月 28 日。

家工作人员公务行为的廉洁性，只有部分贪污贿赂犯罪在特定情形下才会造成破坏社会主义市场经济秩序的结果。而且，即使造成了这样的结果，也只是贪污贿赂犯罪间接侵害的法益，其主要侵犯的仍然是公务人员公务行为的廉洁性。这与经济刑法直接保护国家整体经济的运行秩序有所不同，且现行刑法已经将和商业活动相关的贪污、贿赂、职务侵占、挪用资金和公款等行为在我国《刑法》分则第三章第四节加以特别规定，因此不宜再将贪污贿赂犯罪归入经济犯罪。

如前文关于经济刑法的定义界定所论及的，财产犯罪与经济犯罪也存在很大的不同：首先，也是最重要的一项是，财产犯罪侵犯的是静态的财产关系，是稳定的传统犯罪，不仅为法律所惩罚，也为道德所不容。将财产犯罪规定在刑法中，是有利于惩治财产犯罪的，学界对此并无争议，但是，经济犯罪侵犯的是动态的经济关系，变动性较大。从经济犯罪的产生原因我们可以看出，经济犯罪是不同于传统财产犯罪的：经济犯罪的形成，一方面是经济活动形态的改变带来了社会结构的调整，在这段时期中，法律的规定没有及时赶上经济的发展，进而造成存在很多易为不法之徒所利用的法律空隙；另一方面，配合工业社会结构所需的新道德与社会价值观也尚未建立，从而使得法律制度在经济领域中的落伍现象所造成的恶果更加恶化。此外，政府机关对于国家给予人民的经济自由未能作适当而有效的监督与管制。[1]对于经济刑法在立法模式上到底应该采取单行刑法、附属刑法、刑法典还是专门的经济刑法典的形式，才能更好地达到打击经济犯罪的目的，学界是有充分的争议理由的。其次，由于财产犯罪是传统犯罪，人们对于财产犯罪的犯罪形态和刑事违法性早已有所认识，其刑法条文规定的形式已足以让司法者和普通大众理解。但是，经济犯罪则是新兴犯罪或者是变异的传统犯罪，人们对于很多经济犯罪的犯罪形态和刑事违法性是缺乏认识的，甚至连司法者都常常需要及时更新知识系统才能适应经济刑法内容的变更，而且常常需要借助经济部门法的知识才能明确相关经济犯罪的具体构成要件要素的内涵。因此，如何完善经济犯罪的刑法条文规定方式，以便于司法者和普通大众理解，仍然有待于探索。

---

〔1〕 林山田：《经济犯罪与经济刑法》，三民书局1981年版，第1页。

因此，我们不能简单地将经济犯罪和财产犯罪、贪污贿赂犯罪都划入经济犯罪的统摄之下，而应根据经济犯罪的特点，明确其适用范围。这样才能有利于打击经济犯罪，维护市场经济秩序的稳定和有序。

第三，小经济犯罪范畴。这种观点认为经济犯罪只能发生在社会经济活动和经济管理之中。[1]这类经济犯罪仅包括《刑法》"侵犯社会主义经济秩序罪"这一章的犯罪。这种说法得到了当时学界权威的赞同。[2]结合笔者所持规范刑法学判断立场以及经济刑法的定义，笔者赞同将经济犯罪的范畴从原则上限定在我国《刑法》分则第三章"破坏社会主义市场经济秩序罪"内。刑法分则主要是按照各类犯罪保护的客体之不同进行分类的，《刑法》分则第三章"破坏社会主义市场经济秩序罪"所保护的客体就是社会主义市场经济整体秩序，与其他各章都有所不同，而对这一客体的侵犯正是经济犯罪应受惩罚之原因。《刑法》分则以专章的形式对这类犯罪予以规定，体现了该章所覆盖的犯罪的共同特点，也将其他客体不同的犯罪排除在外，尤显科学性和合理性。前文论及的大经济犯罪概念的过于笼统、经济犯罪与财产犯罪和贪污贿赂犯罪的不同都证明了"破坏社会主义市场经济秩序罪"这章所规定的犯罪具有独立的研究意义，是刑法上的经济犯罪，这是根据经济犯罪的特点采用的适合其发挥作用的法律规定方式。

这里需要特别讨论的是破坏环境资源犯罪。有学者分析指出，我国学者陈泽宪等人将破坏环境资源的犯罪和走私犯罪列为经济犯罪，而日本学者则没有列入。由于我国《刑法》分则第三章第二节列有走私罪，因此将走私罪列为经济犯罪是恰当的。而破坏环境资源的犯罪，在我国刑法中被列在第六章第六节，属于妨害社会管理秩序罪，所以将破坏环境资源保护罪列为经济犯罪并不妥当。既然经济犯罪应以实定法为依据，而实定法明确将破坏环境资源保护罪归入分则第六章"妨害社会管理秩序罪"，那它就

---

〔1〕　廖增昀："略论经济犯罪"，载《法律学习与研究》1988年第1期。

〔2〕　高铭暄、王作富主编：《中国惩治经济犯罪全书》，中国政法大学出版社1995年版，第37页；马克昌主编：《经济犯罪新论：破坏社会主义经济秩序罪研究》，武汉大学出版社1998年版，第4页；孙国祥、魏昌东：《经济刑法研究》，法律出版社2005年版，第33页。

不属于分则第三章破坏社会主义市场经济秩序的经济犯罪。[1]笔者认为，我国刑法分则主要是按照各类犯罪保护的客体之不同进行分类的，但是并不意味着绝对如此。环境资源法已经成为一个独立的部门法，但是其在传统意义上属于经济法的重要部分，是以将其视为特别的经济法规并无不妥，且随着我国对环境资源保护的日益重视，将破坏环境资源的犯罪行为认定为主要妨害资源管理秩序已经不尽妥当。未来我国对于环境资源的刑法保护更应注重环境资源法益本身，且在我国司法实践中，破坏环境资源犯罪主要还是发生在经济活动中，考虑到资源对于经济持续健康发展的重要性，因此，笔者主张将破坏环境资源犯罪纳入经济刑法调整的范畴。

综上所述，笔者认为，确定经济犯罪的内涵及其外延是非常有必要的，不仅能够为司法机关提供统一的标准，有利于更好地打击经济犯罪，而且能够使人们对经济犯罪的相关知识进行更加理性和系统的认识，有利于以法律的形式促进社会主义市场经济道德体系在全社会的建立。

---

[1] 参见顾肖荣等：《经济刑法总论比较研究》，上海社会科学院出版社2008年版，第13~14页。

第一节　经济社会变迁与刑事政策转向

一、经济社会变迁与刑法回应

社会变迁与经济刑法发展的关系，套用弗里德曼的话来说，即经济刑法既是我国经济社会变迁的反应装置，又是经济社会变迁的推动装置。"一个社会的制度，就社会学的角度而言，就是一套被广泛接受、沿用的信念和行动，这些信念和行动的基础，则在于社会通过历史文化的发展所共认的价值（当然包括了社会构成分子因为接受这些价值所表现的行为）。由于价值本身原是人类在思想活动中根据本性、情感所作的赞赏或确认，所以当某种价值取向在一个社会中得到相当的认同时，它在事实上便已左右了此一社会规范形态上的决定。"[1]从法社会学的角度出发，经济犯罪是社会共通价值观所不能容忍的经济反价值行为，而刑法不过是社会对经济犯罪行为集体非难情绪的反应。只要社会价值或文化价值发生变化，就必然或多或少地关系到包括刑法在内的社会控制手段。从马克思主义法律理论的观点来看，刑法作为上层建筑，或快或慢地要随着经济基础的变革而发展。经济刑法从来都不可能是立法者为所欲为的产物，它必须描述社会经济关系并服从市场经济发展的规律，"必须和我们能够知道和认识到的关于我们社会的生存条件和人类精神的作用方式的情况相一致。在这个意义上，刑

---

〔1〕　李模译：《社会变迁与犯罪——联合国第三届预防犯罪罪犯处遇大会资料》。

法（和所有的法一样）与现实就有一种难分难解的相互关系：它塑造现实（即使是在很有限的程度上），同时它又受到现实的影响。忽视现实的刑法，尽管或许是荒谬可笑的，但肯定是不公正的"。[1]纵观各国经济刑法发展的历史及近况我们可以发现，从刑法理念、体系到规范形态，每次重大的变化都被打上了经济社会变迁和文明进步的烙印，回应不同经济时代的要求甚至成了法治文明的标志之一。这种回应主要从三个层面表现出来：

（一）刑法制度和规范层面

刑法对经济社会变迁的反应主要体现在制度和规范层面，其直接表现就是刑法典的修订。当立法者认为现行刑法规定已经不能适应维持社会经济秩序和保护经济法益的需要时，便会开展刑法典修订工作。风险社会是指在全球化发展背景下，由人类实践所导致的全球性风险占据主导地位，在这样的社会里，各种全球性风险对人类的生存和发展都具有严重威胁。一般说来，经济犯罪是伴随商品经济而产生的一种犯罪形态，与风险社会下的其他风险（诸如恐怖犯罪等）相比，经济犯罪被外国学者称为"宁静灾害"，尽管不是狂风暴雨式地爆发，但却呈现出了未来不确定性等特质，而且犯罪危害十分严重，形式不断推陈出新。因此，随着经济社会的发展，刑法需要及时地在规范层面作出回应。特别是进入20世纪以来，经济科技日益发达，企业、金融、知识产权、数据信息高速发展，经济思想愈益多元化、社会结构更趋开放，各国刑法典的修订也越来越频繁。德国现行刑法典渊源于1871年5月15日的《德意志帝国刑法典》，为适应不断变化的情况和需要，该法典历经6部刑法改革法，并经过多次修订而成。[2]我国1979年《刑法》制定后，最高立法机关先后通过了21个单行刑事法律，并在70多个非刑事法律中设置了附属刑法规范，对刑法典作了一系列补充修改。我国1997年《刑法》全面修订后，在20多年里就又出台了1个单行刑法、11个刑法修正案和13个刑法立法解释文件，并在其他非刑事法律中规定了一些刑事指引条款，对1997年《刑法》进行了局部的修改、补充和完

---

〔1〕 参见［德］托马斯·魏根特："论刑法与时代精神"，樊文译，载陈兴良主编：《刑事法评论》（第19卷），北京大学出版社2007年版。

〔2〕 王钢："德国近五十年刑事立法述评"，载《政治与法律》2020年第3期。

善。其中修正的条文涉及诸多经济刑法规范，从另一个角度来说，也足见当今中国经济社会转型之剧烈。经济刑法规范变动的主要内容在于犯罪圈的调整，犯罪圈的大小与社会价值和经济结构的变迁密切相关。一方面，一些经济行为过去被认为是犯罪，由于社会文化价值的变迁，因不再被认为具有社会危害性而在刑法中退缩；另一方面，也可能因为社会的发展而产生新的经济犯罪类型。前者如对公司认缴出资等行为的非犯罪化，后者如因公害污染而导致的环境犯罪以及由现代科技引发的新兴犯罪等。特别是随着工业化和知识经济时代的到来，刑法对于单位犯罪的处置和对于知识产权的保护变得越来越重要。当然，经济刑法规范也必须保持相对稳定性，它或多或少地会落后于经济社会发展的步伐。

（二）刑法观念和目的层面

刑法观念和目的属于社会意识形态范畴，归根结底是由社会存在决定的，并通过刑法制度和规范表现出来。现代刑法平等、人道、谦抑等观念早已深入人心。这是启蒙运动以来，同封建专制做斗争，民主、自由、平等、人权思想不断发展壮大的结果。在早期个人没有主体地位的专制时代，盛行株连和结果责任，罪刑法定和责任主义都是不可想象的。正是通过产业革命和思想解放的互相作用，注重等级和权威的农业化、封建化社会结构才终被注重个人价值的多元化、开放性经济社会结构所取代，现代刑法观念才得以发扬光大。一部刑法目的的嬗变史，可以从一个侧面反映社会文明进步的程度。早期社会的刑法，维持秩序是首要甚至唯一的目的，专政工具的色彩非常浓烈。随着经济社会的发展，民主主义和人权思想日益成为现代刑法的两大思想基石，刑法已不再仅仅被作为维持统治秩序的工具，而是作为一种社会控制的手段，被赋予更多的社会责任和使命，"不仅成为被害人的大宪章，也成为被告人的大宪章"。刑罚功能和目的认识的嬗变集中说明了社会文化变迁对法律观念的影响。随着经济社会的发展，刑罚的演进也经历了不同的价值目标变迁，从单纯的报复，到威慑，到矫正，再到公正与功利价值的统一。总体而言，刑罚目的的变化与人类文明的发展基本相对应。

（三）刑法解释与罪刑法定层面

立法的速度永远赶不上社会生活变化的速度，刑法从它制定的那天起就已滞后于社会现实，而刑事立法又必须保持相对的稳定性，因此除了采用高超的立法技术以尽量适应社会生活之复杂情况外，刑法解释变得不可或缺。而且，刑法解释对社会复杂情况的回应比刑法规范的立、改、废要更迅速、更直接，甚至必须通过解释实现刑法规范的"活化"。关于刑法解释立场的争论也正说明了社会变迁与法律回应之间的某种紧张关系。长期以来，在解释立场上，存在主观解释论与客观解释论的争议。主观解释论者要求刑法解释要努力探求立法原意，客观解释论则认为立法原意既不存在也无法寻找，刑法解释应立足于刑法文本所表现的客观含义，符合社会发展的实际状况。事实上，无论采取何种解释论的立场，刑法解释都必须面对各种各样的新情况并作出回应，避免法律适用的僵化。司法也希望能够通过解释解决的法律适用问题就尽可能通过解释来解决，以最大限度地避免法律漏洞，适应社会发展的复杂情况（当然从严格意义上说，奉行罪刑法定主义的刑法是不存在法律漏洞的）。此外，刑法理论包括诸多刑法用语（如期待可能性、社会相当性、相当因果关系等），其理解和判断之标准本身基于社会一般人的认识水平，随着社会文化价值的变化而有所调整。

在刑法领域适用社会学解释会使司法判决更符合罪责刑相适应原则，实体法的规定滞后于社会现实变化是导致罪责刑不相适应的重要原因。因此，学界和实务界往往运用归纳、演绎、类比等逻辑推理方式，这些逻辑推理具有较强的固定性，在法律逻辑推理之外运用社会学的解释方法，可以有效地增强刑法的灵活性。笔者可以举例加以说明：经济社会发展过程中出现的新形式犯罪在刑法规范中尚未规定，但这些犯罪行为具有具体的危害性，对其进行处罚更有利于保护合法利益，从社会危害性的角度进行分析，就可以为处罚此类行为找到依据，也不会有纵容犯罪的情况出现。同理，在经济发展的特定时期，个案依据法律条文的规定应处以重刑，但基于案件自身的特殊性和社会效果的考量，法官作出一个相对较轻的处罚不但不会违反罪责刑相适应的要求，反而有利于保护社会整体经济利益。这两个例子从不同角度论证了社会学解释在刑法领域的适用，非但没有违反罪刑法定原则中的罪责刑相适应的要求，反而与这一要求是相一致的。

二、经济刑法刑事政策的必要调整

刑事政策是指国家有关机关为落实国家的社会政策，保障公民基本权利，控制和预防犯罪，稳定社会秩序，根据本国的犯罪总态势而制定的合理调控犯罪率及其程度的各种策略、措施的总和。笔者认为，刑事政策与经济社会变迁的关系极为密切。首先，刑事政策的制定必须立足于一个国家、地区、一个时期的经济社会发展实际。针对不同的经济社会现实，不同国家的刑事政策的内涵和精神在经济生活领域都会有所不同。只有从经济社会实际需求出发制定的刑事政策才能对经济刑事立法、司法、执法活动产生积极的导向作用。其次，刑事政策必须随经济社会发展而有所调整。这种调整有时是主动的，立法者需要通过刑事政策的调整达到某种经济目的；有时又是被动的，社会发展的经济现实需要迫使刑事政策作出相应的改变。当社会经济秩序比较稳定、经济状况较好的时候，一般采用比较宽大的刑事政策；当政权初建或是社会经济秩序比较混乱的时候，各国一般严厉打击经济犯罪，充分发挥刑罚的威慑和预防功能。早在古代，我国就有了"刑罚世轻世重""乱世用重典"等刑法思想。20世纪以来，走私、洗钱、金融诈骗等犯罪愈演愈烈，各国从维护和加强国家安全的角度出发，对严重的经济犯罪均加大了打击力度，从严惩处重罪。与此同时，交通肇事犯、少年犯、初犯偶犯等处置却日益向轻缓的方向发展。所谓"轻轻重重"两极化的刑事政策，在世界范围内得到了大体的认同，也较好地回应了时代和社会经济发展的要求。可以说，刑事政策的变化记载着一个国家、地区社会的经济发展状况，体现这个地方和一定时期的经济特色，带有较为浓烈的时代痕迹。

1997年《刑法》修订以前，全国人大常委会共发布了22个补充决定和补充规定，其中包括《关于严惩严重破坏经济的犯罪的决定》（已失效）在内有9个是关于经济犯罪的。修订后的1997年《刑法》整合了1979年《刑法》的条文和相关规定，在此基础上设立了"破坏社会主义市场经济秩序罪"一章。其后，1998年全国人大常委会发布《关于惩治骗购外汇、逃汇和非法买卖外汇犯罪的决定》。1999年到2020年发布的11个刑法修正案大部分都与经济犯罪的修改与完善有关，占 11 个刑法修正案条文的一半左右。从我国刑法修正的趋势来看，经济犯罪立法在行为扩张的同时还有刑罚继续加重的倾向。比如，刑法修正案加重了生产、销售不符合标准的医用器材罪，国有公司、企业、事业单位人员失职罪，国有公司、企业、事业单位人员滥用职权罪，操纵证券、期货交易价格罪等罪名的法定刑。刑法对经济犯罪的确立和打击是国家权力干预经济活动的一种特殊方式，它通过对某种经济行为的打击，达到国家所追求的稳定和保护正常经济关系的目的。因此，经济犯罪的具体样态总是与一定时期国家的经济政策与刑事政策相契合的。然而，静观我国近年来刑法立法修正变化和经济犯罪刑事政策目的的进程我们不难发现，经济刑法立法背后最重要的推手主要是经济风险的预防与排除，以及一国政治经济秩序的安定与安全。这种以国家经济安全、社会经济秩序为名的法益保护最令人存有异议的地方就是容易导致刑法工具化的倾向，并过于相信刑法措施可以提高打击经济犯罪的效率。

此处，笔者以洗钱犯罪的刑事政策为例稍加展开。除了过于概括的法益保护受到批判之外，防制洗钱行为的刑法手段也被批评具有浓厚的警察法化色彩。洗钱防制的手段多是强化对于金融机构的监理，例如强制金融机构与客户交易时必须确认客户，保留交易记录凭证，以及对于一定数量的大额通货交易与疑似洗钱交易行为负有申报义务等。这些行政化的预防措施，一方面将金融机构视为国家追查犯罪与洗钱行为的延长"手足"，金融机构如有违反申报制度者则科以一定的罚款，以督促其配合洗钱防治工作；另一方面则将所有存放于金融机构或借由金融机构进行交易的金钱，均暂时推定为犯罪不法所得，因而必须借由确认客户、保留交易凭证与各种各样的申报制度，以达到防止洗钱的目的。围绕洗钱罪所制定的种种金融管制措施使防制洗钱的行政规范与刑法规范成了近代最重要的经济刑法，且这个经济刑法明显是以预防为导向的，甚至借由对金融机构的管制与规范创设出了新的金融伦理规范。金融人员违反洗钱规范的行为，不仅是违法行为，也逐渐被视为违反金融伦理之行为。上述状况与我国当前宽严相济的刑事政策并不一致。就经济刑法而言，立法法网趋于严密而司法适用趋于宽和更符合宽严相济的应有之义。

我们需要认识到，经济犯罪的存在是必然的，甚至还有一定的合理性，这就要求我们关注并肯定特定时期非常态经济行为对经济发展的积极作用。"宽严相济"是主客观的有机统一，面对客观存在的经济犯罪，"宽"与"严"的分布不应当是均等的，即对于那些与传统的财产犯罪具有密切联系的经济犯罪（如金融诈骗、走私、偷逃税、伪造货币等犯罪），应当采取严厉的态度，设置相对较重的法定刑，予以严厉惩治，因为这类犯罪经常会造成公私财产的巨大损失，社会危害性较大。对于一时难以确定其是否有严重社会危害性的行为，以及对于交易活动中完全可通过经济、行政手段调整的违法行为，应当采取慎重和宽容的态度，尽可能用非刑法的方法解决。在刑罚上，应当降低某些经济犯罪的法定刑幅度，提升财产刑和资格刑的使用率。与此同时，我国资源在空间分布上不均衡，京津冀、长三角和中西部等区域都有适合各自的区域经济发展模式，民营经济比重差异巨大，这种经济失衡的状态导致经济犯罪体现出了显著的区域差异特征。因此，刑事政策的确立还应在保持刑法规范相对稳定的大前提下，从特定适用区域的不同经济结构出发，在立法和司法层面确定适合该区域市场经济规律的具体刑事政策。特别需要关注的是，中国经济发展水平较高的区域已经全面进入信息时代，经济犯罪呈现出了与以往截然不同的特质，依靠传统的刑事政策思维进行打击已经难以满足经济社会发展的客观现实需要，因此有必要就此进行特别思考并提出治理对策。

第二节　信息时代经济犯罪的治理对策
——以金融犯罪为视角

金融交易的频繁程度是反映一个地区、区域乃至国家经济繁荣能力的重要指标，现代金融的本质就是经营活动资本化的过程，是整个市场经济活动的核心。近年来，随着信息金融时代的到来，尤其是随着金融体制的改革、金融市场的放开、国内金融市场与国际金融体系的逐渐接轨，我国金融领域的犯罪活动大有泛滥之势，除了传统的货币犯罪，针对金融投资人和消费者的犯罪、金融犯罪的互联网化和互联网金融犯罪都呈现出了新的行为样态和发展趋势。与我国金融市场从无到有逐步建立相适应，信息时代法律对金融市场秩序的保护也从传统的偏重管理秩序逐渐转向重视金融秩序安全和注重金融投资人、消费者权益保护并重。就信息时代的金融犯罪治理而言，由于金融刑法主要关涉经济法与刑法协调、信息创新与金融法交融之探讨，其主要价值最终体现为如何为信息金融违法与信息金融犯罪圈划定边界，从而实现对金融犯罪的有效打击。是以，面对信息金融犯罪现实，我们有必要改变传统的金融犯罪规制思路，在刑事政策的科学指导下，兼采金融秩序安全和金融投资人、消费者权益保护视角，秉持积极治理主义立场，具体建构二元并行的治理方案。

一、信息时代的金融犯罪概述

在相当长的一段时间里，中国主要依靠投资拉动经济增长，根据麦肯锡公司 2015 年的调查数据：[1]中国在新兴国家中整体债务在国内生产总值（GDP）中的占比是最高的，并且处于过去二十多年的最高点。这就意味着中国的经济增长模式必须转型，不能再依靠投资进行拉动。2014 年 11 月，中央经济工作会议提出了"新常态"，解释了中国经济在未来一段时间发展的基本逻辑，作为一种结构性的改变，新常态强调的是消费，而且是个性化、多样化的消费，需要有小型化、专业化的生产去匹配个性化的消费。正是在这种背景下，中央开始进行供给侧改革，鼓励大众创业、万众创新，但无论是需求侧还是供给侧，本质上都是匹配的方向在转变，因此可以认为中国经济的增长主要依靠消费驱动和技术革命，而这其中能将二者有效结合起来的互联网金融业就成了投资热衷的"下一个风口"。时至今日，无论是实然层面抑或是应然层面，金融均已成为我国市场经济活动的核心。"金融活则经济活，金融稳则经济稳"，特别是网络信息技术的快速发展和其在金融领域的不断深化利用，进一步促使金融资本快速完成了从无纸化向数据化的转变，金融信息获取和金融大数据的挖掘使用开始成为经济晴

---

〔1〕 参见麦肯锡全球研究院："债务与（微弱的）去杠杆化"，载 https://www.mckinsey.com. cn/wp-content/uploads/2015/04/MGI-Debt-and-not-much-deleveraging.CN_.pdf，2020 年 10 月 15 日访问。

好的风向标。和此前我国的经济发展阶段相比较，我们可以发现，数字贸易环境下金融数据资本的流动成了经济发展的重要推动因素，金融资本的流动趋势开始成为经济领域最重要的变量。

在2012年的中央经济工作论坛上，修复产能过剩问题成了平衡经济的核心，当时我国人口红利消失、企业产能过剩、出口滞销、内需无力等困境都已经出现，创新成了经济发展的必然趋势。政府开始强调简政放权，进一步释放改革红利，更好地促进中小微企业的发展。与国外的数字金融主要是指传统金融公司利用信息技术不同，信息时代的中国互联网金融主要是指互联网公司从事金融交易活动。就技术层面而言，中国在信息技术建设领域具有比较优势，互联网公司能够通过智能手机将大量的潜在客户连接起来，而大数据和云计算更是为尽职调查与风险评估提供了有效的替代方案。基于信息数据开展金融业务的互联网公司能够弥补传统金融的服务供给不足，为一大批企业和个人（特别是中小企业和个体商户）提供较好的金融服务，支持他们为个性化的消费提供金融产品。正是在这种大环境之下，创新成了金融领域的主旋律，中国人民银行、银保监会、证监会等金融监管机构的监管理念发生了变化，监管政策也随之出现了阶段性调整，对互联网金融创新表现出积极支持的态度。因此，我们必须肯定互联网金融对中国的新常态经济发展至关重要，在制度层面依然必须坚持鼓励互联网金融创新并提供必要的法治保障，这也是刑事政策层面必须坚持的基本理念。

现在的问题是，与笔者所期待的市场经济状况相背离，众多互联网公司既不懂信息技术也不懂金融业务，既不掌握金融数据也不懂金融技术利用。其参与信息金融活动的主要目的往往是利用监管快速套利，且经常引发社会不稳定事件，促使信息时代的金融犯罪突出表现为网络金融的系统性刑事风险高度集聚和现实化。系统性刑事风险的产生根源在于一些互联网金融机构脱离了有效的金融监管，具体表现主要集中在三个方面[1]：一是"休戚相关"问题，有相当数量的互联网金融机构和市场间的风险敞口

---

[1] 关于"系统性风险"的阐释具体参见［美］海尔·斯科特、安娜·葛蓬：《国际金融：法律与监管》，刘俊译，法律出版社2015年版，第23~27页。

休戚相关；二是"盘根错节"问题，任意一家重量级互联网金融机构的失败都会导致多米诺骨牌连锁反应；三是"传染"问题，传染性是指风险会因跟风或其他形式的非理性恐慌而传播。就我国金融市场的现状来看，信息时代金融风险容易集聚及现实化的一个重要原因在于，金融信息的不对称会导致传统金融市场监管的失灵，这意味着依据传统金融监管机制建立起来的金融市场在实质上逐渐崩溃。当潜在的金融投资者、消费者对原有的金融服务提供者不满意时，就会选择不参与该领域的金融交易，而易于被诱惑、被裹挟、被欺诈，进而成为信息金融违法犯罪活动的侵害对象。从法律监管层面而言，在信息金融市场中要实现对金融风险的合理掌控，主要需要确保以下两点：一是在网络金融经营环境下，金融业务在带来高回报的同时，本身也自带高风险特质，其经营主体必须受到严格监管，从而将金融风险控制在可接受的水平；二是金融活动的核心是资本流动，活动过程中金融资本安全必须得到保障，并且有可预期的可持续业务流程，只有这样才能有效地避免资金链断裂，从而确保个体金融经营危机不会通过信息金融体系加以扩散。

问题在于，互联网金融行业一旦受到监管，就会从根本上改变其战略格局。在传统金融业务垄断的市场，监管是维持竞争的唯一选择路径，但在其他市场，监管的目的不是维持竞争，在金融用户安全和系统稳定时，监管会阻碍竞争。因此，在受监管的网络环境中，能够很好地应对监管是一家金融科技公司的关键竞争优势。尤其是对于试图进行金融创新的金融科技公司而言，如何在金融监管的真空地带进行技术利用深化，从而取得金融数据使用的优先权和支配地位决定了其能否成为新常态经济发展过程中金融创新的赢家。这就给金融犯罪规制带来了新的挑战。

二、金融犯罪规制现状反思

自我国金融市场逐步建立完善以来，金融犯罪一直存在并呈增长趋势，但近期信息金融技术的发达使得金融违法犯罪出现了新的动向和特征。比如由于强调和鼓励网络金融创新，互联网金融规模急剧扩大，区块链技术在金融领域的应用使得金融去中心化成为发展趋势，金融数据信息化更使得金融资本的流动能轻易脱离传统的金融监管，掌握金融大数据的主体往往可以通过手头较少的金融资本获得巨额利益。随着信息技术在金融领域的深化利用，传统的金融结构发生了巨大变化，金融领域的违法经营活动井喷，有组织利用信息技术实施金融犯罪呈现出常态化，金融犯罪的侵害性和得利性呈出现飞跃性增长，信息领域金融风险高度集聚。面对信息社会金融犯罪的严峻形势，考虑到基于合理计算而实施犯罪的经济人理论，违法投入和产出严重失衡，经济刑法领域强调恢复性司法的理念开始衰退，通过加大对信息金融经营的自然人适用自由刑的比例并对单位科处高额的罚金以进行有效的抑制，从而切实打击金融犯罪开始成为优先选项。

我国现阶段正处在市场经济体制深化完善的关键时期，国家仍然以宏观调控的方式介入经济领域的许多方面，以克服在当前转型经济环境下的市场缺陷，维护交易安全。在我国金融领域，国家既是金融的宏观调控者，也是直接的竞争参与者，所以我国金融市场属于一种不完全竞争市场。强调公权力管理的原因之一是，我国金融机构主要以国有资产或通过国家持股的形式创办，国家直接参与金融竞争，对金融体系的破坏实质上就是对国家所有权的侵害。此外，对公权力的倚重也是传统的计划经济体制下强调行政管治的一种惯性使然。因此，传统意义上的刑法作为金融法的后盾和保障，主要是将严重破坏金融秩序的危害行为作为犯罪予以打击和进行刑事责任追究，认为侵害金融秩序的行为不仅侵害了国家所有权，而且还是对国家金融管理权威的蔑视。国际金融市场格局的变化也对我国金融市场发展产生了重要影响，尤其是1997年东南亚金融危机和2008年美国次贷危机对我国影响深远，并直接影响了我国金融市场的立法和司法。我国金融立法采用了窄口径的方式，金融品种、金融交易方式的创新受到了严格限制。与此同时，加强金融监管以应对金融风险的要求在金融犯罪刑事立法中得到了充分反映，倾向于对偏离国家金融监管范围的违规活动追究相应的法律责任，甚至辅之以重刑制裁。

中国银行业体系历史形成的主导地位使得金融体系不均衡，银行业的金融存量规模阻碍着资本流向股票和证券，中国金融市场深受资本配置和投资无效痼疾的影响，政府和产业间的关系继续助长信贷错配，且交易市场监管较弱，这就使得民间融资领域的非法集资现象较为突出，与此同时，金融创新特别是互联网金融创新容易呈现出无序状态。[1]就维护金融市场秩序而言，金融业的繁荣不只是以金融机构的多寡为标志，只有在此基础上建立完备的、公平的、有序的金融市场才能健康、顺利地开拓发展。完备的金融市场需要各种主体、多种政策、法律、技术措施的介入才有可能建立，我国当前更需要在全社会塑造一种金融诚信观念，建立个人金融信用机制，没有信用可言的金融大市场，不仅金融市场的安全——特别是银行和投资人的安全——得不到保障，而且还会严重影响对金融违法犯罪各类案件的执行效果，反而会引发"劣币驱除良币"的怪现象。毋庸讳言，金融市场建立于信任之上，投资者、消费者的信任是金融市场稳定的基石，更是金融市场繁荣的支柱。我国从单一强调"金融安全"到兼顾"融资脱困功能"再到逐渐重视"保护金融投资者、消费者利益"，是金融政策在市场发展的不同阶段所做出的合理回应。在此种背景下，对于信息时代的金融犯罪侵害法益需要重新思考和厘定，并且需要注意，在信息技术快速发展的今天，信息金融领域交易主体、交易结构和权力契约层面引发的变化以及潜在的金融自由化[2]才真正具有革命意义。但必须注意到的是，尽管我国金融交易平台以及投资渠道都出现了新形态和新模式，金融领域不断创新，但就本质而言，市场机制起主要作用的金融创新仍然是推动金融发展、经济繁荣乃至社会进步的重要动力。

因此，就金融刑事保障角度而言，我国金融市场要想逐渐走向完善，在强化对金融管理秩序和交易安全的刑法保护过程中：一方面应尊重市场机制起主导作用的金融创新，不过度介入金融活动领域，在本身由于金融制度缺陷造成金融管理秩序混乱或因缺乏金融法律法规监管尚未在金融创新领域形成特定金融管理秩序时，不轻易对该类金融行为进行入罪化，给金融渐进式改革和创新发展留下足够的自由空间；另一方面，在司法实践过程中，刑事法律适用要从传统意义上的单方面强调维护金融管理秩序，逐步转向维护金融安全与保护金融投资人、消费者合法权益保护并重。这

---

　　〔1〕 关于中国金融体系的阐释，详细参见 ［美］海尔·斯科特、安娜·葛蓬：《国际金融：法律与监管》，刘俊译，法律出版社 2015 年版，第 511 页以下。

　　〔2〕 关于"互联网金融的三个层次"详细分析，参见李耀东、李钧：《互联网金融框架与实践》，电子工业出版社 2014 年版，第 189~196 页。

就意味着，在涉及严重危害投资人、消费者权益的信息金融活动中，如果金融投资人、消费者的合法权益存在刑法保护的必要性和正当性，只要已经危害到信息金融监管秩序，那么对该类金融违法行为就应予以有效的刑事规制。

三、刑事政策指导下的积极治理主义之倡导

作为一种新型治理策略，积极治理主义最初伴随市场经济发达国家经济政策的转型而出现。在20世纪初，由于经济危机的发生，美国放弃了自由经济主义，开始转向凯恩斯主义，主张国家权力积极介入经济活动相关事项。究其实质，积极治理主义强调以环境治理为核心的"间接整治"，针对现代公共权力架构，积极扩展预防措施的作用场域，深化预防措施的作用效果，形成以预防为主导的治理模式。[1]在信息社会与风险社会双重背景下，金融风险由微风险、显风险逐渐升级为高风险，金融犯罪也由个案犯罪、集团犯罪逐渐升级为跨国犯罪。对金融犯罪的积极治理已成为各国的共识，各国普遍构建起了金融犯罪的防控体系，既关注金融运行中的常态、显性风险，也关注金融运行中的个体、隐性风险；既注重对金融犯罪的前瞻预防，也兼顾对金融犯罪的事后治理，形成信息时代金融犯罪治理的多手段、广渠道、系统化的防控体系。[2]

对于信息时代的金融犯罪，笔者提倡刑法语境下的积极治理主义，即通过刑法预警化解金融风险，预防与惩治金融犯罪并重，这既是宽严相济刑事政策在金融犯罪领域的具体化，又是适应信息时代金融业发展的理性选择。其中，立法层面的积极治理主义主要体现为刑法法网的严密与介入的提前，司法层面的积极治理主义主要体现为刑法规范的独立性与法官适用规范的能动性。

（一）立法层面的积极治理主义

如前文所述，我国为了经济的稳定发展，在政策导向上倾向于鼓励金

---

〔1〕 参见钱小平："我国惩治贿赂犯罪立法检讨——以积极治理主义为视角"，载《法商研究》2018年第1期。

〔2〕 参见徐汉明、张乐："大数据时代惩治与预防网络金融犯罪的若干思考"，载《经济社会体制比较》2015年第3期。

融创新并优先保护金融行业的发展权益，特别是在信息技术时代，传统的金融政策未能充分考虑大数据信息时代引发的新问题、新风险，金融监管立法步伐相比于经济市场现实发展明显滞后。相关法律规定的缺位直接导致网络背景下的金融活动游走于监管空白地带，金融活动参与主体的法律地位以及金融活动的合法性处于不确定状态之中，金融活动参与者经常面临巨大的法律风险，既不利于对市场主体权益的保护，也不利于金融市场的稳定和发展。因此，信息时代的金融违法犯罪行为必须得到有效的治理，我们应摒弃传统刑法的消极立场，在宽严相济刑事政策的指导下，以刑法积极治理为基本立场，在立法层面严密金融犯罪刑法法网，实现刑法提前介入。

刑法积极立法观是积极治理主义在刑法立法层面的具体阐释，信息金融风险的系统性、无法预见性及不可避免性对社会治理法治现代化提出了严重挑战。网络信息技术的广泛运用更是使得这种挑战愈发严峻，刑法正视并及时回应挑战的主要途径就是积极立法。周光权教授提出积极刑法立法观，主张增设新罪以满足社会刚性需求，实现刑法处罚的早期化，并增强立法的实证基础。[1]劳东燕教授也提出了近似的概念——功能主义刑法立法观，包括积极介入的立法导向、追求预防效果的立法导向、注重灵活回应的立法导向。[2]事实上，当前我国的金融犯罪立法正是体现了刑法积极立法观，新近通过的《刑法修正案（十一）》进一步扩大了金融犯罪圈，刑法介入提前。如在欺诈发行股票、债券罪的罪状中，"招股说明书、认股书、公司、企业债券募集办法"被扩充为"招股说明书、认股书、公司、企业债券募集办法等发行文件"；"发行股票或者公司、企业债券"被扩充为"发行股票或者公司、企业债券、存托凭证或者国务院依法认定的其他证券"。通过犯罪对象的扩张，更多种类的欺诈发行股票、债券不法行为被纳入犯罪圈。如在操纵证券、期货市场罪的罪状中，将"操纵证券、期货交易价格或者证券、期货交易量"改为"影响证券、期货交易价格或者证券、期货交易量"，以"影响"代替"操纵"意味着刑法介入的提前，犯罪

---

[1] 参见周光权："积极刑法立法观在中国的确立"，载《法学研究》2016年第4期。
[2] 参见劳东燕："风险社会与功能主义的刑法立法观"，载《法学评论》2017年第6期。

行为不必达到"操纵"的程度，只要对证券、期货交易价格或交易量产生不利影响即可。此外，该罪增添了"虚假交易""虚假诱导""反向交易"三种欺诈性操纵行为，进一步严密了刑法法网。又如在洗钱罪的罪状中，新增了"自洗钱"行为与通过支付结算方式或跨境转移资产的洗钱行为。此外，金融犯罪的刑罚幅度普遍延展，起刑点进一步提高，倾向于以抽象罚金制代替比例罚金制与数额罚金制，赋予司法机关更大的裁量空间，体现了国家对于金融犯罪的积极治理态度。

（二）司法层面的积极治理主义

与立法层面积极治理主义所要求的法网严密与提前介入不同，司法层面的积极治理主义强调刑法的独立地位与法官的能动性，倡导积极发挥刑法维护金融秩序、保护金融参与者权益的功能，防止刑法功能的"失活"与机械司法的产生。

司法层面的积极治理主义与刑法的谦抑性并不矛盾，对于特定情形的金融失范行为，刑法应适时发挥其谦抑性，让位于前置法。信息时代金融信息具有更加动态化和宽泛化的趋势，除了一般金融信息外还包括许多非内容型的技术元数据，使得普通金融经营参与主体和一般金融消费者信息辨认和控制能力大大减低或基本缺乏，作为金融信息边缘群体处于显著弱势地位。因此，从刑事政策角度考虑，对因经济形势压力而被迫游走于网络金融灰黑产业地带的信息弱势边缘参与主体应适用非犯罪化或否定其过错对量刑影响的处理方案，从而体现出刑法规范宽缓的一面。现阶段，在处理民营网络金融企业的经济犯罪时要灵活贯彻从宽的刑事政策，处理好政治效果、法律效果、社会效果之间的关系。正如张军检察长在北京大学"中国特色社会主义司法制度的优越性"专题讲座上所指出的，[1] 为大局服务、为人民司法是国家对司法人员的政治和业务要求，国家的大局就是国家发展、社会进步和人民群众的根本利益。在国际经济下行压力形势下，对民营网络金融企业有经济上的违法犯罪，可捕可不捕的不捕，可诉可不诉的不诉，目的是让违法但犯罪情节较轻的企业不致因为被诉而彻底垮掉，

---

〔1〕　参见"张军讲述中国特色社会主义司法制度优越性"，载 https://www.spp.gov.cn/tt/201910/t20191022_435455.shtml，2020 年 12 月 10 日访问。

给信息金融创新留下社会复归的空间。对此，有些学者认为，在前置法缺位的情况下，刑法不宜介入。如"判断一个行为是否构成犯罪，必须首先看其是否违反了相关行政法规或者经济法规，如果没有违反相关法规则不可能成为行政犯。因为很多金融创新产生的新事物，在行政法规或者经济法规中都没有规定，不存在违法一说，自然也就不可能构成刑法上的行政犯"。[1]如"金融犯罪具有'二次违法性'，因此要以有无前置性的法律法规作为是否构成犯罪的决定性因素"。[2]又如，"行政法规的缺失导致作为行政法后盾的刑法在没有其他基础性立法的情况下，直接动用刑罚手段惩治违法行为，这是我国一贯的立法顺序倒置导致的"；"对金融活动的规制一定要保持其谦抑性的本质，只有在行政法上是违法行为，且行政监管难以达到规制效果，且在刑法上认为是犯罪的行为，刑法才能介入并予以规制"。[3]

日本学者平野龙一将刑法的补充性作为刑法谦抑的主要内涵，认为只有在其他手段如习惯的、道德的制裁（即地域社会的非正式的控制或民事规制）不充分时，才能发动刑法。[4]有学者也认为，当刑法要作出对某一具体行为是否加以规范的抉择时，要持一种谦卑、退让的态度，这就意味着刑法不能主动出击，只有在其他社会规范调控不力时刑法才能予以干预。[5]诚然，刑法谦抑强调刑法的补充性，要求刑法功能的适度发挥，但认为"前置法缺位时刑法不宜介入"的观点却是对刑法谦抑和补充性的误读，也是对刑法独立地位及法官能动性的罔顾。原因在于：第一，刑法谦抑的初衷在于限制刑法的处罚范围，避免将不值得动用刑法处罚的行为纳入犯罪圈，但这并不意味着刑罚处罚的范围越窄越好。刑法的补充性是指只有在其他相对轻缓的手段（如民法、经济法等）无法确保法益保护的效果时才

〔1〕 高媛："互联网金融犯罪刑法治理的完善研究"，载《延边大学学报（社会科学版）》2018年第1期。

〔2〕 王勇："互联网时代的金融犯罪变迁与刑法规制转向"，载《当代法学》2018年第3期。

〔3〕 陈伟、蔡荣："互联网金融刑法规制的路径选择与展望"，载《南昌大学学报（人文社会科学版）》2016年第5期。

〔4〕 参见张明楷编著：《外国刑法纲要》（第2版），清华大学出版社2007年版，第7~8页。

〔5〕 参见储槐植、何群："刑法谦抑性实践理性辨析"，载《苏州大学学报（哲学社会科学版）》2016年第3期。

可适用刑法，即在穷尽其他轻缓手段之前，原则上不能直接动用刑法作为法益保护的手段。刑法的补充性只是在强调刑法对法益的兜底保护功能，在面对值得保护的法益时，若前置法空缺或保护不力，不仅不能排斥刑法的适用，反而要充分发挥刑法保护法益的功能，"刑法谦抑性的介入程度与法益的重要性成反比，与法益的自我保护可能性成正比"。[1]第二，刑法的适用与否不应取决于前置法，刑事违法性的判断具有相对独立性。司法机关在认定金融犯罪时往往会依赖于金融监管部门，这种情形所带来的危险是，行为是否构成犯罪在很大程度上取决于金融监管部门作出的行政认定。这种从行政到刑事的"流水线"程序的运行，容易导致两种结果：其一，刑法功能无法正常发挥。由于行政监管在金融犯罪认定中权力过大，导致刑法独立行为评价标准在行政评价面前让步，导致因为缺乏行政处置而无法进行刑事司法追责，进而丧失作为部门法的独立性，行政上的不作为实质上会虚置刑法的机能发挥。其二，刑法功能的正常发挥面临不应有的苛责。在信息时代，金融产品不断创新升级，在相关制度与法律法规滞后或缺位的情况下，刑法以其固有的严厉性对互联网金融异化的失范行为作出反应。其看似不合理，实则正可以揭开互联网金融机构"裸奔"的"遮羞布"。然而，刑法前脚刚为前置法的亏空"补仓"，后脚却要承受扼杀金融创新"刽子手"的骂名，真正应当站出来承担责任的是相关前置法规范，而非刑法规范。[2]刑法在金融犯罪领域中的谦抑性并不意味着刑法在该领域一定要"退居二线"，当前置法能够很好地保护法益时，自应克制刑法的发动，但当因前置法滞后、欠缺或部分行政机关执法不力而使得法益不能得到很好的保护时，刑法应及时发挥其对法益的兜底保护功能，确保金融秩序稳定和有力保障金融参与者的合法权益。事实上，即便在前置法看来是形式合法的行为，也可能具备实质的刑事违法性，刑法存在突破前置法的可能性。比如，对于民间经常性的放贷行为，尽管存在向不特定主体放贷的可能，从民法等前置法的角度也难以认定为违法，但根据《关于办理

---

〔1〕 简爱："一个标签理论的现实化进路：刑法谦抑性的司法适用"，载《法制与社会发展》2017 年第 3 期。

〔2〕 参见宋盈："互联网金融刑法规制谦抑说之反驳——兼与刘宪权教授商榷"，载《学术界》2017 年第 7 期。

非法放贷刑事案件若干问题的意见》，违反国家规定，未经监管部门批准，或者超越经营范围，以营利为目的，经常性地向社会不特定对象发放贷款，扰乱金融市场秩序，情节严重的行为，以非法经营罪定罪处罚。因此，刑法在应对层出不穷的信息金融犯罪时应保持其独立地位，在恪守罪刑法定原则的前提下，允许法官充分发挥能动性，将具有严重社会危害性与处罚必要性的行为及时纳入犯罪圈。

四、信息时代二元并行的金融犯罪治理对策

在一个社会中，国家除了应承担作为主体、作为法律制度组织化的法律责任之外，还应当承认存在社会性责任，对于信息时代的金融违法活动尤其如此。这意味着在应当让信息时代的金融活动主体就网络违法经营活动承担法律责任外，还必须考虑让其承担应有的社会性责任。从日本和美国的视角来看，在经济犯罪的治理领域，日本在法律责任的种类、发动的频率、严厉性等方面均较美国要稍逊一筹。原因在于日本的社会性制裁比美国的社会性制裁要更为严苛，可以对法律性制裁起到有效的补足作用。但就我国的情况而言，目前社会性制裁基本处于缺位状态，在短期内也无法如日本那样建立完善的社会性制裁体系，所以对于我国经济犯罪的治理就可以考虑借鉴美国的治理模式，充分考虑强化法律责任适用。[1]

信息金融犯罪立法均采用空白罪状，其范畴为刑法与金融法规的重叠领域，因此其法律责任的适用理应特别关注刑事责任和金融行政责任的有效界分与衔接。具体到信息金融犯罪的法律责任适用原则，必须充分注意到我国和日本在法律责任领域的显著差异性，明确反对借鉴日本过分强调在金融犯罪领域保持谦抑性的刑法治理主张。根据日本学者佐伯仁志的见解，日本整体上呈现出"大司法、小行政"的格局，保障金融行政管理法规效力的手段实质上完全依赖于刑法。在金融犯罪的制裁体系中，刑罚与其说是最后的手段，不如说是唯一的手段，行政处罚基本上处于缺位状

---

[1] 参见［日］佐伯仁志：《制裁论》，丁胜明译，北京大学出版社 2018 年版，具体阐释见"行政制裁"和"经济犯罪"部分内容分析。

态。[1]而我国则明显属于"大行政、小司法"的格局，行政权力较司法权力更为强大，在很多时候行政处罚事实上已经取代了刑事处罚，以罚代刑的现象时有发生。应当说，无论是刑法还是金融法，均是治理金融违法行为的主要途径，二者具有较大的互补性，当务之急并非是一味排斥金融行政处罚的适用，而是厘清刑法与金融法的关系，实现刑法与金融法的顺畅衔接，构建信息时代二元并行的金融犯罪治理方案。"二元并行"中对"二元"是强调刑法与金融法之间的相对独立性，意图打破刑法与金融法在金融犯罪领域功能重叠或冲突的局面，使刑法与金融法能够各司其职、并行不悖，减轻或避免金融犯罪治理的规范内冲突；"二元并行"中的"并行"，则是强调刑法与金融法的同向性，是指刑法与金融法应齐头并进，具有相同的目标与价值倾向，着力建构横跨刑法与金融法的预防性治理对策，以预防性治理对策化解、缓和金融创新与金融安全、金融自由与金融监管之间的矛盾。此外，我们还应看到刑法与金融法之间紧密又不可避免的关联。金融犯罪均为法定犯，刑法作为后置法，在犯罪认定中必须要参照甚至严格依照金融法的相关规定展开。刑法与金融法如何衔接？当刑法与金融法的机能出现交叉，或者金融法不当侵入刑法领域时，应如何协调二者的关系？为此，我们需要展开刑法与金融法的关联性研究。

（一）刑法与金融法的相对独立性

前文已述，前置法缺位或规制不力与刑法是否介入并不存在直接的关联，金融行政违法性与刑事违法性之间也不存在决定与被决定的关系，金融法与刑法具有各自的功能、价值与调整范围，二者之间应为"二元"平行关系而非补充关系。张明楷教授以民法与刑法的关系为例指出："显然不能认为，只要在民法上得出了案件事实属于民事欺诈的结论，就不能从刑法上得出案件事实构成合同诈骗罪的结论。认为民事欺诈不构成犯罪的观点，可谓没有以刑法规范为指导归纳案件事实，导致以民法规范为指导的归纳和判断取代了以刑法规范为指导的归纳和判断。如果认为只要某种事实符

合其他法律的规定就不得再适用刑法，那么刑法必然成为一纸空文。"[1]应当说，刑法具有独立性，以某一行为符合前置法规定为由排除刑法对该行为的规制是不妥当的。有学者甚至认为："刑法是最古老的法律形式，至今它还独立地调整很广泛的范围，如生命、自由、荣誉或风俗等，它不需要借鉴其他法领域的概念和作用。"[2]强调刑法谦抑性与补充性的本意在于为善意的不知法的行为寻找违法阻却或责任阻却的事由，而不是为恶意且造成巨大危害的行为提供逃避法律制裁的借口。

1. "违法相对论"之提倡

为了在适用法律时排除部门法之间的矛盾，为公民提供更为清晰、明确的行为指南，德国学者恩吉施提出了"法秩序统一原理"。该原理认为法官对于个案应个别裁判，但仍不能脱离全体法秩序，因为适用某个法律条文其实是在整体法秩序之下，若一行为在某一法领域被认定为违法，那么其在全体法秩序中都应被认定为违法。[3]对于法秩序统一的理解，有存在论与目的论两种立场。存在论者主张法秩序逻辑上、形式上的一致性，为了保证公民根据法律规范明确自己的行为方向，即便仅具有形式意义，也必须坚持法秩序的统一。目的论者认为，由于不同法律规范的目的不同，法律之间产生矛盾是可能的。越来越多的学者意识到，法秩序统一的内涵并非是"违法"在概念上与形式上的统一，不同法律规范之间不可避免地存在差异性，法秩序统一的内涵应为法目的的统一。在"法秩序统一原理"的影响下，刑事违法性判断的统一性成了德日学界的通说，并由此发展出了"严格的违法一元论""缓和的违法一元论"与"违法相对论"。"严格的违法一元论"因过于绝对地理解法秩序的统一，否认不同部门法之间在机能上的差异，混淆了不同类型的法律责任而并不为多数学者所采纳。针对"严格的违法一元论"的缺陷，有学者提出了"缓和的违法一元论"，该说认为只有同时具备一般违法性与可罚的违法性，才能推导出刑事不法。

---

[1] 张明楷："刑法学中的概念使用与创制"，载《法商研究》2021年第1期。

[2] ［德］汉斯·海因里希·耶塞克、托马斯·魏根特：《德国刑法教科书》，徐久生译，中国法制出版社2001年版，第69页。

[3] 参见郭研："部门法交叉视域下刑事违法性独立判断之提倡——兼论整体法秩序统一之否定"，载《南京大学学报（哲学·人文科学·社会科学）》2020年第5期。

也就是说，在合法性的判断上，刑法与其他部门法具有一致性，如在经济法中认定为合法的行为，在刑法中不具有违法性。但是，刑法违法性的判断又具有独特性，相比于其他部门法的违法概念，增添了"量"的要求，即其他部门法中的违法行为不必然是刑法中的违法行为。〔1〕"违法相对论"认为，违法应在不同法域中独立判断，不存在贯通整个法秩序的"一般违法性"，刑事违法性是"实质的违法性"。如前田雅英认为刑事违法性必须以行为具有值得处罚的法益侵害性为核心进行独立判断，即使前置法上的合法行为也可能具有刑事违法性。〔2〕"缓和的违法一元论"与"违法相对论"的本质区别在于：对于前者，"要认定某行为具有刑事违法性，该行为首先应具有一般违法性，即民事违法性或行政违法性是认定刑事违法性的前提"。〔3〕而后者则否定不同部门法在违法性方面必然存在共通性，不承认其他部门法与刑法在违法性判断方面存在必然的关联。

笔者更倾向于"违法相对论"，原因在于：第一，"违法相对论"未背离"法秩序统一原理"，而是兼顾各部门法的法目的，缓和了部门法之间的冲突。"缓和的违法一元论"认为法秩序的统一是"违法"概念的统一，但这是对法秩序统一的形式上的片面理解。法秩序统一其实是指法目的层面上的实质统一，更多地体现在法律解释领域，只有通过解释，统合各部门法的多元目的才是真正的法秩序统一。尽管不同的部门法具有不同的目的，但在目的背后都体现着一定的利益倾向，不同的利益之间是可以比较、衡量的，统合各部门法目的的过程，就是不同利益衡量与取舍的过程，最终达到公民利益保护的最大化。在这一过程中，法律解释发挥着关键作用。"违法相对论"认为法秩序的统一是法律解释的目的而非前提，这坦承了不同部门法对"违法"所做出的不同理解，意图通过法律解释尽量消除冲突，而不是罔顾各部门法之间的冲突，强行将各部门法对"违法"所做的不同理解统一化，这样反而有损法秩序的统一。第二，"缓和的违法一元论"过于强调一般违法性，但各部门法均具有独特的目的、价值与机能，"各个法

---

〔1〕　参见吴镝飞："法秩序统一视域下的刑事违法性判断"，载《法学评论》2019年第3期。

〔2〕　参见欧阳本祺："论行政犯违法判断的独立性"，载《行政法学研究》2019年第4期。

〔3〕　王昭武："法秩序统一性视野下违法判断的相对性"，载《中外法学》2015年第1期。

域具有其固有的目的，而产生不同的法律效果，目的不同，违法性的内容便不同"。[1]有学者认为："在不同法领域间必须保持违法性评价的一致性，刑法处罚其他法领域明示允许的行为，从刑法补充性的见地来看，是不妥当的。"[2]这种观点曲解了刑法的补充性，将"补充性"与"从属性"画上等号，刑法的补充性意图限制刑法的适用，强调只有在前置法缺位或无法有效处理不法事实的情况下才能启动刑法。而刑法的从属性则将刑法功能的发挥完全依附于前置法，即便前置法缺位或无法有效处理不法事实，亦不能启动刑法。此外，该观点将法秩序统一狭义地理解为法概念在形式上的一致，这种理解更多地是从立法层面而言的。在法律适用层面，我们只能面对部门法之间存在巨大差异的客观事实，通过体系性解释、目的解释等方法实现法秩序的统一。例如，根据我国《民法典》的规定，事实婚姻不被认可，长期的同居关系不受保护。若依照"缓和的违法一元论"，《刑法》上的婚姻概念必须与《民法典》保持一致，因此，已婚者与他人长期维持事实婚姻关系的，不能构成重婚罪。但事实上，事实婚姻属于重婚罪中的"婚姻"已成为刑法学界的共识。"违法相对论"以各部门法的目的差异为思考起点，意识到《民法典》对"婚姻"概念的限定目的在于维护婚姻登记制度，而《刑法》的目的则在于保护婚姻关系，《刑法》与《民法典》的法目的并不冲突。因此，尽管《民法典》对于事实婚姻不予认可，《刑法》依然将事实婚姻认定为犯罪，这种差异性能够为统一的法秩序所容忍。第三，"违法相对论"在事实上已被采纳，并成为处理前置法与刑法关系的理论参考，"缓和的违法一元论"不符合我国的司法实践。例如，为了应对新冠疫情，国家卫生健康委员会发布公告，将新型冠状病毒肺炎纳入《传染病防治法》规定的乙类传染病，并采取甲类传染病的预防、控制措施，之后最高人民法院、最高人民检察院、公安部、司法部发布了《关于依法惩治妨害新型冠状病毒感染肺炎疫情防控违法犯罪的意见》，将拒绝执行防控措施，引起新冠病毒传播或有传播严重危险的行为认定为妨害传染

---

〔1〕 参见王骏："不同法域之间违法性判断的关系"，载《法学论坛》2019年第5期。

〔2〕 王骏："违法性判断必须一元吗？——以刑民实体关系为视角"，载《法学家》2013年第5期。

病防治罪。若按照"缓和的违法一元论"，新冠病毒并不属于甲类传染病，新冠病毒相关违法行为并不具有《传染病防治法》中甲类传染病相关行为的违法性，但刑法依然将其视为甲类传染病，认定为妨害传染病防治罪。这正是考虑到新冠疫情传播力强、传播后果严重的特点，结合妨害传染病防治罪的法益在刑法上所做的拟制。此外，近来出台的《刑法修正案（十一）》删除了《刑法》第 141 条和第 142 条关于假药、劣药的认定须依照相关前置法的规定，体现出了刑事违法性判断的独立趋势。

2. 金融刑法规范的独立判断

刑法与金融法均处于宪法统率下的统一法规范体系之中，同时对金融领域的违法行为进行规制调整，但是由于金融法本身缺乏自己的责任承担形式，因此对于那些严重侵害金融领域保护法益的行为，需要刑法予以规制和惩罚。作为刑法与金融法的衔接，正是在立法层面大量采用空白罪状规范的金融刑法领域，刑法作为金融法的补充法、后置法的特性才得以充分体现。刑法的适用应符合法规范的同一性要求，即对于相同的概念和规范内容原则上应当与金融法进行一致性理解，金融领域的刑事违法性判断一般要求符合二次违法性原则。但是，"当一个法律规范因规定了刑事制裁而成为刑法规范时，它就与其他刑法规范结成了一个整体，该规范的适用对象和范围都要随刑法特有的性质和需要而发生变化"。[1] 从刑法角度而言，完全无视刑法的独立性判断，主张金融领域的刑法规范只能作为金融法的后盾法、补充法加以适用，显然是对二者的关系理解存在偏差。

在金融刑法中，尽管有些罪状的表述看似与金融法相同，但其内涵却截然不同，这时应采刑法的专有含义，最典型的莫过于"信用卡"。根据2004 年《全国人民代表大会常务委员会关于〈中华人民共和国刑法〉有关信用卡规定的解释》的规定，"信用卡"是指"由商业银行或者其他金融机构发行的具有消费支付、信用贷款、转账结算、存取现金等全部功能或者部分功能的电子支付卡"。可见，借记卡也被视为"信用卡"。而根据《商业银行信用卡业务监督管理办法》的规定，"信用卡"是指"记录持卡人账户相关信息，具备银行授信额度和透支功能，并为持卡人提供相关银行服

---

〔1〕　时延安："刑法规范的结构、属性及其在解释论上的意义"，载《中国法学》2011 年第 2 期。

务的各类介质"。对于金融刑法空白罪状的规范内容，亦应坚持独立判断。基于罪刑法定原则的基本要求，刑法对于罪刑相关的概念，应当尽可能加以类型化。这种类型化是由刑法的规范保护任务决定的，也是立法原意和刑法目的解释的界限。空白罪状援引的金融法规，在与刑法的罪责条款相衔接时，往往具体规定的是构成要件要素的具体规范内容。[1]因此，在就金融刑法进行相关刑事裁量的过程中，必须注重刑法价值的独立判断，防止规范适用的从属性，进而才能有效避免金融法实际上直接补足刑法的犯罪构成。这是因为，刑法作为唯一规制犯罪与刑罚的部门法，具有独立的规制对象和范围，具有相对于其他法律而言独立的价值观念和评价机制。[2]此外，进行刑法的独立性判断时，还必须考虑金融刑法的规范保护任务。即使是金融法有关于追究刑事责任的指引性条款，若不存在需要刑法保护的明确的现实化法益，犯罪构成要件也不存在齐备的可能性，便不应按照金融法的规定追究刑事责任。值得注意的是，对于刑法明确授权金融法的，应当按照金融法规范来确定。如《刑法》第186条违法发放贷款罪明确规定"关系人的范围，依照《中华人民共和国商业银行法》和有关金融法规确定"。这时，对于刑法规范的理解应当与金融法保持统一。

金融刑法规范的判断具有独立性，其判断的唯一直接根据应为刑法规范，更深层次的判断则应根据刑法所保护的法益是否受损展开。法益所具有的解释机能，使我们能够清楚地解释犯罪构成要件的实质内容，例如，个别构成要件的法益保护内容将决定犯罪的保护方向；行为人能否该当阻却违法事由，也必须从法益与其附属的社会利益关系入手，判断是否为保护重要利益而放弃相对不重要的利益。[3]同时，刑法所保护的法益与其他部门法的法益有本质上的区别，不同的部门法调整和保护着不同的社会关系，具有不同的价值与使命。若从属于其他部门法的法益进行刑法法益的判断，将导致实质的不正义和刑法规范的虚置。从这个意义上讲，刑法法益的判断亦具有独立性，厘清金融刑法规范所保护的法益是其适用的前提。

---

〔1〕 参见肖中华：《犯罪构成及其关系论》，中国人民大学出版社2000年版，第142页以下。
〔2〕 参见肖中华："经济犯罪的规范解释"，载《法学研究》2006年第5期。
〔3〕 参见许恒达：《法益保护与行为刑法》，元照出版有限公司2016年版，第2页。

当前的金融立法体现了浓厚的"金融抑制"色彩，大量的授权性规则和兜底条款给行政权力的行使提供了宽泛的空间，低层次的行政法规和部门规章在金融市场规制中发挥了主体性功能，导致金融刑法规范呈现出明显的秩序管制色彩，过于注重保护金融管理秩序，而对金融交易利益保护不足。[1]在这种情况下，更加有必要突出金融刑法法益的独立性，区分金融行政性违法与金融刑事违法，推动金融刑法从传统的偏重金融管理秩序转向重视金融秩序安全和注重金融投资人权益保护并重。

（二）刑法与金融法的同向性

现代金融法的中心正在从传统的调整当事人之间的融资交易关系转向风险防范和危机化解，风险管理已经成为现代金融法的核心功能。[2]在次贷危机发生后，各国金融监管的主要变化是，加强宏观审慎（Macroprudential）监管，以防止系统性风险，维护金融体系稳定。[3]金融本身所具有的系统性风险、流动性风险、信用风险等在互联网技术的助力下变得更加突出。与此同时，金融领域的立法滞后与监管欠缺，使得法律与政策风险成了互联网金融最直接的威胁，不当的所谓金融创新会带来无法估测的严重后果。金融犯罪治理的最佳途径在于提前警惕各类金融风险，及时施加干预并化解、防止金融违法与犯罪的发生。在防范各类金融风险层面，金融法与刑法具有同向性，均应提倡预防性的积极治理对策。具体来说，在金融法领域，应实现由管制向监管的转变；在刑法领域，应实现由事后刑法向预防刑法的转变。

1. 实现由管制向监管的转变

信息金融活动是为了通过资金数据融通实现资源的优化配置，本质上具有鲜明的市场属性，对信息金融活动进行必要的监管的目的主要是基于金融市场的稳定和秩序的考量，且应被限制在适度的范围之内，否则会不

---

〔1〕 参见钱小平："中国金融刑法立法的应然转向：从'秩序法益观'到'利益法益观'"，载《政治与法律》2017 年第 5 期。

〔2〕 参见管斌："论金融法的风险维度"，载《华中科技大学学报（社会科学版）》2012 年第 4 期。

〔3〕 参见李文泓："关于宏观审慎监管框架下逆周期政策的探讨"，载《金融研究》2009 年第 7 期。

当地干涉金融创新活动，降低金融效率。过去，政府在互联网金融中扮演着"辅助者"与"监督者"的角色，政府通过出台一系列互联网金融的法律法规来支持、辅助互联网金融发展，注重给予金融市场更大的发展空间，以证监会、银保监会等职能部门监督互联网金融发展。[1]但当前，我国对于互联网金融开始呈现明显的管制中心主义倾向，行政力量在金融市场管理中占据了主导地位，金融法亦限制了市场的自发作用，体现出了明显的管制色彩。[2]上述趋势鲜明地体现了信息时代下金融犯罪治理的"不管就乱，一管就死"的怪圈。其典型代表为政府对 P2P 网贷的管理。在 2013 年 P2P 网贷诞生之初，政府看到了其降低融资成本，促进金融服务市场发展的功用，基本持包容态度。在之后的两年内，我国金融市场整体运行较为平稳，P2P 网贷虽有零星个案爆出，但整体风险依然可控。2015 年，"e 租宝"等大量 P2P 网贷平台违法违规案件的出现标志着 P2P 网贷的野蛮无序生长已对金融管理秩序与投资者利益造成了巨大威胁。政府对 P2P 网贷的态度由此由包容支持转为严厉管制。总体来说，P2P 网贷等一系列事件反映出了政府对金融活动进行管理的两难困境：若政府持包容豁免态度，各网贷平台便肆无忌惮地从事背离普惠金融基本理念的资金炒作行为和推高资本市场泡沫运动；若政府严格整治，则会导致大量网贷平台纷纷倒闭，"跑路"事件频发。[3]要想走出"不管就乱，一管就死"的怪圈，政府必须在金融法领域实现由管制向监管的转变，注重事前防控与事中控制，严把准入关。在此，德国经验可资借鉴。为了对网络金融进行监督和管理，德国基于监管部门对网络金融运行状况的风险分析，及时进行金融风险监控，并施行适合网络金融业务的审慎监管模式。德国央行将存款准备金制度适用于网络银行，以维护存款者的利益和金融业的稳定安全。同时，德国政府还完善了征信体系，在金融监管机构设立登记系统，保障网络金融信息的真实性，

---

〔1〕 参见隋英霞、唐冰开："互联网金融的监管分寸如何拿捏"，载《人民论坛》2019 年第 5 期。

〔2〕 参见冯果、袁康：《社会变迁视野下的金融法理论与实践》，北京大学出版社 2013 年版，第 356 页。

〔3〕 参见刘辉："论互联网金融政府规制的两难困境及其破解进路"，载《法商研究》2018 年第 5 期。

降低网络金融活动的风险。[1]我国亦有地方性成功经验可资借鉴。2013 年，重庆市金融办、银监局将 5 家 P2P 公司将债权包装成理财产品，通过网络和实体门店向社会公众销售，并且社会公众资金直接进入公司账户或法人个人账户的行为认定为超出了 P2P 的性质，并给予这 5 家 P2P 公司注销或逐笔清退现有债权债务的处罚。[2]笔者认为，当务之急是逐步建立信息披露和风险预警制度，及时消除金融风险，而不是在金融风险变成现实之后再进行有损金融创新与活力的"一刀切"式的管制。金融机构的信息披露不仅便于监管部门开展后续监管工作，也可以使广大投资者知晓金融机构的具体经营情况，有利于金融活动的透明化与规范化。[3]金融机构有向投资人和监管部门进行信息披露的义务，若故意不履行上述义务或未能及时、全面、明确地履行上述义务，则需对其进行相应的行政处罚。在信息时代，前沿技术的运用将有助于对金融活动的监管，大数据、云计算、人工智能等技术可以提升数据搜集、整合与共享的实时性，风险识别的准确性和风险防范的有效性。这就能够使我们发现监管过程中的新情况和新问题，及时做出预警。[4]此外，信息时代的金融活动呈现出了前所未有的复杂性，如一种互联网金融活动可能涉及多种金融业务，进而需要多个金融监管部门共同监管，传统单一职能的监管部门设置与制度安排已然不能适应金融活动的变化，必须形成制度合力。科学技术的发展能够推动法律制度的发展，甚至会形成一套全新的制度。我们要利用信息时代的技术优势，在金融监管部门之间、金融监管部门与司法机构之间建立信息共享与协同执法机制，提高金融风险防范的效能。

2. 实现由事后刑法向预防刑法的转变

在信息时代，互联网使金融犯罪的不确定性、隐蔽性更加凸显，金融模式创新与金融犯罪之间的界限愈加模糊，金融犯罪的危害性进一步加大，

---

〔1〕　参见徐汉明、张乐："大数据时代惩治与预防网络金融犯罪的若干思考"，载《经济社会体制比较》2015 年第 3 期。

〔2〕　参见何松琦、周天林、石峰主编：《互联网金融：中国实践的法律透视》，上海远东出版社 2015 年版，第 40 页。

〔3〕　参见刘宪权、金华捷："论互联网金融的行政监管与刑法规制"，载《法学》2014 年第 6 期。

〔4〕　参见全威巍："互联网金融刑法规制扩大化的反思与限缩"，载《河北法学》2021 年第 1 期。

这些都对国家的金融监管能力和水平提出了更严峻的挑战。为了应对信息金融时代无孔不入的风险，近年来，刑法保护前置化成了中外刑法的共同趋势。基于现代市场经济中因果关系的匿名性和损害结果的放大效果，需要经济刑法提前干预，及时规制违反市场经济交易规则的行为，而不是等到实际损害发生后才进行干预。[1]经济刑法所保护的法益通常是抽象法益或超个人法益，即整体的经济秩序（如信用市场、资本市场、营业竞争秩序、非现金交易制度等），立法者通常会自觉或不自觉地使用抽象危险犯保护抽象法益或超个人法益。此外，金融犯罪是法定犯，而法定犯则是立法者所青睐的应对金融风险的利器，也是与抽象危险犯最为匹配的犯罪类型。[2]风险程度的提升、法益的抽象化、法定犯的立法传统，这些都推动了金融刑法将规制重点集中在防范和化解金融风险、保障金融秩序和投资者利益方面。如擅自发行股票、非法吸收公众存款等行为之所以被立法者纳入刑法规制范围，是因为此类行为给金融秩序与投资者权益造成了典型性风险。这种风险并非仅源于政策性分析与经验性判断，还建立在金融规律与犯罪数据之上。因此，在这种风险转化为对金融秩序或投资者权益的现实损害之前，应当通过法律上的拟制或司法上的推定，以危险犯的方式予以防范。

同时，也应看到抽象法益是对个人法益的前置性保护，抽象危险犯则是对抽象法益的前置性保护，抽象危险犯与抽象法益的结合会使刑法的介入再次提前，可能导致刑法滥用的后果。为此，我国需要从两个方面着手规范刑法的适用：第一，抽象法益具体化。法益的抽象化、精神化和超个人化与法益的确定性、具体性并不矛盾，抽象法益应该也能够转化为具体法益。"法益必须进行塑造，并且每一种法益都必须准确地加以描述"；[3]"一切法律均是为了人的缘故而制定"，[4]"与其苦苦追求抽象的、超个人的、飘忽不定的'秩序法益观'，不如转换成对具体的、个人的、较为稳定

---

〔1〕 参见马春晓："中国经济刑法法益：认知、反思与建构"，载《政治与法律》2020年第3期。

〔2〕 参见刘炯："经济犯罪视域下的刑法保护前置化及其限度"，载《厦门大学学报（哲学社会科学版）》2020年第4期。

〔3〕 ［德］克劳斯·罗克辛：《德国刑法学 总论》（第1卷·犯罪原理的基础构造），王世洲译，法律出版社2005年版，第16页。

〔4〕 ［德］弗兰茨·冯·李斯特：《德国刑法教科书》（修订译本），徐久生译，［德］埃贝哈德·施密特修订，何秉松校订，法律出版社2006年版，第6页。

的'个人法益观'的坚守"。[1]传统的金融刑法致力于维护金融机构的垄断地位与金融秩序的稳定。互联网金融的发展，越来越展现出金融活动契约精神与平等交易的一面，金融活动的主要参与主体由传统金融机构转变为社会大众，金融活动的垄断色彩逐渐消退。由于金融参与主体的大众化，很多投资者均缺乏必要的金融知识与风险意识，处于信息边缘地位，在不法分子的引诱下，往往会损失惨重。因此，在判断某一金融不法行为是否构成犯罪时需进行双层判断，既要破坏金融秩序（客观上违反金融行政法规或造成金融市场动荡），又要对具体个人或某类群体的利益造成重大伤害或形成巨大威胁，通过发现并建立抽象法益与个人法益或群体法益的特定链接，实现刑法预防与具体法益保护的统一。第二，危险的现实化与量化。危险与风险是本质不同的两个概念，危险是指实施某一行为，必然或可能会产生后续的重大危害。如刑法将单纯持有假币的行为纳入规制范围，是因为对假币的持有为假币进入流通领域提供了现实条件，必然或有极大可能破坏国家的货币发行权以及货币流通管理秩序；风险则是指即便实施某行为对法益保护具有一定的风险，但法益侵害结果可能发生，也可能不发生。如行为人在具备偿还能力和足额担保的条件下依然通过欺骗的手段获得银行贷款，这不一定导致银行受到重大损失。由此可见，具有危险的行为将导致法益侵害现实化的后果，而仅具有风险的行为则未必。因此，我们应将具有危险而非风险的行为纳入金融刑法的规制范围，这也是对刑法谦抑的有力贯彻。我国刑法采"定性+定量"的定罪模式，在认定金融犯罪时，也要注意对危险进行量化，将危险性较小的行为排除出犯罪圈。如在持有假币罪的认定中，只有明知是假币而持有且总面额达到 4000 元以上的才能构成持有假币罪。在对金融不法行为的危险性进行量化时，还要注意信息金融犯罪的特殊性。由于互联网的放大作用，一些不法行为尽管在线下的危害较小，但在线上则可爆发出惊人的破坏力。对于这类行为要综合考虑各种相关因素，灵活解释认定。

---

[1] 梅传强、张永强："金融刑法的范式转换与立法实现——从'压制型法'到'回应型法'"，载《华东政法大学学报》2017 年第 5 期。

(三) 刑法与金融法的关联性

为了实现信息时代金融活动的创新并对其进行合理监管，既不能在金融活动中动辄引入刑法规制（这样会扼杀金融创新的积极性），也不能继续金融发展之初的野蛮生长状态。因此，综合运用刑法与金融法两种手段，实现二者的有效统一才是金融监管的最佳路径。尽管刑法具有独立性，但这种独立性是相对的，刑法作为金融法的补充法、后置法，国家在规制金融犯罪时必须要考虑二者的关联性，发挥金融法在金融犯罪认定中应有的作用，使二者的配合更加协调、顺畅，形成信息时代金融犯罪治理的合力。

王利明教授认为："民法应当扩张，刑法应当谦抑，只有民法无法很好地解决相关纠纷，且相关行为可能危及公共安全和公共秩序时，才有必要动用刑法。"[1] 笔者认为，在一般情况下，前置法的扩张与刑法的谦抑是并行不悖的，但对于金融刑法而言，前置法的扩张有时也会引起刑法的扩张。由于补足金融刑法构成要件所需援引的金融法规存在易变性和片面性，这将直接导致金融刑法的可预期性变差。因而需要协调刑法与金融法的关系，达成一种平衡，在兼顾刑法谦抑和犯罪惩治的基础上，实现刑法适用的妥当性与必要性。比如，鉴于我国现行金融监管并不完善，银行在从事具体信息金融经营活动的过程中经常超范围经营金融产品，甚至许多根本无固定收入和支付偿还能力的学生一族也被引诱加入了信贷消费一族。相关网络金融平台对于信用的审核毫无严谨可言，使得金融交易安全自始即处于高风险之中。在此种信用绑架的情形下，笔者实难认可刑法对金融机构法益有予以特别保护之必要。传统金融业的风险主要包含信用风险、产品风险和道德风险，信息时代的金融业除了该类风险之外，还会由于追求速度、依赖技术和算法而带来新的风险类型，比如，由数据获取、技术缺陷、网络安全、金融垄断权力异化等导致的风险现实化都会给金融犯罪的有效治理带来诸多困难。考虑到信息金融的高度专业性、高度复杂性和风险集聚性，有效的金融监管和积极的刑法治理均必不可少。考虑到我国的信息金融发展现状，笔者认为，我国在未来一段时期内仍应不断增强"二元并行"的金融犯罪治理结构。

---

〔1〕 王利明："民法要扩张　刑法要谦抑"，载《中国大学教学》2019年第11期。

对经济刑法规范进行解释适用，必须找到判断的基准。这种重要的基准主要是立法所设立的行为类型以及其所欲保护的法益。因此，我们有必要对经济刑法的保护法益和行为类型予以阐释。

第一节 经济刑法的保护法益

一、刑法是法益保护法

基于法律安定性的理由，禁止规范或命令规范的规定均以一定的构成要件之规定为主要内容。依学者耶林的见解，法律的创造者为目的。每一个刑法条文的产生都源于一种目的，然后在此目的下设计条文。刑法的目的立基于法益保护，既然不法构成要件是基于保护特定法益之目的而建构的，那么对刑法构成要件的解释理所当然必须以法益内容为指导。因此，法益不但是构成要件之基础，而且亦是区别各种不法构成要件之标准。换言之，法益具有构成要件之建构及解构机能，对于不法构成要件的建构及解释，必须是确实侵犯了刑法规定所要保护的法益，从而使刑法所设立该条文之目的得以实现。

刑法所保护的法益，并非是所有的人类权益，基于刑法制裁方法之严厉、严酷及最后手段等性质，其应以特别重要及特别有价值的权益为限。[1]犯罪是对法益的侵害，而规范犯罪的刑法应是为了保护法益这一目的而存

---

〔1〕 参见陈志龙：《法益与刑事立法》（第 3 版），台湾大学法学院图书部 1997 年版，第 8 页。

在的法益保护法。

但是，关于刑法的任务究竟是法益保护抑或是证明规范的有效性，德国著名的刑法学家罗克辛教授和同样有着重大影响的雅各布斯教授处于不同的阵营，笔者在后文中将把讨论限定在这个范围之内。

罗克辛教授认为："刑法的任务在于，保证公民和平、自由和有社会保障的生存，只要这个目标通过其他的、更小严厉性的干预公民自由的社会政策措施不能达到，那么它就是刑法的任务。"[1]并且，"根据社会契约的思想理念，只是为了达到自由与和平的共同生活必要的时候并且这种生活在程度上只是不能通过其他更轻的手段达到时，作为国家权力所有者的公民才把如此之多刑法干预权转让给了立法者。这种理念的思想背景是，国家的干预权和公民的自由必须达到平衡，这种平衡提供个人尽可能必要的国家保护，同时又给予个人尽可能多的个人自由。我们启蒙一自由主义的这个传统目标绝对没有过时，而必须总是日久弥新地、不断地抵御各个领域中限制自由趋势"。[2]雅各布斯教授则对任何刑罚威胁的目的都必须是防止法益损害的假设进行了否定。他认为，刑法的任务从一开始就不是法益保护，而是证明规范的有效性。犯罪行为是犯罪行为人对规范的否认，而刑罚的意义在于宣告"行为人的主张是不足为据的，并且规范一如既往地继续有效"。[3]罗克辛教授对雅各布斯教授的这种观点进行了批评。[4]他认为这种社会理论的构想与黑格尔的刑罚理论（法律否定的否定）有着相似性，但是对此他不同意：一个社会不应当根据自己的意愿来维系，规范的目的不仅仅是公民的顺从，并且这种观点回避了规范内容的合法性或不法性的任何命题。在他看来，这一紧缩的学术概念导致法学家给立法者提供

---

〔1〕［德］克劳斯·罗克辛："刑法的任务不是法益保护吗?"，樊文译，载陈兴良主编：《刑事法评论》（第19卷），北京大学出版社2007年版，第150页。

〔2〕［德］克劳斯·罗克辛："刑法的任务不是法益保护吗?"，樊文译，载陈兴良主编：《刑事法评论》（第19卷），北京大学出版社2007年版，第150页。

〔3〕这是雅各布斯教授在《Hung纪念文集（GS Hung）》（2003年）中发表的《公民刑法和敌人刑法》一文中的论述，参见该书第42页，转引自［德］克劳斯·罗克辛："刑法的任务不是法益保护吗?"，樊文译，载陈兴良主编：《刑事法评论》（第19卷），北京大学出版社2007年版，第150页。

〔4〕参见［德］克劳斯·罗克辛："刑法的任务不是法益保护吗?"，樊文译，载陈兴良主编：《刑事法评论》（第19卷），北京大学出版社2007年版，第163~164页。

了恣意和专断的空间。

笔者认为，刑法首先是一种规范，并且这种规范不能被违反，当行为人以行为表现出对规范的违反时，必须确证规范的存在。在这个意义上，雅各布斯教授是正确的。但与此同时，规范存在必须具有价值，刑法规范必须保障个人自由的实现，因此刑法的任务在于保障个人重要的法益和共同体社会赖以存在的法益。从这个角度来说，笔者完全赞同罗克辛教授的见解。因此，笔者的结论如下：刑法是法益保护法，其任务在于确证一种保护个人重要的法益和共同体社会赖以存在的法益的规范存在。个人的重要法益是个人自由在刑法上的现实化，而共同体社会赖以存在的法益是个人法益的派生利益。社会共同体赖以存在的法益被刑法加以保护的理由在于，作为个人成员组成的社会共同体，其存在是国民生活和发展的根本保障。在这里需要指出，国家在刑法意义上是社会共同体的执行者。基于笔者的这种限定，刑法的规范保护目的存在形式目的和实质目的之分。形式目的是规范不允许被违反，而实质目的则是通过规范确证保护对于人的自由发展具有价值的基本性法益。正因为如此，在进行规范适用的过程中就不能只是在形式上判断是否违反了刑法的诚命（禁止性规范和命令性规范），还必须要考虑是否侵害了形式规范之后所意欲保护的那些法益。

刑法规范的任务在于保护法益，这在今天的大陆刑法理论界逐渐成为有力的通说。如前文所述，刑法上的法益，是刑法所保护的社会生活利益，而所谓的社会生活利益，就是国民在社会生活中所必须拥有的资源。虽然一般将法益定义为个人在社会整体制度范围内生存与自由发展的条件，但是迄今为止，法益概念仍然存在模糊不清之处，只有当涉及个体利益（比如生命、身体、自由）时，法益的具体内容才被确定。一旦扩充到普遍性的抽象法益，法益概念便往往只是表明量刑的基本思想，更不用说刑法本身还存在诸多缺乏明确性法益保护的构成要件了。刑法所保护的国民进行社会生活所需要的利益，必须是宪法认为应该予以保障的利益。问题在于，著作权和金融权益等经济利益的保护是否可以从宪法中找到依据？与此同时，经济利益的保护是否是国民社会生活所必需的，通过对国民适用剥夺人身自由的刑罚对经济利益进行保护是否恰当？

二、经济刑法的法益

以法益作为区分标准，刑法相对于其他部门法而言意在保护基本法益，经济刑法相较于普通刑法而言则在于保护特别的经济法益，而此特别经济法益是以基本法益作为其具备特殊性的基础的。对于经济刑法构成要件所表彰的法益侵害必须从普通刑法中的法益目录入手，再配合其本身所规范的目的进行统一判断，如此才能清楚地确定其所保护的法益究竟为何，如此在对犯罪类型之构成要件及要素进行解释时，才能明白确定是否能实现经济刑法构成要件明确性的要求。

林山田教授认为，经济刑法的保护法益是国家的经济秩序和个人的权益。[1]法益是保护人的法益，超个人法益可以被还原为个人法益，超个人法益实际上是个人法益的集合，两者之间是量的集合，而非质的不同。另一种观点是超个人法益与个人法益有着质的不同，各有其目的和体系。然而，不可否认的是，社会国家发展倚赖个人利益的发展，没有个人利益，众多的个人利益无法存在，那么社会国家利益也将无法实现。同样，个人利益的实现有赖于国家、社会利益的实现，也就是个人的生存和发展有赖于国家、社会的服务。[2]因此，在一定层面上，法既保护个人利益，也保护超个人利益。在最高层次，法保护超个人法益，也是为保护个人法益服务的。[3]林山田教授认为，经济犯罪破坏了经济社会彼此间的相互信赖，毁掉了自由经济制度的基本精神，经济犯罪的法益应包括国家与法律所保障的经济生活秩序和个人法益。[4]林东茂认为，整体经济秩序作为超个人法益可被认为是刑法的保护对象，但传统的刑法思维往往无法正确考量带有独特性的经济社会因素，因为刑法不能介入市场构造，只能介入市场行为。经济犯罪侵犯法益受到广泛认可的是对经济秩序的违反和破坏，那么经济秩序是否属于超个人法益就成了需要讨论的问题。英国社会学家科亨认为社会需具备可控性、可预测性、稳定性及互动性。人类有着不满足混

---

[1] 参见林山田：《经济犯罪与经济刑法》，三民书局1981年版，第90页。

[2] 张国钧：《邓小平的利益观》，北京出版社1998年版，第9页。

[3] 张明楷：《法益初论》，中国政法大学出版社2000年版，第241页。

[4] 参见林山田：《经济犯罪与经济刑法》，三民书局1981年版，第15~16页。

沌状态、期望条理化的本能，而秩序能维护这种条理化的期望。可以说，维护秩序意味着维护有序的生活状态，进而保障社会成员的生存与发展，实质上维护成员个体的生活利益。维护公共秩序即为社会成员提供稳定、有序的社会秩序，进而保障其生活利益。

刑法学说基于现代理性的人性尊严刑法观及法治国刑法观，对于整体法益或超个人法益的保护采取严格对待及检验态度，认为刑法保护体制应以人性尊严价值及个人法益为核心，超个人法益或整体法益应与个人法益具有具体关联性或由其导出，[1]即要求整体法益或超个人法益相对于某种个人法益而言，必须具有派生性关系及还原性关系。然而，上述派生性关系及还原性关系往往在整体法益或超个人法益之讨论中被忽视，甚至被反对。例如，有学者认为，需要注意的是，此处所说的法益（即超个人法益）不牵涉能否还原为个人法益之问题，否则所谓无被害人之犯罪或侵害个人可以自行决定的法益等即无可能成罪。其所提出的不可能成罪的两种犯罪类型，即无被害人的犯罪与关于个人可以自行决定法益的犯罪尚有下列值得商榷的地方，因此并不妥当：第一，如前所述，既然刑法为法益保护法，犯罪为对法益造成实害或危险的侵害行为，同时法益为一种人类权益，那么怎么会有无被害人的犯罪？仔细推断此种观点，它其实是将人作为国家或社会的对立概念，或采取传统国家法益、社会法益与个人法益之三分法。既然侵害超个人法益的犯罪是侵害国家法益或社会法益，基于该对立或区分形式，当然存在无侵害个人法益或存在被害人的问题。然而，为何作为"人"之集合体，且为多数"人"之需要而建构的国家或社会竟会成为"人"的对立概念？若脱离人的需要，或是不以"人"为本，那么国家或社会服务的对象是什么呢？国家法益或社会法益的本质又为何？第二，确实有多种个人法益个人可以自行决定或处分。例如，财产法益、名誉法益、自由法益，甚至是在一定限制下的身体法益。理论上，若某种整体法益或超个人法益被还原为上述个人法益，且得以确定相对之（多数）个人自行决定或处分的结果为放弃对该个人法益的保护，则并无仍应强加保护此种整体法益或超个人法益或仍应处罚此种犯罪行为的道理，进而不应预设必

---

〔1〕 高金桂：《利益衡量与刑法之犯罪判断》，元照出版公司 2003 年版，第 41 页。

须要保护整体法益或超个人法益，或处罚侵害此类法益的行为不可，为达此目的，规避侵害个人可以自行决定法益的问题，从而反对上述派生性关系及还原性关系。在思维模式上，这实际上是一种本末倒置的推论。

讨论的重点应在于，由整体法益或超个人法益所还原出来的，基本上属于不确定多数人的个人法益，在厘清及确认其对该个人法益的决定或处分结果上，将面临实际上难以解决的技术困难性。另外，也有学者认为，经济刑法所保护的经济秩序与经济规范是超越个人本身存在的共同体利益，只有此种共同体利益不应理解为个人集合体的共同体利益，而是具有独自存在性质，需要将遵守该共同体规范提升为独立法益看待。其理由为：第一，假如重视个人损害，为何以私法方式解决无法奏效，反而却需要依赖刑法解决；第二，即使是属于（个人）被害轻微之行为，一旦发现其针对不特定的多数人，整体而论，该行为也有可能发展至社会之整体损害。然而，上述见解依然值得商榷：第一，用性质及目的截然有别的私法来论证刑法所保护的法益，此种做法并不恰当；第二，其理由正可以证明"经济刑法所欲保护之整体法益或超个人法益，得还原为多数之个人财产法益"，且该被还原之个人财产法益若就个别（而非总体）来看，本不以巨额为必要。

综上所述，反对学说的见解及其理论基础并不坚实。笔者认为，从法益理论的内涵出发，整体法益与个人法益间理应具有派生性及还原性关系，此为法治原则、社会国原则、人性尊严刑法及刑法理性化下的必然要求，难以被推翻。

日本学界在论及经济犯罪整体的保护法益时存在一个问题，即将其认定为一种抽象的法益，还是还原为具体的经济利益的法益？可以说，证券犯罪正是该问题的显著代表。具体而言，不管是操纵证券市场罪还是内幕交易罪，都不是侵害了具体的个人财产的犯罪。例如，行为人通过内幕交易行为取得利益或者免遭损失所直接对应的被害人是不存在的。因此，证券犯罪与盗窃罪、诈骗罪等对个人财产的犯罪不同，是没有具体的被害人的"无被害人犯罪"。[1]可以说，应该还原为具体的经济利益，还是认定为

---

[1] 谢煜伟："检视日本刑事立法新动向——现状及其课题"，载《月旦评法学杂志》2009年

抽象的保护法益，这个问题是攸关经济犯罪整体的重大问题。例如，如果伪造货币的行为横行，国民失去了对货币的信赖，货币就会失去意义。因此，能够认为货币伪造的保护法益是国民对于货币的信赖。同样，证券市场这样的经济系统也仍然必须保护参加者（即一般投资者）的信赖。不过，对于一般投资者的信赖究竟是怎样的信赖，也有必要尽量地具体化。如在内幕交易罪的场合，公司关系者通过其优势地位，利用能够影响投资判断的重要事实，能够先于不可能知道该信息的投资者交易股票。那么，国家就必须尽量迅速地解除这种信息不平衡，寻求适时的信息公开制度。在东京证券交易所，如果上市公司开示公司信息，原则上要在开示前向东京证券交易所说明其内容，将信息登录到被称为适时开示服务、阅览服务的信息传达系统。其作用是将公司的重大信息向媒体机关、一般投资者公开。要想保证市场的公平性，就不能允许使用优势信息。如果该作用本身被破坏，一般投资者便会因自己不知道信息而不安，就有可能从市场退出。如果信息能被迅速地开示给一般投资者，投资者就能立于平等的地位进行投资活动。那么，对信息平等的信赖就是内幕交易中的投资者的信赖。[1]

　　我国经济体制是中国特色的社会主义市场经济。在这种体制之下，政府对于市场的功能可从两个角度论证：一为提供者；另一为管制者。从行政法的角度来说，当政府作为提供者时，其所为之行政行为乃给付行政；而当政府为管制者时，其所为之行政行为则属于干预行政。在这种意义上，政府对于企业之管制可被分为两大类：当政府管制企业的价格、进出、服务等行为以达到经济目标时，谓之为经济管制；当政府管制企业的生产、营销、标示等行为以保护消费者或劳动者的安全与健康，以提供更干净的环境时，则谓之为社会管制。经济管制的主要目的系维持企业间的自由竞争，以及产品与服务的公平价格。就性质而言，此种管制乃基于市场失灵的缘故。笔者认为，经济刑法只是一种经济管制的刑法，乃指以整体经济秩序及整体经济中具有重要功能的主体、工具或制度为保护客体的刑法规范。

（接上页）第 2 期。根据文中对神山教授观点的介绍，作者的意愿是将本罪的保护法益还原为具体的经济利益，关于操纵证券—市场罪的保护法益，主张是一般投资者的经济利益。

　　〔1〕参见〔日〕津田博之："日本的证券犯罪——以内幕交易罪为中心"，刘隽译，载《中日刑事法研讨会会议议论文集》2009 年。

其整体上保护经济交易秩序而非传统所认为的管理秩序。但是这种抽象的超个人经济法益应当被理解为可以还原为具体的个人经济法益。这种还原并不意味着任何一种具体的经济犯罪都一定存在一个直接的个人被害主体。

刑法通说认为，分则各罪所欲保护之法益可由其体系之地位得到认识，也即可根据分则条文本身所处之刑法体系定位探求出各经济犯罪所保护的经济法益是什么。附属刑法中具有经济刑法性质的条款并不像普通刑法分则那般依照国家、社会及个人法益的顺序编排，此时必须通过整体观察该法规的规范目的来探求保护之法益，也就是除了观察与刑法相关的经济法规第一条所规定之立法目的外，亦观察该法规具有经济违法性质的构成要件，直接或间接地揭示了其保护法益之内容。因此，必须善用条文与法规之体系关系，以及该条文之构成要件结构特征来确定法益之内容。

以货币的刑法保护为例。现代社会经济活动莫不直接或间接通过货币以达到交易目的，货币之真实遂成了国家经济生活的基础。货币是国家以公权力表彰法定价值而强制流通之经济工具，维持其真实方足以确保经济活动之正常进行。否则，经济生活将被破坏无遗，对于经济交易秩序影响甚巨。有价证券作为财产权的载明凭证，是具有与货币相似流通性效果的法定文书，在交易上占有举足轻重之地位，对于有价证券之伪造、变造者，其也势必会对健全经济生活造成不良之影响。广义而言，货币有纸质货币（如纸钞）、金属货币（如硬币）及塑料货币（如信用卡）等，均为从事经济交易活动之重要工具，其真实与否将影响公共交易信用。因此，可以认为，伪造货币罪、伪造有价证券罪所保护之法益均为经济交易之公共信用，追求安定及公平的交易秩序。

再以刑法对企业法益的保护为例。企业是国家经济发展的命脉，唯有企业体制健全，具有竞争优势，国家的经济才会好。我国企业之经营已由所有权与经营权合一的国有企业形态转向经营权与所有权分离的形态。经营者扮演着专业经理人之角色，以企业营运之盈亏为其职责。经营者与企业间有信赖关系存在，其财产由不特定多数投资者之资金所集合。随着经济的进步、资本主义的发达，保护包括投资人及存款户在内之公司债权人的信心及财产，以维护资本市场之安定已成为新形态之法益。该法益已超越个人而具有整体法益之性质，且充分考虑到了该类法益侵害所具有之普遍性、大量性或隐匿性的特性。因此，笔者认为，刑法对企业法益的保护是为了维护资本市场之稳定。对于企业本身而言，法益为企业财务制度健全；对于企业所有者而言，法益则为投资人的财产权益。

但是，笔者认为，在论及经济刑法所保护的法益时，考虑到经济生活的现实，我们尚需要对经济秩序与经济自由、经济发展与环境利益的关系予以特别讨论。以下，笔者将予以专门分析。

（一）经济秩序与经济自由

政府与市场，秩序与自由的关系一直是经济学研究的重点问题之一。自古典经济时期开始就形成了经济自由主义与国家干预主义的理论分歧及不同的政策体系。现在的主流观点均肯定政府干预在市场经济运行中的重要作用。其实，回顾经济学说史，凯恩斯经济学和政府干预理论在 20 世纪 30 年代至 60 年代的盛行自不必说，即使是以亚当·斯密为代表的古典经济学派也并非主张完全的自由放任，而是要求"看不见的手"在一种"社会秩序"下才能发挥作用，包括一个公正的法律框架、完全平等条件下的自由竞争、市场参与者之间的诚实协作等。特别是近来的全球金融危机，更是促使市场经济发达国家对新经济自由主义进行深入反思，重新回归并发展国家干预主义。

在肯定公权力介入市场必要性的同时，我们还必须把握好政府干预的边界问题。政府干预过多，容易管得过死，不利于激发创新活力，不利于发挥市场的基础性作用；政府干预不到位，不利于维护经济秩序，最终也会损害经济效益。政府干预经济的主要作用在于维护法律的尊严和实施，维持经济秩序，保证私人契约的履行，扶植竞争性市场，并在私人部门不能完成的领域进行政府介入。[1]

刑法调整社会关系的方方面面，作为干涉属性最为强烈的法律手段，其在维护正常的市场经济秩序方面作用显著。许多国家的刑法均设专章规定了妨害市场经济秩序的犯罪，或者制定专门的经济特别刑法。就经济犯罪刑事立法而言，如何科学划定经济活动罪与非罪的界限，使得经济行为

---

〔1〕［美］米尔顿·弗里德曼：《资本主义与自由》，张瑞玉译，商务印书馆 2007 年版，第 5 页。

既不致因规则设定得不合理而导致自由萎缩，丧失经济活力，又不致因规则缺失而导致市场无序，是一个非常现实的课题。这又回到了利益衡量论的老话题——如何统筹兼顾秩序与自由，如何把握好秩序与自由之间利益平衡的度。

相信市场经济能够解决所有问题，或者相信政府能够解决所有经济问题，都是片面而盲目的。我们需要的是政府与市场之间的某种平衡，目标是实现社会经济（生活）利益的最大化。笔者以为，这也是经济犯罪刑事立法的价值取向，即应当统筹兼顾经济秩序与经济自由。由于刑法是公权力介入市场最强烈的法律手段，同时刑法是维护经济秩序的最后防线，所以一般来说，刑法的调控范围应当是限缩的。笔者以为，能够通过市场自己解决的问题，刑法最好就不要介入；但是依靠市场解决不了或解决不好，并且涉及重大公共利益的问题，刑法则应当介入。

当然，上述只是原则性的说明，在实际操作过程中把握好这个尺度，难度仍然很大。为了进一步说明刑法在经济活动领域的利益博弈，我们不妨检讨一下我国经济犯罪的两个典型例子：

其一，关于非法经营罪。非法经营罪是我国经济刑法中争议较多的罪名之一。1979年《刑法》设立了"投机倒把罪"，但随着我国全面实行社会主义市场经济，这一罪名明显不合时宜，其在1997年《刑法》修订时被取消。但是，1997年《刑法》又设立了"非法经营罪"。从近年来的刑法理论研究和司法实践来看，"非法经营罪"引发的问题并不比"投机倒把罪"少。

对非法经营罪合理性的质疑主要集中在以下几点：①非法经营罪是一个"口袋罪"，"兜底条款"的存在使得非法经营罪在刑事司法中被无限扩张，偏离了罪刑法定精神，有损刑法的稳定性和明确性。从非法经营罪的"口袋化"表现来看，首先，刑法罪状表述不明确，特别是"其他严重扰乱市场秩序的非法经营行为"这一兜底规定的存在使得非法经营的范围具有很大的不确定性；其次，最高人民法院出台的司法解释使得非法经营罪的外延越来越大，如居间介绍骗购外汇行为，没有出版业经营资格从事出版业务行为，未经许可而经营电信业务行为，非法传销或者变相传销行为，生产、销售有害饲料及动物饮用水行为，未经许可经营食盐行为，哄抬物价、囤积居奇、牟取暴利行为，等等。②非法经营罪的设立与市场经济自由竞争的价值取向相悖。市场经济要求一个开放、平等、竞争的市场体系。市场开放，意味着尽可能减少行政许可，市场准入登记制必将代替审批制。经营自由权（包括自由选择经营方式、自由决定经营内容）是经营者的权利。对这种权力的行使，刑法不应过多干预。市场经济还要求竞争，反对垄断，对挑战行政垄断权的经营行为不能动辄以非法经营罪论处。另外，非法经营罪的存在为企业经营设置了一条红线，企业经营者经常徘徊在经营创新行为与非法经营行为之间，这不利于市场创新。

　　有的学者甚至主张取消非法经营罪。不过也有相当一部分学者认为，目前我国非法经营罪的存在具有合理性，适应社会主义市场经济建立和完善的需要，符合刑法理论和司法实践的内在规律和要求，应当予以完善，而非废除。[1]笔者赞成保留非法经营罪并予以完善的观点。经济自由主义者认为，市场自身具有无比的优越性，能够解决一切问题，政府介入越少越好。但是，经济危机和金融危机的残酷事实表明，市场绝不是万能的，我们需要实现政府与市场的某种平衡。对市场自由利益某种程度的牺牲，是为了换取市场长远的健康发展和良性运行。市场秩序主要包括市场准入秩序、市场竞争秩序和市场交易秩序。市场准入秩序作为市场竞争和交易秩序的上游秩序，对于保证竞争的有序具有重要作用。尤其是对于涉及重大国计民生的特定领域，有必要提高市场准入的门槛。其实质也是有利于保护市场交易，提高服务专业化、规范化，促进经济总体效益的增加。因此，非法经营罪有其存在的必要性。但是，另一方面，市场经济又是高度开放、自由、平等、竞争的法治经济，政府应该鼓励竞争，反对垄断，尽可能降低对市场准入的限制，减少行政审批许可，最大限度地调动广大市场参与主体的积极性。因此，非法经营罪的内涵和外延应当相对明确，罪状表述应当完善，最好是取消"兜底规定"。[2]

　　其二，关于传销犯罪。传销本为直销的一种具体形式，20世纪20年代

_____

〔1〕　参见陈惜珍："论非法经营罪存在的合理性"，载《法学杂志》2007年第5期。
〔2〕　目前世界上实行市场经济的国家只有我国和俄罗斯有非法经营罪，但俄罗斯联邦刑法典也未设置兜底规定。参见蒋熙辉："中俄非法经营罪比较研究"，载《检察日报》2002年5月10日。

起源于美国。广义的直销即无固定地点销售，包括直接行销、自动售卖和狭义直销；狭义直销则包括单层次直销和多层次直销，其中不正当的多层次直销被称为金字塔销售欺诈、"老鼠会"或"滚雪球"等。由于东南亚各国将多层次直销简称为传销，在其传入我国时也就沿用了这一称谓。[1]

传销登陆中国以后自 20 世纪 90 年代初开始了迅猛的无序发展。由于缺乏相应法律法规的规制，在高额利润的刺激下，不规范的直销和非法传销、变相传销纷纷涌现，一时之间泥沙俱下。1994 年原国家工商行政管理局下发《关于制止多层次传销活动中违法行为的通告》（已失效）后，传销受到了严格限制和监控。1998 年国务院发布《关于禁止传销经营活动的通知》，指出："传销经营不符合我国现阶段国情，已造成严重危害。传销作为一种经营方式，由于其具有组织上的封闭性、交易上的隐蔽性、传销人员的分散性等特点，加之目前我国市场发育程度低、管理手段比较落后，群众消费心理尚不成熟，不法分子利用传销进行邪教、帮会和迷信、流氓等活动，严重背离精神文明建设的要求，影响我国社会稳定；利用传销吸收党政机关干部、现役军人、全日制在校学生等参与经商，严重破坏正常的工作和教学秩序；利用传销进行价格欺诈、骗取钱财，推销假冒伪劣产品、走私产品，牟取暴利，偷逃税收，严重损害消费者的利益，干扰正常的经济秩序。因此，对传销经营活动必须坚决予以禁止。"自此，传销行为在中国被明令禁止。最高人民法院于 2001 年 4 月 10 日出台的《关于情节严重的传销或者变相传销行为如何定性问题的批复》规定："对于 1998 年 4 月 18 日国务院《关于禁止传销经营活动的通知》发布以后，仍然从事传销或者变相传销活动，扰乱市场秩序，情节严重的，应当依照刑法第 225 条第（四）项的规定，以非法经营罪定罪处罚。"2009 年 2 月 28 日，《刑法修正案（七）》规定了组织、领导传销活动罪，将"组织、领导以推销商品、提供服务等经营活动为名，要求参加者以缴纳费用或者购买商品、服务等方式获得加入资格，并按照一定顺序组成层级，直接或者间接以发展人员的数量作为计酬或者返利依据，引诱、胁迫参加者继续发展他人参加，骗取财物，扰乱经济社会秩序的传销活动的"行为单独入罪。

---

〔1〕 苏雄华："中国传销的概念清理及其入罪检讨"，载《河北法学》2010 年第 2 期。

需要注意的是，对于传销行为的入罪，《刑法修正案（七）》有着严格的限定条件，特别是有"骗取财物"这一要件。也就是说，刑法惩罚的是诈骗型传销活动（欺诈传销），或者说是把非法传销定位为违反国家法律规定的经济诈骗行为。欺诈传销侵犯了广大成员的财产权，有时还包括人身权，给个人、家庭和社会带来了沉重灾难；欺诈传销严重破坏经济秩序，非法集资，破坏金融监管秩序，危害国家经济安全，所售产品大多为假冒伪劣产品，几乎没有经济价值，有的还存在安全隐患；欺诈传销以"杀熟"为发展下线的主要方式，破坏了人与人之间的信任资源和为人诚信的价值观念，危及整个社会的信用体系和道德基础，也是造成社会动荡的重要根源。[1]欺诈传销的社会危害性十分严重，需要刑罚予以规制。

但是，就传销本身来说，其只是一种市场营销方式。在美国，安利等正规企业采用直销模式，获得了不错的经济效益和社会效益。非欺诈的多层次直销存在真实、有价值的产品，产品价格较为合理，不收取入门费，不会侵害反而会增加参与者的利益，甚至能够在一定程度上为消费者提供更好的服务。有时，其利用信任资源能够快速占领市场，尤其是在发生经济危机时，有利于促进经济发展。由于我国目前不具备开放多层次直销的条件，允许传销活动不利于形成健康有序的市场竞争秩序，容易被不法分子利用，进而影响社会的和谐稳定，总体来看弊大于利。因此，即使是非欺诈传销也是违法的。不过，笔者认为，对传销行为不应不加区分地"一棍子打死"，非欺诈的原始传销以行政手段规制即可，可以不必动用刑罚。司法实践中，查处的基本上也都是诈骗型传销活动。此外，笔者也不赞成司法解释将传销或变相传销行为按照非法经营罪论处的做法。

对非法经营罪和传销犯罪的立法完善并非笔者讨论的重点，但是，刑事立法在这两个犯罪立法上的得失完全可以体现公权力在干预市场经济过程中的利益博弈。处于社会转型期的中国，面对加快转变经济发展方式进程中各种错综复杂的利益关系，如何把握好刑事立法调控市场秩序的边界，平衡政府与市场之间的关系，继而科学确定经济刑法的保护法益，仍然是一个悬而未决的重大课题。

----

[1]　参见苏雄华："中国传销的概念清理及其入罪检讨"，载《河北法学》2010年第2期。

（二）经济发展与环境利益

随着经济的快速发展，环境问题已经成为严重威胁人类社会生存和发展的重大问题。不可否认，在发展经济的同时，对生态环境的破坏和污染是难以避免的，其在科技水平不发达的时期和地区更加突出。值得庆幸的是，过去片面强调经济利益、忽视生态保护的现象正在得到转变，保护人类赖以居住的生态环境日益成为全社会的共识。加快转变经济发展方式，走绿色、低碳、可持续的经济发展道路也是我国"十二五"时期经济社会发展模式的重大转变。

在环境治理对策方面，法律制度的健全和完善十分重要，完善的环境法律制度是保护环境的重要手段。面对全球性环境危机，各国在加强环境行政立法的同时，也加大了环境犯罪的处治力度。主要表现在：

（1）环境犯罪成立标准前移。也就是说，将刑法介入环境保护的时间从已然造成环境污染的结果提前到造成严重污染环境的危险时。设置环境犯罪的危险犯也是各国环境刑事立法的趋势。如《德国刑法典》第325条规定："（一）违背行政义务，在设备、工厂、机器的运转过程中，有下列情形之一者，处5年以下有期监禁或者科处罚金：1. 改变空气的自然成分，尤其是排放尘埃、毒气、蒸汽或其他有气味物质，足以损害设备范围之外的人之健康，或对动物、植物或其他贵重物有重大价值之损害者；2. 产生噪音，足致设施外之他人健康造成损害者。（二）未遂犯处罚之；（三）过失犯本罪的，处2年以下有期徒刑或者科处罚金。"《美国水污染防治法》规定："过失或明知违反本法……的规定；违反……由行政部门或州颁发的许可证中的限制性条件或限制；违反……被批准的预先治理项目中的强制性规定；故意违反前述规定，并且知道，此时他的行为会使其他人的生命或身体健康处于危险的境地，可构成犯罪。"

（2）加大刑事处罚力度。随着对环境法益重要性认同度的增加，各国的环境刑事立法加大了刑事制裁力度。《日本公害犯罪处罚法》第2条规定："凡伴随工厂或事业单位的企事业活动排放有损于人体健康的物质（包括通过在人体内蓄积危害人体健康的物质，下同），对公众的生命或身体造成危险者，处3年以下惩役或科以300万日元以下的罚金。犯前款罪而致人死、伤者，处7年以下惩役或500万日元以下的罚金。"第3条规定："因懈怠业务上必要的注意义务，伴随工厂或事业单位的企事业活动而排放有损于人体健康的物质，对公众生命或身体造成危险者，处2年以下惩役或科以200万日元以下的罚金。犯前款罪而致人死、伤者，处5年以下惩役或监禁，或科处300万日元以下的罚金。"

（3）采取多样化刑事处罚方法。对环境犯罪采取监禁刑、罚金刑、剥夺担任一定职务或从事某种活动的权利等多样化的刑事处罚手段，更有利于有效惩治和预防环境犯罪的发生。《俄罗斯刑法典》第251条规定："违反向大气排放污染物质的规则或违反各种装置、构筑物和其他客体的运营使用规则，如果这种行为造成空气的污染或空气自然性质的其他改变的，处数额为8万卢布以下或被判处6个月以下的工资或其他收入的罚金；或处5年以下剥夺担任一定职务或从事某种活动的权利；或处1年以下的劳动改造；或处3个月以下的拘役。"

应该说，发达国家环境刑法的立法是比较完备和严密的。反观我国环境刑法，仍有需要完善的地方。以我国1997年《刑法》第338条重大环境污染事故罪（《刑法修正案（八）》改为污染环境罪）为例，刑法调控范围过于狭窄，难以发挥刑法惩治与预防环境犯罪的作用。一是按照刑法的规定，污染行为仅包括排放、倾倒或者处置有放射性的废物、含传染病病原体的废物、有毒物质或者其他危险废物四类污染特别严重的物质。但从近年来发生的水污染事件来看，有些饮用水源的污染是由排放上述四类物质以外的普通污染物造成的，难以按照重大环境污染事故罪追究刑事责任。二是根据刑法的规定，本罪属于结果犯，必须造成重大环境污染事故，致使公私财产遭受重大损失或者人身伤亡的严重后果才构成犯罪。在司法实践中，一般只有发生了突发的重大环境污染事件才追究刑事责任。对于不是突发的环境污染事故，而是长期累积形成的污染损害，即使给人的生命健康和财产安全造成了重大损失也很难被追究刑事责任。主要原因：一是我国目前在重大环境污染事故的认定标准和损失鉴定机制等方面不够完善，难以准确评估重大污染事故的损失；二是难以确定污染行为特别是那种由于长期违法排污积累而形成的污染与损害结果之间的因果关系。其中有一些是污染企业数量众多，难以确认责任主体。[1]

立法局限的背后实质上反映了环境刑法法益保护的定位问题，即究竟是人类中心主义还是生态中心主义。对于环境刑法的保护法益，存在如下对立：一是在人的利益（含子孙后代在内的人的生命、身体安全等）中探求保护法益的见解（人类中心主义）；一是从环境自身（含生态系统在内的环境本身）来更为广泛地把握保护法益的见解（生态中心主义）。[2]从生态中心主义的观点出发，环境刑法的保护法益是生态系统本身。[3]生态中心主义的见解是对环境利益的单独确认，超越对人的利益的把握。越是从环境利益自身来宽泛地把握保护法益，环境犯罪的立法越容易倾向于设置（具体的进而抽象的）危险犯。生态中心主义也很容易形成以下看法：环境犯罪不应从属于规制环境的行政法规，而应以环境伦理的形成为目标，从刑法学的观点出发来独自处理环境犯罪。[4]从人类中心主义的观点出发，将环境刑法的作用理解为保护现存一代的生命、身体机能等，环境犯罪的社会危害性仍然是因为危及人类赖以居住的生存环境进而危及人的重要生活利益。不过，也有观点认为，若对人的生命、身体等保护法益作更为充分的解释，将环境犯罪作为危险犯来处理同样是可能的。[5]尤其是，如果认为作为法益主体的人也包含"子孙后代"在内，既然子孙后代尚未现实存在，那么就与他们的关系而言，无法认为他们的生命、身体机能等受到了侵害，因而就会将环境犯罪作为危险犯（尤其是抽象危险犯）来处理。[6]笔者以为，环境破坏和环境污染行为不仅使现存人类生命、身体机能遭受损害以及损害的危险（当然也危及子孙后代的利益），还使环境本身的机能遭到破坏。对于环境刑法，立法者要考虑的不仅仅是人的利益，还

〔1〕 全国人大常委会法工委刑法室编：《中华人民共和国刑法修正案（八）条文说明、立法理由及相关规定》，北京大学出版社 2011 年版，第 178 页。

〔2〕 ［日］今井猛嘉："环境犯罪"，李立众译，载《河南省政法管理干部学院学报》2010 年第 1 期。

〔3〕 ［日］伊东研佑："作为保护法益的'环境'"，载《环境刑法研究序说》2003 年。

〔4〕 ［日］伊东研佑："刑法的行政从属性与行政机关的刑事责任"，载《环境刑法研究序说》2003 年。

〔5〕 ［日］伊藤司："环境刑法总论——环境利益与刑法规制"，载《法政研究》1993 年第 3、4 期。

〔6〕 参见 ［日］浅田和茂：《刑法介入的早期化与刑法的作用》，井户田古稀，第 737 页。

有与此相关联的生态系统的保持（包括动物、植物等有机体的利益）。因此，笔者基本赞成生态中心主义的观点。不过，由于法律本身是涉及调整人的行为的社会规范，所以在把握环境刑法保护法益时首先应当考虑的还是人的重要利益。

《刑法修正案（八）》对重大环境污染事故罪作了修改，主要是：①将"其他危险废物"改为"其他有害物质"。有害物质既包括以废气、废渣、废水、污水等多种形态存在的危险废物，也包括除危险废物以外的其他普通污染物，扩大了刑法处罚范围，也弥补了实践中排放、倾倒、处置普通污染物造成严重环境污染行为无法处罚的漏洞。②将原条文中"造成重大环境污染事故，致使公私财产遭受重大损失或者人身伤亡的严重后果的"要件改为"严重污染环境的"，意味着行为人只要实施本罪构成要件行为，造成严重污染环境的后果，无论公私财产是否因此遭受重大损失或人身伤亡的严重后果，都构成犯罪，降低了入罪标准。应当说，《刑法修正案（八）》对重大环境污染事故罪的修改在一定程度上彰显了生态保护主义的理念，在对环境保护法益的重视方面有了很大进步。当然，如果以更长远的眼光来看的话，刑法对环境犯罪的立法还能走得更远一些。比如，可以考虑设置（具体的）危险犯，将刑法干预提前到形成严重污染环境的实害结果之前；设置环境犯罪的过失犯罪，对过失造成严重污染环境行为的也追究刑事责任；提高环境犯罪的法定刑，并考虑设置有利于预防环境犯罪的附加处罚。

不过笔者并不认为我国的环境刑法立法要一步到位。毕竟我国还处于社会主义初级阶段，转变经济发展方式，实现经济结构战略性调整也远非一朝一夕的事。目前，环境刑法立法仍然要考虑我国经济发展的需要、企业自身承担环境保护责任的实际状况和能力，不可能像发达国家那样设定过高的环保标准。实际上，这也是对环境保护政策和立法平衡眼前利益和长远利益之间矛盾的考验。我国目前对环境犯罪的立法，一方面要以"违反国家规定"为前提，带有很强的行政从属性；另一方面"严重污染环境"的要件虽然在一定程度上是人类中心主义向生态中心主义的转变，但也未脱离结果犯的范畴。应该说，符合我国国情，是统筹兼顾经济发展利益与环境保护利益的选择。从利益衡量的立场出发，笔者认为，目前刑法对环境犯罪的立法还是合适的。基于这一判断，笔者也不赞成过早设置环境犯罪危险犯（尤其是抽象危险犯）的主张，从目前来看，其法益保护过于前置。

第二节 经济刑法的行为类型

一、经济刑法行为类型概述

当抽象——一般概念及其逻辑体系——不足以掌握某生活现象或意义脉络的多样表现形态时，大家首先会想到的补助思考形式是"类型"。[1]很显然，直到今天，我们在刑法理论上也仍无法就经济刑法这样一个概念给出准确的界定，并且由于概念本身具有抽象性，在进行立法描述时，我们也无法根据相对确定的经济刑法概念来确立某种经济不法行为是否属于刑法上的犯罪。事实上，刑法的构成要件都是"不法类型"，即类型化了的具有刑法上的否定价值的生活事实。正如亚图·考夫曼所赞成的那样，对于立法者而言，其任务便是去描述各种行为类型。[2]

经济刑法的行为类型不同于经济刑法的概念。经济刑法（和经济犯罪）的概念本身具有抽象性、普遍性。其通过某些有限的、彼此分离的特征对经济刑法加以定义，在功能上呈现出封闭性。其主要可作为经济刑法种类和分类的基础，但是透过概念无法确定经济不法行为构成何种具体的经济犯罪，因为根据概念所进行的认识只能明确地表明是否属于经济犯罪。而经济刑法的行为类型则与之不同，行为类型在它的接近现实性、直观性与具体性中是无法被定义的，对行为类型只能进行说明，在用以描述某一类型的特征并不完整时，特定事实的类型性却不会因此而引发疑问。[3]正是这个因素决定了与经济刑法概念的封闭性相比，经济刑法的行为类型是开放的。

---

〔1〕 [德] 卡尔·拉伦茨：《法学方法论》，陈爱娥译，商务印书馆 2003 年版，第 337 页。

〔2〕 [德] 亚图·考夫曼：《类推与"事物本质"——兼论类型理论》，吴从周译，颜厥安校，学林文化事业有限公司 1999 年版，第 115 页。

〔3〕 需要注意的是，亚图·考夫曼在就类型进行阐释和运用时，基本上延续了拉德布鲁赫教授关于类型的思想。

　　具体而言，对经济刑法的行为类型应当自两个方面进行理解：一方面，经济刑法的行为类型是一个次序概念、意义概念和功能性概念，可以在不同程度上适应复杂多样的社会现实，具有典型性、普遍性的不法行为在类型中能够被立法者和司法者直观地、整体地加以掌握。正是在这个意义上，类型不再是一种精确的形式逻辑的思维，我们也无法将具体事实如同涵射于概念之下一般涵射于类型之下。我们只能在某种程度上将具体的违法事实归属于类型之下，使得彼此之间产生对应，而在这种彼此对应里，经济刑法的行为类型成了普遍与特殊的中介，它相对于经济刑法（和经济犯罪）的概念属于具体，而相对于需要刑法规制的事实则属于特殊中的普遍者。另一方面，经济刑法的行为类型亦与发生在经济活动领域中的个别违法现象相区别。因为对于类型来说，只出现过一次或几次的不法活动不是典型的事物。因此，经济刑法的行为类型本身在法领域意指的是规范类型，而非那种平均类型或频率类型，也不必是马克斯·韦伯意义下的理想类型。

　　需要明确，虽然经济刑法的行为类型并非僵硬而不可变化的事物，但我们无法任意地建构某种不法行为类型。价值中立的生活事实以及与存在分离的价值都只是纯粹的思维构造物，不具有实在性。对此，区分纯粹描述性质的构成要件与纯粹规范性质的违法性的传统刑法体系将是失败的。由于经济刑法的行为类型正是那些存在于法律形成之前的事物，因此立法者的任务便是根据规范保护的需要去描述各种事实类型。在对经济刑法的行为类型进行描述和说明时，立法者可以有一些空间。例如，其可以把金融诈骗罪规定为金融领域发生的、在各种不同的动机促使下的通过集资、贷款、票据、金融凭证以及信用证等进行的诈骗犯罪。但是，其无法不顾及金融诈骗罪的类型作为诈骗行为的特别重大形态，而这点也正是金融诈骗罪区别于诈骗罪的意义所在。

　　基于前述分析，对于经济刑法的行为类型我们可以得出如下结论：经济刑法的行为类型与经济刑法的概念相区别，其属于规范类型，本身具有开放性，在立法上能够更好地适应纷繁变化的社会现实；当立法者对某种经济不法行为类型进行描述时，即创立了某种类型的经济犯罪。也就是说，对具体的经济不法行为类型的描述就是判断某种经济不法行为是否成立犯罪的构成要件。由于经济刑法多采用空白构成要件的立法模式，是以在立法者描述经济刑法的行为类型时，应当根基于某种法益或超法益秩序保护的需要，并且考虑实施侵害的特定行为方式。这样将使得经济刑法的具体构成要件具有较大的明确性，也可为司法者能够合目的地进行规范运用提供便利。

二、经济刑法的具体行为类型

由于经济犯罪的不法活动的形成原因及其形态呈现出多元化，具体何种类型的行为属于违反经济刑法而应受到刑罚制裁，向来是中外刑法学者讨论的重心。对于立法机关而言，如何在各异的经济刑法行为类型中寻求一个普遍性、上位性的经济刑法（和经济犯罪）的概念具有相当的困难。[1]与此同时，如何确定经济刑法的范围也无法取得一致的见解。由于无法在概念上对经济刑法进行准确界定，并且考虑到经济刑法的概念对于立法而言不具有决定意义，笔者将通过简单考察经济刑法较为发达的德国和欧洲的状况，为确立经济刑法的具体行为类型寻求实证层面的依据。

纵观欧陆，拥有独立、完整的经济刑法典的国家主要有德国和荷兰，其中德国在经济刑法立法方面较为完善。就德国而言，有关经济犯罪的立法主要有 1976 年的《第一次经济犯罪防治法》，以及 1986 年的《第二次经济犯罪防治法》。经济犯罪在德国属于专属管辖案件，依据德国 1993 年新修订之《法院组织法》第 74 条 C 第 1 项之规定，经济刑庭的管辖案件包括：[2]①违反专利法、消费样品法、半导体法、品级保护法、商标法、试用样品法、著作权法、不正当竞争对抗法、股份法、特定企业与关系企业结算法、有限公司法、商法、欧洲经济利益联盟执行法与合作社法的案件；②违反银行法、保险法、证券法、金融制度法与保险监督法的案件；③违反 1954 年公布施行的经济刑法、外贸法、外汇管理法、财政独占法、税法、关税法的案件；④违反葡萄酒法与生活物质法的案件；⑤电脑诈欺、经济辅助诈欺、投资诈欺、信用诈欺、破产犯罪、图利债权人罪与图利债务人罪；⑥凡于案情之判断，需要特殊经济知识的诈欺、背信、重利、图利与

---

〔1〕 学界关于经济犯罪的概念并无普遍一致的见解，具体参见林东茂：《危险犯与经济刑法》，五南图书出版公司 2002 年版，第 72 页以下。

〔2〕 参见林东茂：《危险犯与经济刑法》，五南图书出版公司 2002 年版，第 72 页。

贪污罪。与之不同，于 1981 年召开的欧洲共同体高级领导会议则认为，经济犯罪的范围应当包括以下十六种：①联合企业的犯罪；②跨国公司的犯罪；③以欺骗方法获取国家或国际组织贷款及其挪用的；④计算机犯罪；⑤设立徒有虚名的公司；⑥账目不清或以不正当手段借款的；⑦诈骗公司资本的；⑧企业违反有关劳动卫生与安全规则的；⑨对债权人进行诈骗的；⑩侵害消费者利益的；⑪搞非法竞争或作虚假广告的；⑫公司的租税犯罪；⑬关税犯罪；⑭汇率犯罪；⑮股份交易或金融犯罪；⑯环境犯罪。

从以上这些界定中，我们可以大致对经济刑法有一种观念上的整体把握。这里需要注意的是，关于经济犯罪的这些区分只是根据某种标准所确立的经济刑法的范围或者分类。其本身并非是经济刑法的行为类型，但是我们可以根据经济刑法调整的范围和经济犯罪的具体种类发现隐藏于其后的犯罪行为类型。对于经济刑法究竟包括哪些具体行为类型，各国的学说存在分歧，尚未形成定论。笔者认为，根据犯罪类型化理论，在要求立法者制定刑法处罚规定时，必须根据特定保护法益的内容及侵害行为的样态而将可罚行为的类型及刑罚的种类与刑度具体反映在构成要件及法律效果的相关规定之中，此亦是刑法罪刑法定原则实现正义的当然要求。[1]因此，要将经济犯罪加以类型化，不仅应就规范外形加以归纳，还应厘清各种类型所要保护的法益或法秩序为何，以及考虑行为样态，如此也才有类型化的意义。概言之，这种类型的确立既不能无视学界现行有影响力的学说，也要考虑经济刑法的规范保护目的，即应当依据所要保护的经济秩序和行为样态来建构类型。正如前文所指出的，经济刑法的行为类型是一种规范类型，其并不能为立法者任意构建。

一般应当认为，经济刑法所要保护的是重要的经济秩序，这种经济秩序虽然是一种超个人的法益，但值得用刑法的手段加以保护。[2]这种超个

---

〔1〕　苏俊雄：《刑法总论》（Ⅰ），台湾大学法学院图书部 1998 年版，第 215~216 页。

〔2〕　这种见解在强调传统自由主义的学者看来，是一个危机，把一种机制或者价值作为法益来保护，可能会让刑法变成"嫌疑刑法"，因为保护超个人的法益，在刑法构成要件的安排上，常常要借用抽象危险构成要件。被处罚的行为，并没有造成任何结果，刑法所做的价值判断，是针对行为方式本身，而不是针对结果。但很多学者认为，这种观点并不能否定经济刑法对超个人法益的保护。具体分析见林东茂：《危险犯与经济刑法》，五南图书出版公司 2002 年版，第 75~76 页。

人法益的保护即表明了经济犯罪与传统的财产犯罪具有根本性的差异。因此，能够为传统财产犯罪类型所包括的行为类型一般不应当成为经济刑法的行为类型，但是这并不意味着传统财产犯罪的行为类型对于经济刑法的行为类型毫无意义，具体分析将在后文进行。

关于经济刑法的具体类型的区分，一般认为日本学者神山敏雄的见解具有较大的影响。其将经济犯罪分为以下几种类型：①侵害一般消费者的经济生活及利益的犯罪；②侵害经济活动的主体（即企业）的财产及经济利益的犯罪；③企业围标而造成国家或地方自治团体财产上损害的犯罪；④侵害抽象交易秩序的犯罪；⑤国际经济犯罪；⑥侵害财政制度而造成国家或地方自治团体财政损失的犯罪。[1]考虑到各国关于经济犯罪的刑事立法与自身的经济政策、经济发展程度等因素密切相关，具有特殊性，并且经济刑法的行为类型应当具有开放性，笔者认为，根据我国现有的刑事立法规范和现阶段经济变化迅速的社会现实，将经济刑法的行为类型确立为以下几种较为妥当：

其一，保护国民经济秩序的行为类型。这种行为类型所要保护的法益是通过市场自由、交易安全的维持来最终保护国民的利益，如由于违反食品卫生安全法规、金融法等而构成的犯罪。

其二，保护企业经营的行为类型。其所保护的法益为公司企业的财产利益，比如董事构成的背信犯罪，典型的还有规制企业与企业之间的公平竞争和交易。

其三，保护投资人利益的行为类型。其所要保护的法益是众多投资人的财产利益，比如破产犯罪以及某些特定的金融犯罪。

其四，保护国家财政的行为类型。其所保护的法益为国家的财政，比如租税类犯罪。

三、经济刑法的行为类型与行为样态

原则上，属于同一犯罪类型的构成要件行为均相同，但是从实际立法

---

〔1〕 具体阐释参见顾肖荣等：《经济刑法总论比较研究》，上海社会科学院出版社 2008 年版，第 11~13 页。

来看，刑法所规定的不同犯罪类型之间有很多具有共同的构成要件行为。这表明，构成要件行为不仅具有专属于某一法益的性质，也具有兼跨个人法益、社会法益及国家法益的性质。正是基于这种现象，在对经济刑法的行为类型进行理解时，应当注意到构成要件行为样态的特殊性。

一方面，某些经济刑法的行为类型与传统财产犯罪的行为类型在本质上并无区别，比如诈欺类犯罪。因此，传统刑法的构成要件行为类型对于经济刑法的行为类型并非没有价值，应当以我国现行刑法分则的构成要件行为作为基础，运用于经济活动中，从而根据法益保护的不同确立经济刑法的具体行为类型。此种类型的经济刑法规范由于在行为样态上与传统刑法一致，是以更容易进行司法适用，从而实现经济刑法的规范保护。另一方面，经济刑法的行为样态与传统刑法也存在明显不同之处。这种不同表现在，随着社会经济生活的发展，传统刑法构成要件所不具备的行为方式成了经济活动领域的常见不法手段，对于由新型行为样态和保护法益所确立的经济刑法的行为类型，在进行理解时必须予以特别注意。

根据行为样态的不同，经济刑法的行为类型基本上可以被分为两类，即传统型的行为类型和现代型的行为类型。传统型经济刑法的行为类型主要包括伪造、变造类型，诈欺类型和背信类型等；而现代型经济刑法的行为类型主要包括操纵类型、干扰类型和竞争类型等。将行为样态与法益结合起来确立经济刑法的行为类型的意义在于，行为样态和法益的关联性使得所建构的经济刑法体系在立法上能够保持弹性、开放的状态，并且在不丧失价值思维的前提下，可以接纳日益变化的社会经济生活事实，从而提供了足以解决常见问题的刑法解释方式，而不需要总是频繁地进行立法上的变动。

四、我国经济刑法的行为类型确定

经济立法以及法律发现的成功或失败主要基于能否正确地掌握经济刑法的行为类型。毫无疑问，刑法今日的不安定性主要并非因为对于法律在概念上的掌握较以往拙劣，而是因为不能确切无误地掌握立基于生活事实的行为类型。我们生活在一个社会快速变迁、刑法迅速发展的时代转折点，而且是发生根本变化与不安定性的时代，传统遗留下来的犯罪类型与形象对我们而言正在逐渐丧失它们的信服力。因此，在经济犯罪大量增加的今天，立法者需要去描述各种不法的经济行为类型。这里需要明确的是，虽然笔者认为具有抽象性、普遍性的经济刑法（和经济犯罪）的概念在法律的建构上不具有决定性的意义，但是其仍然具有极大的重要性。因为它能固定经济刑法的外形和范畴，从而保证经济刑法的安定性，在理论上需要继续进行深入研究。

如前文所述，经济刑法的行为类型无法被定义，只能被描述，然而详细地去描述一个类型是不可能的，立法者所能做的只是不断地接近该类型。在这种状况下，对立法者而言往往有两种极端情况：一种是放弃描述经济刑法的行为类型而只给予该类型一个名称。例如，我国《刑法》第 170 条伪造货币罪的规定。该条仅简单规定"伪造货币的，处三年以上十年以下有期徒刑，并处五万元以上五十万元以下罚金……"此方式将使法律在运用上获得较大的弹性，但相对地也会造成法律具有不安定性。另一种则是试着尽可能详细地描述经济刑法的行为类型。采用列举的方式，此种方式具有较大法律的安定性之优点，但也会造成谨慎拘泥以及与实际生活脱节的结果。这种例示法在刑法修正案中经常被运用。例如《刑法修正案（五）》第 2 条修订增加的信用卡诈骗罪。就此状况需要特别指出的是，在对经济刑法的行为类型进行立法描述时，由于大量采用空白构成要件和抽象危险构成要件的立法方式，因此对于经济犯罪类型而言，构成要件缺乏足够的明确性，并且往往只要类型化的构成要件行为出现即意味着犯罪的成立（经济刑法中危险犯增加），是以对于立法者而言，应当对类型化的构成要件行为进行明确表述。这样才能有助于其在刑事司法实践活动中的规范适用，为司法者的合理解释与妥善适用奠定基础。

在具体就经济刑法规范进行解释适用时，经济刑法类型的意义在于，通过对法益和行为样态的把握，解释者可以进行构成要件涵摄的形式范畴判断与实质理解犯罪构成要件。比如，对于某种经济领域的违法行为，对于其是否属于特定的经济犯罪类型，就要特别考虑其所侵害的法益和具体行为样态，在法益符合规范保护目的的需要时，同时要考虑行为样态是否能够满足形式的要素界定要求。而在行为样态既符合经济犯罪的立法描述，又符合财产罪的立法描述，对于准确理解其性质存在模糊区域时，应根据具体的保护法益实现个案中的司法定型化。具体而言就意味着，仅仅根据法益或者行为样态均无法准确进行刑罚的规范适用，因此在就经济犯罪进行解释的过程中，应当对以二者为基础构成的立法考量类型予以整合、分析、判断。

第四章
经济刑法的规范属性与结构

第一节　经济刑法的规范特性

刑法学界一般认为，自然犯是指无需法律规范的规定，其本身与伦理道德相关具有罪恶性的犯罪；法定犯是指由于法律的规定才成为犯罪，即行为本身不因道德伦理具有罪恶性，只是由于法律的规定才使之成为犯罪。关于经济刑法规范的属性，有学者比较分析认为，经济刑法规属于行政犯，又被称为法定犯，通常与刑事犯（又称为自然犯）相对应。从我国的情况看，将行政犯与经济犯罪联系在一起的最直接的原因是经济犯罪采用了大量的空白刑法规范，这些补充规范和说明规范实际上多见于行政管理法规。[1]笔者不同意将经济刑法规范属性理解为行政犯，主张应该在经济刑法中摒弃行政犯的概念，明确经济刑法规范的法定犯属性。理由有二：一是将法定犯与行政犯等同，有意在本源上忽视了二者的差异，且行政犯隐含强调的是经济活动中国家权力的行政干预，不符合中国特色社会主义市场经济的内涵，也不符合刑事违法具有规范独立性的基本判断，关于经济刑法的违法相对论笔者已在前文部分展开，此处不再赘述；二是尽管法定犯和行政犯在立法上均使用空白罪状，但这并不意味着经济刑法规范属于行政犯

---

〔1〕　具体分析参见顾肖荣等：《经济刑法总论比较研究》，上海社会科学院出版社 2008 年版，第 66~68 页。

范畴，就刑法与部门法衔接角度而言，《刑法》分则第六章"妨害社会管理秩序罪"与行政法规直接对应，而分则第三章"破坏社会主义市场经济秩序罪"则与经济商事法规衔接对应，直接将经济刑法规范理解为行政犯并不符合现行法律规范体系关于经济法、行政法等部门法的划分，缺乏实证依据，也不便于理解。正如有学者所指出的，"行政犯"与"法定犯"等同观点的形成，一方面是因为只注意到了两者在形式上的共同点，即两者都是以违反行政管理法律为前提的，另一方面是在我国法律体系中，刑事违法和行政违法历来是泾渭分明的，事实上并不存在大陆法系国家"行政刑法"中处于刑事违法和行政违法之间的"行政犯"问题。[1]为了进一步准确理解经济刑法的法定犯特性，在此有必要就法定犯与行政犯的关系适当展开分析。

一、行政犯概念的历史渊源

（一）行政犯概念的缘起

行政犯与刑事犯概念由自然犯与法定犯概念演变而来。自然犯与法定犯的观念最早源于古罗马法中的"Mala in se"（本体恶）与"Mala prohibita"（禁止恶）的区分。[2]本体恶指实质上违反社会伦理道德、侵害社会公平正义、善良风俗的行为。这种行为天生具有有罪性，即使没有实体法的相关规定也可以认定其为犯罪。禁止恶指违反为了维护一定社会秩序以及行政管理需要而制定的实体法规定的行为，这种行为不直接违反社会伦理道德。罗马法的这种分类对欧洲地区产生了深远影响。中世纪欧洲教会法规定："神职人员触犯自然犯类的犯罪时，在接受处罚的同时必须被免除神职，而触犯法定犯类犯罪时只需接受处罚但不是必须免除神职。"[3]在中世纪的英国，自然犯与法定犯的区分是法院限制王室司法豁免权的重要手段，最早的判例发生在 1469 年，判决认为英王只能对法定犯行使豁免权，而不能对

---

〔1〕　具体分析参见谭兆强：《法定犯理论与实践》，上海人民出版社 2013 年版，第 52~55 页。

〔2〕　张文、杜宇："自然犯、法定犯分类的理论反思——以正当性为基点的展开"，载《法学评论》2002 年第 6 期。

〔3〕　《北京大学法学百科全书》编委会：《北京大学法学百科全书：刑法学　犯罪学　监狱法学》，北京大学出版社 2001 年版，第 24 页。

自然犯行使豁免权。刑事人类学派代表人物之一加罗法洛于 1885 年在其代表作《犯罪学》中正式提出了自然犯与法定犯的概念，并对自然犯进行了系统阐释。其指出："在一个行为被公众认为是犯罪前所必需的不道德因素是对道德的伤害，而这种伤害又绝对表现为对怜悯和正直这两种基本利他感情的伤害。并且，对这些情感的伤害不是在较高级和较优良的层次上，而是在全社会都具有的平常程度上，这种程度对个人适应社会来说是必不可少的。我们可以确切地把伤害以上两种情感之一的行为称为自然犯罪。"加罗法洛未给出法定犯罪的准确定义，但是可以根据自然犯罪的定义相应归纳出："自然犯是对怜悯和正直这两种基本感情的侵害，而法定犯则是纯粹违反法律规定而不违反基本道德的行为。"〔1〕在加罗法洛的推动下，自然犯与法定犯这一经典范式被正式确立。值得注意的是，加罗法洛关于自然犯与法定犯的分类从自然法与实定法分离层次展开，属于犯罪学研究范畴。当代刑法中所指自然犯与法定犯的概念范畴则被圈定在刑法实定法的固有范围之内，自然犯与法定犯理论在经过一系列历史流变之后，概念提出之初的研究范畴、目的发生了变化，但其主要分类标准依旧是是否违反社会伦理道德。自然犯与法定犯概念在近代德国进一步发展为刑事犯与警察犯，警察犯是行政犯概念的前身。

（二）行政犯概念的确立

在 18 世纪，德国进入工业化时代，社会生活快速变化，生产方式多元化、社会关系复杂化、城市人口快速扩张，人口数量与人口流动性急剧增加，维护社会秩序压力激增，政府为维持社会管理秩序，大量出台管理性行政规定，相关行政法规的主要执行者同时也是维持社会秩序的主要群体——警察——的执法职权飞速扩大。为了有效提高执法效率，降低执法成本，德国出现了警察官厅自行行使刑罚权的现象。这种由警察官厅基于社会管理需要自行适用刑罚权处理的违法行为在社会整体犯罪总数中占相当大比例，德国刑法学界对此社会现象展开了研究。德国法学家费尔巴哈在其主持制定的《巴伐利亚法典》中正式提出了刑事犯与警察犯的概念，认

---

〔1〕［意］加罗法洛：《犯罪学》，耿伟、王新译，中国大百科全书出版社 1996 年版，第 22～24 页。

为"刑事犯侧重对于伦理秩序的侵害，而警察犯则是对行政管理秩序的妨碍"。[1]从费尔巴哈对警察犯的描述中我们不难看出，德国对于刑事犯与警察犯的分类是基于自然犯与法定犯的分类，所做出的针对德国现实情况的改良，是否违反社会伦理秩序仍是其主要判断标准。1871年《德国刑法典》将违警罪与重罪、轻罪并列规定，这一立法模式对日本产生了积极影响。1879年《日本刑法典》亦专门将"违警罪"单独列为一编，警察犯理论在实定法层面得到应用。

在随之而来的大规模非犯罪化运动的社会背景下，德国刑法学者提出轻微违反管理秩序行为不符合犯罪本质，应当将违警罪从刑法典中移除，设立单独的秩序违反法进行规制。这一主张之后在立法层面得以实现，一部分违警罪被纳入秩序违反法的规制范围，一部分违警罪被划分入刑法中的轻罪。社会现实变化催生了刑法理论的新概念，警察犯概念无法满足刑法学者描述种类日益丰富的行政违法行为的需要。在此种历史背景下，德国学者高尔德修米德提出了"行政犯"概念。有学者指出："进入20世纪后，由于行政管理范围逐步扩大，行政职权不断增强，于是频繁制定行政法，违反行政法的行为也大量出现，德国立法遂出现了行政犯与刑事犯的区别。"[2]经过德国刑法学家郭特希密特、法学家沃尔夫、刑法学家希密特等人的充实与完善，行政犯概念发展为系统理论。日本行政犯理论深受德国影响，18世纪中叶，随着明治维新的不断深入，日本开启了工业化进程，在极短的时间内迈入了工业化强国行列。日本社会在旧制度革除与新制度重铸过程中来回拉锯，为应对日益纷繁复杂的社会生活，在快速变化中维护社会秩序的稳定，政府开始不断扩展自己的行政管理职权，行政管理法律急剧增加，相应的违反行政管理法律的行为数量激增，如何有效惩处和控制此类行为成了当时的重要法律问题。在此背景下，德国行政犯理论被引入日本，并在日本得到了长足发展。

（三）行政犯概念的发展

第二次世界大战后的日本，随着国内行政刑法数量的不断增加，行政

---

〔1〕　姜涛："行政犯与二元化犯罪模式"，载《中国刑事法杂志》2010年第12期。

〔2〕　张明楷："行政刑法辨析"，载《中国社会科学》1995年第3期。

刑法与刑法总则之间出现矛盾，在法人处罚、共同犯罪、犯罪竞合等问题上遇到了刑法总则适用困难。[1]为解决这一问题，学者提出行政犯与刑事犯存在本质上的不同，对行政犯的处罚可以不适用刑法总则的规定，并就行政犯与刑事犯的区分标准展开讨论。主要争议点在于行政犯与刑事犯的区分是否有意义，以及区分标准是什么。对此，主要存在两种观点，即区分肯定说、区分否定说，其中区分肯定说是日本学界的主流观点。

1. 区分肯定说

持区分肯定说观点的日本学者之所以主张要区分行政犯与刑事犯的概念，原因在于其认为行政刑法有其特殊性，不必完全适用一般刑法总则的规定，在区分行政犯与刑事犯的基础上划定行政刑法不适用刑法总则规定的范围，并在区分肯定说内部又因区分标准的差异形成了不同观点。

日本学者美浓部达吉以罗马法的本体恶与禁止恶为出发点，认为刑事犯本身具有反社会的罪恶性，而行政犯本质仅仅在于违反了行政上的义务，其行为本身很难说有何罪恶性，因此行政犯可以不适用专门为刑事犯制定的刑法总则。以八木胖为代表的一批日本学者从社会心理角度出发，以犯罪的罪恶性与反道德性是否可被一般国民所认知将犯罪区分为行政犯与刑事犯。大冢仁教授则认为，行政犯与刑事犯的区分应该以是否与社会伦理联系密切为着眼点，行政刑法与社会伦理规范无直接关系，因此有必要在刑法适用及解释上给予与刑事犯不同的对待。

牧野英一教授从现实立法出发，认为刑事犯的违法行为不待法律规定就具有反道义性与反社会性，而行政犯的违法行为只有在法律规定以后才具有反道义性与反社会性。其指出："刑事犯、自然犯其实质是由于违反公共秩序与善良风俗，法律对此作出规范是理所应当的事项，对于行政犯、法定犯作出一定的规范，为其处以制裁而强调其规范。"[2]牧野英一将行政犯与法定犯一起论述，认为两个概念相同。

以社会秩序为着眼点，福田平教授提出："在法律秩序内部有两个层面，

---

[1] 金泽刚、黄明儒："日本有关行政犯性质的学说及其评析"，载《政治与法律》2004年第6期。

[2] [日]牧野英一:《重订日本刑法》，有斐阁1937年版，第86页。

一为国民生活秩序的层面，即基本生活秩序，一为根据行政作用不断创造出的层面，即派生生活秩序。与此相对应，刑法也可以分为刑事性与行政性，前者为刑事犯，后者为行政犯。"[1]

2. 区分否定说

宫本英修认为，刑事犯与行政犯均是侵害法益的行为，两者并没有本质区别，所以没有必要对两者进行区分。佐伯千仞认为，行政犯与社会道德会随着立法活动而产生密切联系，也就是说立法活动赋予了行政犯与刑事犯相当的反道德性，两者没有区分的必要性。板仓宏认为，现有的刑事犯与行政犯区分学说模糊不清，刑法问题研究的重心应该是刑事制裁按何种标准才可以合理行使，而非纠结于违法行为应属于何种类别，因此做此种概念上的区分意义不大。平野龙一针对福田平的秩序理论指出，由于行政已经深入现代社会国民生活的基本部分，基本生活秩序与派生生活秩序的边界日趋模糊，两者合二为一，且行政刑法内部缺乏均质性，只能依靠个别条文解释解决行政刑法的特殊性问题。

日本区分刑事犯与行政犯的意义在于，探讨行政罚则在多大限度内能够排除刑法总则的适用问题。日本学者认为行政刑法与普通刑法不同，若完全适用刑法总则的规定会遭遇现实适用困难。日本刑法学界内部对于行政犯与刑事犯的区分必要性存在争议，虽然肯定说的观点是主流观点，但其始终未解决区分标准的模糊性问题，因此在日本作为主流观点的区分肯定说并不适用于我国。区分否定说则从侵害法益、立法与道德的关系、秩序模糊性等角度否定了刑事犯与行政犯的区分，虽然角度不同，但其讨论的实质仍是行政犯与刑事犯的区分缺乏明确标准，即行政犯概念缺乏概念的基本界分功能。因此行政犯概念亦无法与法定犯概念进行区分，有日本学者将法定犯与行政犯视为相同概念。

经过历史考证我们可以发现，行政犯与刑事犯、自然犯与法定犯这两对概念源自罗马法本体恶与禁止恶的观念，两者内容相近，只在理论研究角度与历史渊源等方面存在细微差异，总体上呈交叉重合状态。自然犯与法定犯是一种基于自然法道德判断进而被引入刑事实定法内部的犯罪类型，

---

[1] [日] 福田平：《行政刑法》，有斐阁1978年版，第37页。

而刑事犯与行政犯则更多的是基于违反不同法律渊源而进行的犯罪类型划分。经过一系列理论流变，当两对概念被限制在刑法实定法范畴之中时，概念之间的差异性进一步缩小，而当两对概念并行存在时，概念之间的界分便会成为疑难问题，造成刑法体系内部概念重复混淆，我国刑法研究择一使用即可。那么如何在这两对概念中做出取舍则必须结合我国的刑法学科发展现实情况与需要进行体系性分析判断。

二、我国行政犯概念的继受与发展

我国早期一直未针对行政犯展开研究，笔者认为其原因主要有两方面：首先，我国刑法的发展历程与德日不同。德日刑法经历了违警罪与刑法典由统一走向分离的过程，而行政犯概念正产生于这一立法体系的演进过程之中。我国近代第一部刑法典《大清新刑律》由沈家本主持，在日本法学家冈田朝太郎等人的协助之下起草。冈田朝太郎认为违警罪不是刑法中的犯罪，没有必要规定在刑法典之中。清政府于 1908 年在《大清新刑律》之外另行修订《大清违警律》，中华民国在此基础上于 1915 年制定《违警罚法》。由此可知，我国自近代化之初便将刑事违法与行政违法区分开。中华人民共和国成立后，仍然坚持了刑事违法与行政违法相分离的立法传统，各类行政处罚法律规范与刑法典并行，如 1957 年颁布的《治安管理处罚法》、2005 年颁布的《行政处罚法》等。1997 年《刑法》颁布之后，统一刑法典的立法模式正式确立，不再在法律行政法规中直接规定刑法内容，而是以"情节严重的，依法追究刑事责任"等指引性规定将行政法与刑法衔接起来，刑法与行政法、行政违法与刑事违法的边界日趋明确。其次，受我国惩办与宽大相结合的刑事政策的影响，在犯罪认定方面我国与日本存在不同。我国《刑法》第 13 条但书规定"情节显著轻微危害不大的，不认为是犯罪"。根据其含义可以得知，违法行为只有在达到一定的社会危害性时才构成刑法中的犯罪。与日本刑法只有定性分析不同，我国刑法中的犯罪既有定性分析也有定量分析，因此在日本构成犯罪的一般行政违法行为，不会构成我国刑法中的犯罪。

由于实定法规定与刑事政策的差异，我国不存在类似于日本的行政犯罪与刑法总则之间的矛盾，缺乏行政犯理论的存在土壤，因此直到 20 世纪

80 年代以前，我国学者一直未针对行政犯理论展开专门性研究。

我国行政犯研究早期以介绍评析德日行政犯理论为主。此外，国内学者也对行政犯理论进行了一定的开拓性研究。有学者提出，在界定我国行政犯罪时应该结合我国犯罪既定性分析又定量分析的特点，行政犯罪实质上是因行政违法与刑事违法相交叉而形成的一种具有双重违法性的行为。[1]因此，行政犯应当具有双重违法性，该观点在我国刑法学界被广泛认可。有学者指出，中国刑法语境下的行政犯的定义应为："违反行政法义务且情节严重，而被处以刑罚的行为。"并进一步对行政犯概念的价值展开探索，指出刑事犯与行政犯这一概念划分在违法性认识错误判断、单位犯罪、维护社会秩序、避免司法超载、守护法治精神等方面存在价值。[2]

在法定犯与行政犯的区分问题上，国内存在不同观点。有学者认为："法定犯等于行政犯，两者只是从学术传统和表达习惯上加以区分，如德国刑法习惯使用行政犯与刑事犯，法国刑法倾向于使用自然犯与法定犯。"[3]亦有学者指出行政犯与法定犯在研究视角、概念指向、理论归宿等方面均不一致，不可等同。[4]

经过统计笔者发现，我国在司法裁判实务中基本不使用行政犯概念。以"行政犯"为关键词在中国裁判文书网进行全文检索，共检索出 20 个包含行政犯的判决，其中公诉方的指控意见中使用行政犯概念的只有 1 个，法院判决说理部分使用行政犯概念的只有 4 个，律师辩护意见使用行政犯概念的有 15 个。检索当日（2020 年 1 月 10 日）中国裁判文书网文书总量为 8000 多万，可见，相较于庞大的文书总量，我国司法裁判中基本上不使用行政犯概念，即使在极少数使用行政犯概念的裁判中，行政犯也多被律师作为辩护理由引用，司法机关基本不使用该概念。

如前文所述，我国的行政犯概念与德日的发展历程不同，司法裁判实

---

〔1〕　周佑勇、刘艳红："行政刑法性质的科学定位（上）——从行政法与刑法的双重视野考察"，载《法学评论》2002 年第 2 期。

〔2〕　姜涛："行政犯与二元化犯罪模式"，载《中国刑事法杂志》2010 年第 12 期。

〔3〕　马克昌：《比较刑法原理：外国刑法学总论》，武汉大学出版社 2002 年版，第 97 页。

〔4〕　郑旭江：《经济违法犯罪法律责任立法一体化研究》，法律出版社 2018 年版，第 71~73页。

务中也不使用行政犯概念。在理论层面，相关研究起步较晚，尚未形成系统理论，研究多聚焦于具体问题，缺乏针对行政犯概念使用必要性的体系思考。行政犯概念的继受导致我国刑法概念之间的混淆，破坏了刑法概念体系的稳定，笔者认为我国应该明确摒弃行政犯概念。

三、行政犯概念之摒弃

(一) 行政犯概念在我国缺乏现实依据

行政犯概念的适用在我国缺乏实定法依据。对德日而言，德国研究行政犯的目的在于从立法上解决违警罪是否应当被规定在刑法典之中的问题，而日本研究行政犯的目的则在于解决分散式立法模式下行政刑法可以在何种程度上排除适用刑法总则的规定问题。[1]我国刑法在立法之初便坚持了刑事违法与行政违法相分离的立法模式，未经历德日行政犯与刑事犯由统一走向分离的过程。当下，我国采统一刑法典的立法模式，而日本则采刑法典与单行刑法、行政刑法 (附属刑法) 相结合的分散式立法模式，涉及刑事处罚的相关条文直接规定罪名与法定刑。正如日本学者所言："和日本不同，在中国，至少在现阶段，所有的刑罚法规都集中在刑法典之中，而在刑法典之外则几乎看不见，因此，在中国不存在日本所谓的行政刑法。"[2]我国实定法中不存在类似于日本的行政刑法，我国刑法总则中不存在关于行政犯的任何规定，刑法分则也未按照刑事犯与行政犯进行犯罪分类，行政犯概念在我国缺乏实定法层面的依据。

我国司法权与行政权的权能划分与日本不同。相较于日本，我国属于"大行政、小司法"格局，行政权相较于司法权更为强大，我国刑法中犯罪认定既有定性分析又有定量分析，违法行为只有达到一定的社会危害程度才构成犯罪，大量行政违法行为由行政机关根据《治安管理处罚法》《行政处罚法》直接处罚。有限的犯罪概念限制了刑法典规制范围，变相限制了司法权，很多时候行政处罚取代了刑事处罚，以罚代刑的现象时有发生。

---

〔1〕 简爱："我国行政犯定罪模式之反思"，载《政治与法律》2018 年第 11 期。

〔2〕 [日] 西原春夫："日本刑法与中国刑法的本质差别"，黎宏译，载赵秉志主编：《刑法评论》(第 6 卷)，法律出版社 2005 年版，第 7 页。

日本刑法中的犯罪认定只有定性分析，犯罪概念范畴大于我国，刑法规制范围更广。如日本学者佐伯仁志指出，日本整体上呈现出"大司法、小行政"格局，保障经济行政管理法规效力的手段完全依赖于刑法，在经济犯罪的制裁体系中，刑法与其说是最后手段，不如说是唯一手段，行政处罚基本处于缺位状态。

正是因为这种"大司法、小行政"的权能配置格局，日本刑法总则需要规制大量的行政违法行为，以刑事犯为主要对象所制定的刑法总则无法妥当地规制新兴的行政犯罪。为解决这一矛盾，日本学者针对行政犯的特殊性展开了深入研究，为行政刑法排除刑法总则适用寻找理论依据。而我国大量的行政违法行为由行政类法律法规直接处罚，不受刑法典规制，不存在类似日本的行政犯与刑法总则之间的矛盾，缺乏行政犯概念适用与继受发展的现实基础。

（二）行政犯概念功能欠缺

笔者认为，当继受域外概念时应该从以下几方面综合考虑，即是否有利于理论争议问题的解决、是否可以实现概念基本功能、是否有利于刑法体系的稳定。

1. 行政犯概念无益于理论问题解决

国内有学者提出，行政犯与刑事犯的划分在违法性认识判断方面具有一定意义。刑事犯天然具有违法性认识，而行政犯则不同，由于行政管理的规定灵活性大、专业性强，所以很多行政犯不当然具有违法性认识。区分行政犯与刑事犯概念有助于解决违法性认识判断问题。

根据行政犯与刑事犯的区分与违法性认识错误判断虽然存在一定联系，但是仅凭行政犯与刑事犯概念本身并不足以得出违法性认识错误是否存在的结论，仅仅是刑事犯具有违法性认识的概率更高，行政犯具有违法性认识的概率较低。对违法性认识的判断还是要回归到行为人犯罪时的主观认识能力，结合违法性认识的判断体系得出正确结论，用行政犯与刑事犯来区分是否具有违法性认识反而更加模糊。

有学者认为，行政犯与刑事犯的处罚存在差异，刑事犯会构成刑法中的重罪，而由于反社会道德性较弱，行政犯在定罪量刑时应该体现"轻刑化"，一般只构成轻罪。笔者认为这种区分意义不大，对于行政犯（危险驾驶）的处罚完全可能比刑事犯（盗窃）更重，刑罚的轻重取决于犯罪行为侵害法益的严重程度，而不是简单地看是行政犯还是刑事犯。亦有学者指出，行政犯在社会秩序维护、避免司法超载、守护法治精神等方面存在积极价值，但这些积极价值过于抽象且并不是行政犯所特有，使用法定犯概念也可实现类似功能。

2. 行政犯概念基本功能欠缺

概念包含三个基本功能即确立、界分、结合。确立，指明确概念内涵即概念所描述的对象的本质属性；界分，指明确概念外延，划定这个概念包含的对象范围，将不同的概念区分开；结合，指不同概念可按照一定的内在逻辑排列组合，形成具有一定功能的、有机的、统一的科学体系。任何概念都必须具备这三种基本功能，缺一不可，但行政犯概念的界分与结合功能却存在缺陷。

行政犯概念外延不明确，无法实现界分功能。与行政犯所对应的概念是刑事犯，但在学界行政犯与刑事犯区分尚无明确标准，有法学家将其称为"一个令法学家陷入绝望的问题"。行政犯概念外延边界的模糊性与该概念涉及理论的复杂性导致使用行政犯概念非但没有有效地解决现存的理论问题，反而使行政犯与经济犯、法定犯的区分成了新难点。

行政犯与我国刑法体系其他概念缺乏联动性，无法实现结合功能。根据传统刑法理论分类，我国刑法中的犯罪可以被分为重罪与轻罪、形式犯与实质犯、自然犯与法定犯等。而根据我国刑法的相关规定，可将犯罪按法定分类分为国家犯罪与普通犯罪、自然人犯罪与单位犯罪、身份犯罪与非身份犯罪、亲告罪与非亲告罪、基本犯加重犯与减轻犯等。行政犯作为继受的域外概念，既不属于传统的犯罪理论分类，也未在我国刑法分则的犯罪分类中得到体现，不属于法定分类，无法与我国现存犯罪分类体系形成有机联动。

3. 概念与体系的关系

体系是诸多具体认识根据某种理念或原则整序成的统一整体，体系由概念体系与观念体系两部分构成，概念存在于概念体系之中。法律体系由概念构造而成，概念是组成体系的基本单位，概念与概念之间经由逻辑体系链接维持抽象与具体的系统关系，从而形成概念的金字塔，概念与体系的关系好比砖与塔。英国著名逻辑学家奥卡姆威廉在他的著作《箴言书注》中指出："切勿浪费较多东西去做，用较少的东西，同样可以做好的事情。"即简单有效原理，该原理同样适用于学科理论体系的构建。刑法学科体系就好比严密的机器，而刑法概念就好比机器的零件，高效的刑法体系一定简单明确，非必须不应在体系的机器上增加任何零件。因此，对于新刑法概念的使用，我们应保持审慎态度，坚持非必须不添加原则。法国哲学家米歇尔·福柯也曾指出："那些最为明显的断裂毫无疑问是由某种理论转换工作导致的。这种理论转换工作在建构某种科学时，将这种科学与其过去历史的意识形态相分离，并揭示其过去历史的意识形态性质。"[1]一个学科体系的断裂本质上就是概念的断裂、话语的断裂。因此，为了维护学科体系的稳定性，必须尽力维持体系内概念范畴的统一性。但应该注意到，概念体系是在传承、废弃与重构中实现发展的，现实世界多变性与刑法学科体系稳定性之间的矛盾始终存在。那么，何时才需要发展一个新的概念呢？美国科学史家托马斯·塞缪尔·库恩在谈到常规科学研究时指出，概念好比一个个箱子，而科学研究便是将现实世界拆分塞进专业教育所提供的概念箱子中，没有概念的箱子一切科学研究就无从谈起。在一门学科中，只有当现实变化催生的新生事物无法被塞进旧有概念箱子，导致研究无法继续进行时，才有必要发展新概念。

根据笔者之前的论述，行政犯概念可以被塞进法定犯的旧概念箱之中。我国学者将行政犯定义为："由于违反了行政法义务且危害严重，而被处以刑罚的犯罪行为。"[2]将法定犯定义为："违反刑法规定构成犯罪，但不违反伦理道德的行为。"前述可知，行政犯概念可以被拆分为两部分：一是构成了刑事犯罪；二是违反了行政法上的义务。法定犯概念也可被拆分为两部分：一是构成了刑事犯罪；二是不违反社会伦理道德。两个概念在构成刑事犯罪的这部分是相同的，区别在于第二部分，行政犯要求违反行政法

---

〔1〕　参见［法］让-弗·利奥塔等：《后现代主义》，赵一凡等译，社会科学文献出版社1999年版。

〔2〕　姜涛："行政犯与二元化犯罪模式"，载《中国刑事法杂志》2010年第12期。

上的义务，法定犯则要求不违反社会伦理道德。行政法律规范的特性决定了在现实中违反行政法义务的行为，一般都不违反社会伦理道德，社会伦理道德作为社会公民的共识，无需行政法律规范加以强调。以故意杀人罪为例，刑法在认定故意杀人罪时无需援引民法关于生命权的规定，因为自然人生命权的不可侵犯性是所有社会公民的共识，而凡是需由行政法律创设的规范，往往都是政府基于现实变化以及社会管理需要所新设立的。此类规范并非天然被公民认知，必须由政府通过行政立法的方式予以特别强调。如按照《道路交通安全法》的规定，机动车、非机动车实行右侧通行。因此，违反行政法上的义务不会违反伦理道德，构成行政犯的犯罪行为都同时构成法定犯。

刑法学界有相当一批学者认为行政犯就是法定犯，两者并无本质区别，只是在不同语境下的不同提法。日本学者小野清一郎也曾指出："刑法法规在理论上可分为两种，即固有的刑罚法规与行政刑罚法规。与它们的区别相对应犯罪可分为刑事犯与行政犯，自然犯与法定犯的区别也几乎完全一致。"[1]我国学者黄明儒教授持同样立场，认为"一般将自然犯与刑事犯、法定犯与行政犯的观念做相同理解"。[2]

一门学科体系要不断地传承与发展，概念的稳定性与体系的一贯性是至关重要的。学科体系的断裂本质上就是概念的断裂、话语的断裂，学科在整个学术体系发展的过程中，前后基本概念范畴不一致，本土概念与域外概念交错使用，历史概念与现存概念混杂不清，必将导致诸多疑问与分歧，使后来研究者重复性地进行前人早已完成的研究，严重阻碍学术体系的传承与发展。德国刑法体系之所以历经百年发展而传承不断，正是因为其内部基本概念具有高度的稳定性，如当代德国刑法中的"违法性"概念与百年以前保持一致，德国刑法学家正是基于稳定的刑法概念体系，才得以站在巨人的肩膀上继承和发展德国刑法体系，并使其发展到新高度。我国学者在继受研究行政犯概念时，重视解决现实问题，但未充分思考行政

---

〔1〕 ［日］秋山哲治："'自然犯－法定犯'与'刑事犯－行政犯'的概念"，载《刑法杂志》第4卷第2号。

〔2〕 黄明儒："论行政犯与刑事犯的区分对刑事立法的影响"，载《刑法论丛》2008年第1期。

犯概念与我国刑法体系的稳定性与一贯性之间的关系，而概念的稳定性与体系的一贯性正是决定一门学科是否可以影响深远的关键因素。

行政犯作为一个继受而来的刑法概念，在选择使用时我们应持审慎态度，对于概念使用的必要性展开充分的体系性思考。刑法学体系是刑法概念的逻辑展开，刑法的概念是刑法理论研究的逻辑起点，[1]学界在进行研究时产生诸多疑问与分歧的原因往往是讨论概念的不一致，而非学术观点与价值判断的不同。使用简单、准确的刑法概念有助于我国刑法学理论形成一个内容相同、逻辑相通、结构严谨的从时间和空间上均可一以贯之的科学体系，对我国刑法理论研究与未来传承发展均具有重要意义。

第二节　经济刑法的空白规范结构

空白刑法也称空白罪状、不完备刑法，对于其构成要件中的禁止内容事项，刑法条文本身并无直接规定，必须援引其他相关部门法规进行判断方能实现构成要件上的完整性。[2]虽然空白刑法这种立法表达模式属于刑法分则上的不典型形态，但是随着社会经济的变革发展，经济犯罪日益增多，空白刑法在各国刑法典中的比重不断增加，我国现行刑法中经济刑法关于空白刑法的规定也明显体现了这一趋势。空白刑法与完备刑法相比较而言，其最显著的特征表现为存在较大的规范弹性，如何准确加以理解直接关系到其理论阐释的科学性和司法实践适用的准确性。

按照刑法理论界分，空白刑法构成要件又可被分成两种，即真正的空白构成要件和不真正的空白构成要件：前者是指法律只包含处罚规定，并未具体地规定被处罚之行为，而以授权之方式，指示该法律以外的法规，如违反特定之禁止规定、违反实施法律的规定等为其构成要件。后者则指法律除包含处罚规定外，还以同一法律之其他规定为构成要件。具体而言，

---

〔1〕　陈忠林、王昌奎："刑法概念的重新界定及展开"，载《现代法学》2014年第4期。

〔2〕　需要特别指出，空白刑法虽然属于不完备刑法，需要援引其他相关部门法规进行判断，但是其与构成要件的空白并非同一概念。构成要件的空白是指在刑法条文上，某些构成要件存在空白，需要通过解释方能补充完整的构成要件类型，比如不纯正不作为犯的作为义务如何判断即属于构成要件的空白。

真正空白构成要件是指刑法条文仅仅指明"违反规定"之表示，不再对犯罪构成要件之构成要件行为有任何表述的刑法规范；而不真正空白构成要件是指刑法条文对具体犯罪构成要件的行为要件作出了类型化表述，但仍须参照其他有关规范或制度才能予以明确之刑法规范。空白构成要件不仅有利于保持立法技术之简洁性，而且具有其他优势，亦即将构成要件行为交由其他法律规定，使构成要件与法律效果相分离，这样就使刑法规范具有了较大的时空适应性，因而有利于保持刑法典的相对稳定性。但随着罪刑法定原则之确立，经济刑法中所使用的空白构成要件的合法性却备受争议。

就空白构成要件而言，无论是真正空白构成要件抑或是不真正空白构成要件，均没有在刑法上对构成要件作出完整规定。因此，一般的社会大众对这些犯罪行为之构成缺乏全面、清楚的认识。从这一点来看，空白构成要件似乎欠缺构成要件明确性。然而，从受规范者的角度来看需要注意的是，不论是真正空白构成要件抑或是不真正空白构成要件，规范之对象往往均会涉及有关专门职业领域内之特定人员在自己职业活动中实施的行为。换言之，它规范之对象往往并非仅为社会大众的行为，亦包括特定人员（即专门职业人员）的职业行为。因此，判断空白构成要件是否具有构成要件明确性，不能单以社会大众一般人的认识为标准，而必须考虑实际上受此规范规制的专门职业人员的认识。问题是，那些专门职业人员对自己业务领域内的这些空白构成要件规范是否有清楚、确定的认识呢？答案应该是肯定的。因为专门职业人员对职业领域内的操作规范、业务规定是非常清楚的，尤其是在专业证照制度下，空白构成要件所空白的、要参照的、待补充的所谓不明确的地方，正是这些特定人员所非常熟悉、了解甚至有所研究的规定。可见，这些空白构成要件对他们而言实际上并非陌生、模糊、不清楚的，而是很熟悉、可预测的。因此，只有将空白构成要件规制的对象真正局限于专业人员的业务行为，空白构成要件才不存在违反构成要件明确性的问题。

需要注意的是，在我国刑法中，并非所有的空白构成要件都是规制专业人员的业务行为，也有规制普通社会大众的非业务行为。在此种情况之下，判断空白构成要件是否具有明确性，似乎又要以普通社会大众而非专业人员之认知能力为标准。然而，普通社会大众由于社会分工日趋细致之缘故，其对自己专业智能以外的，用以填充刑法空白部分的规定可能一无所知抑或者所知有限，因此也就不可能清楚地掌握该空白构成要件所规范的内容。所以，该空白构成要件就会因不能达到社会一般大众所能预见而不具有构成要件的明确性。为避免空白构成要件欠缺构成要件明确性，必须慎重选择空白构成要件所欲规制的对象及其构成要件要素。一般而言，对于那些普通社会大众也可能实施的行为，一般不宜采用真正空白构成要件。只有对那些仅仅由专业人员实施的职业行为，才可规定真正空白构成要件。唯有如此，才能确保并提升构成要件明确性，进而符合罪刑法定原则之要求。

笔者认为，经济刑法所使用的空白构成要件的规范弹性主要应从以下几个方面加以理解和把握：

其一，就立法规范模式而言，委任立法使得空白刑法规范弹性的存在具有难以避免性和合理性。

空白刑法作为主要规制行政经济违法犯罪的刑法规范，其范畴为行政经济法规与刑法的重叠领域。基于经济刑法、行政刑法的性质，空白刑法规范为适应产业发展和财经等秩序的变化需要，意图发挥规范的最大效力，就理应在规范上保持相当的弹性空间，试图在立法阶段即明确和将构成要件具体化存在相当困难，因此在立法时可多采用概括条款并且使用具有抽象、包含性质的规定。

相对于立法者未授权、行政机关未具体化而完全由法院自由评价这种过于弹性的规范模式，或者在刑法条文中详细列举犯罪行为的各种形态这种过于追求构成要件明确性的立法方式，在经济犯罪和行政犯罪的规制上，采取立法者仅设定概括性条款，委由行政机关以相关行政法规具体化规范内容，再由法院适用该行政法规补充完整构成要件。这样的空白刑法规范模式无疑具有合理性。一方面，行政部门是获得立法部门的授权进行委任立法，这种间接立法在本质上并不与罪刑法定原则形成对立，其本身并不对罪刑进行直接规定，法院在适用空白刑法、援引行政部门的规定具体化规范内容、明确构成要件时依然要进行独立的刑法规范判断；另一方面，刑法要求具有相对的稳定性，面对不断变化发展的社会经济生活，在事实上不可能将所有应予刑罚制裁的经济行政不法行为毫无遗漏地加以规范。因为经济犯罪、行政犯罪的实质内涵并非一成不变，而是随着社会状况及价值观，相对地呈现浮动现象。[1]针对经济行政犯罪这种法定犯，采用空白刑法规范模式，在规范判断上能够更有效地保持刑法的稳定性和实现刑法的现实化。

虽然空白刑法具有不可避免性和合理性，但是从立法的角度而言，刑罚权的依据和界限只能通过法律明文规定。这是罪刑法定的基本要求，因而委任立法的规定内容仍应受到立法权的监督。

其二，就构成要件要素而言，空白刑法的规范弹性使得法律概念的相对性更加明显，对规范内容的理解需要有别于传统刑法。

传统大陆法系讲求体系和逻辑，基本做法就是将法律事实概念化、类型化，然后借着解释去实现规范目的及立法者的价值判断，因此法律概念有价值储藏的功能，法律概念具有相对性。刑法对于犯罪构成要件的规定，基本上就是采用对构成要件要素类型化的方式，在适用过程中再通过对与要素相关事项的具体概念或界限的规范判断，继而使得构成要件具有明确性。[2]但是，过度类型化忽视规范目的以致和价值剥离，是以在既有类型不能妥当说明某些社会现象时，更应思考是否有采取其他类型的可能性，空白刑法作为其他类型的规范模式，对于犯罪行为构成要件要素的相关事项，往往只能采取抽象性的规定，对于规范要素的具体内容则完全需要司法者通过解释或者根据社会相当性加以准确理解。这就使得法律概念的相对性更加明显，规范弹性具有更大的空间。基于此种考虑，在援引部门法规对空白刑法进行规范判断时，需要注意到经济行政专业领域的特殊性，以准确理解空白刑法的规范弹性。

以我国现行证券法、刑法关于内幕交易、泄露内幕信息行为的规范为例，[3]其所要保护的法益是证券期货市场整体经济秩序的安宁与公正。这

---

〔1〕 林山田：《刑法通论》（上册）（增订第6版），台湾大学法学院图书部1998年版，第20页。

〔2〕 犯罪构成要件与其内部各组成因素的"要素"二者存在区别，对构成要件要素内容的规范判断说明构成要件是否齐备。关于二者的区分及构成要件要素的具体阐释，请参见肖中华：《犯罪构成及其关系论》，中国人民大学出版社2000年版，第142页以下。

〔3〕 具体规范内容参见《证券法》第73条至第76条、第231条，《刑法》第180条。

种超个人的法益属于经济刑法的领域，显然不同于以保护个人财产为主的传统刑法。传统刑法多属于自然犯，其犯罪形态及应予处罚与否，大多可以依照个人的法感情判断与诠释。而内幕交易、泄露内幕信息此种经济犯罪的犯罪形态及所产生的社会危害，不仅侵害具体的个人法益，更为重要的是破坏了证券期货市场的运作机制和价值理念，对整个金融市场的秩序安宁与公正造成冲击。因此无法根据个人的法感情加以诠释，必须由法院在考虑专业领域特殊性的前提下，援引行政部门法规对"内幕信息""知情人员"的规范要素内容进行判断，在此基础上补足构成要件。具体而言，法院在援引法律、行政法规对"内幕信息"进行规范判断时，应当根据刑法的诠释规则进行个别分析，进而得出结论。"有重大影响的信息"的内涵有两个方面：一是指涉及公司的财务和业务的消息；二是指涉及该证券、期货的市场供求的消息。与此同时，无论前者还是后者，都需要对公司具有重大影响或者对正常投资人的投资决定存在重大影响，此时才有可能符合本罪的构成要件。

其三，就部门法变更而论，部门法规的易变性和片面性导致空白刑法规范呈现未计划性，规范弹性具有偏离立法原意的现象，应当防止行政权力的刑法实质化。

相对于刑法而言，空白刑法补足构成要件所需援引的部门法规存在易变性和片面性，这直接导致空白刑法出现未计划性，行政权力的刑法实质化使得空白刑法规范具有巨大的弹性空间，在一定程度上偏离了立法原意。部门法规的易变性表现在其立法程序没有刑法严格，其根据社会政治经济生活的需要经常进行变更，对涉及刑事责任的相关前置规范也予以相应调整；片面性表现在部门法规进行变更时，基于部门法的视角和利益驱动，往往无视其调整内容的普适性以及规范内容与刑法具体条文的科学协调，并且不考虑刑法整个刑法分则规定的内在体系和谐。直接出现的结果是，虽然有利于空白刑法进行必要的社会现实化，但是也存在可议之处：第一，行政权力在实质上刑事化，在某种意义上行使了刑事司法解释权，甚至逾越了刑法立法权；第二，部门法规的变更有时会偏离立法原意，导致空白刑法规范呈现出未计划性，不利于刑法分则体系的协调和刑法体系内的规范同一性。

在一般情况下，后来进行的部门法规变更可以为空白刑法的规范弹性所涵括。从宪法委任立法的角度而言，概括性的抽象规定肯定无法适应社会的变革，立法授权行政部门进行相关补充，本身即意味着后来变更部门法规的可能性，这与罪刑法定并不相悖，因此行政部门的具体法规即使是在行为人行为后所制定的，仍然可以适用。也即是说，事后对于构成要件规范内容的明确依然允许，这也是立法解释、司法解释存在的弹性空间。但是在实践中，偏离立法权的监督进行的部门法规范内容调整或修订本身不具有合理性，已经超出了空白刑法规范弹性的合理范畴。比如，2007年11月28日，原国家药监局在《关于办理制售假劣药品刑事案件具体应用法律若干问题的解释（征求意见稿）》中规定："生产、销售假药，即使没有严重危害人体健康，但只要销售金额达到五万元以上，就将被追究刑事责任。医疗机构知道或者应当知道是假药而购买、储存、适用，也以销售假药罪追究刑事责任。"[1]且不讨论该解释是否具有法律效力，依据现行《刑法》第141条关于生产、销售假药罪的规定，"假药"应当依照《中华人民共和国药品管理法》的规定进行认定，但很显然，行政部门并不能就刑法条文的直接罪刑规定进行调整和修改。

类似上面的事例绝非偶然，在经济刑法空白构成要件的规范弹性理解上，应当坚持部门法规的变更或调整只能涉及被明确规定援引的规范内容，针对刑法分则罪刑明确规定的调整不属于规范弹性的涵括范围。并且需要特别注意，因为部门法规变更导致刑法类罪处罚失衡或者违背刑法基本原则的，均不能被理解为经济刑法的规范弹性。

关于经济刑法规范属性的理解，这里需要特别指出的是，学界一直存在一种观点：具有最严厉属性的刑法规范体系主要是作为一种补充法、后盾法以及二次法而存在的，尤其是经济刑法这样与其他部门法规关系密切的特定领域。因此，在经济刑法和其他部门法的关系理解上就容易得出如下结论，即经济刑法的规范保护具有附属性，其关于是否属于刑事违法的判断在本质上不具有独立性。在这种观点的影响下，经济刑法的规范适用总是要以其他部门法的违法判断为前提，如此刑法就会变得谦抑，刑罚权

---

〔1〕 参见2007年11月28日《新京报》相关报道内容。

也不会那么恣意地被行使。问题在于，这样一种整体上的泛化判断并不是基于对刑法本质属性的正确理解而进行的，从来没有学者向我们细致而有说服力地论证了该结论。笔者认为，刑法作为位于宪法之下其他部门法之后的基本法律规范体系，对其他诸部门法肯定具有后盾作用，但这种后盾作用体现为：当其他法律无法对相关违法行为进行有效规制的时候，刑罚权有必要启动，并且这种启动必须符合刑法规范的保护目的，必须被限定在刑法罪刑规范的范畴之内。因此，在进行经济刑法解释原理的构建时，必须在坚持经济刑法补充法属性的同时注重对经济刑法规范的独立性判断。

经济刑法的规范解释，是刑法解释基本原理在经济活动领域基于经济刑法规范特殊性的具体化。其遵循刑法解释的基本原理，具体而言应包括经济刑法解释理念、方法及其运用规则三个层面。经济刑法解释理念应能指导经济刑法规范适用的整个过程，其对经济刑法解释基本方法的选择和确定具有决定性作用，并且经济刑法解释方法应当在法实践过程中遵循某些特定的规则。这种从理论到实践的系统化运行模式能够真正保证实现经济刑法的立法类型化转向司法的个案定型化，通过双向对应的解释路径最终促使经济刑法解释的原理建构具有内在的自我完善功能。

第一节　经济刑法解释的特殊性分析

一、经济刑法解释的宪法性制约

（一）基于宪法层面的价值分析

罪刑法定原则之积极面乃基于现代宪政原则对于立法权之要求，立法是宪法之具体化，具有第一次实现宪法之功能，单单仅限制司法权适用刑法处罚人民的权限，实质上并不能对人民权利保障得更为周全。因此，在制定刑法时，立法者要贯彻法治国原则，要求国家对人民间的法律关系以法律加以规范，使得普通民众对刑法规范内容及效果有预测可能性，排除刑罚的滥用与恣意，由此，罪刑法定原则及罪责刑相适应原则得以产生。

就宪法层面而言，首先是透过人的内在自由这样一个命题，强调人的存在本身就是目的，同时也试图在宪法层面逐级形成一种权利主体性的价值观。也就是说，不可以将个人作为受支配的客体或工具来加以利用，否则刑法就是非正义的。其次，宪法的制定者通过人与物的结合关系、人与群体的交往关系不断充实人的基本形象。上述目的都在于，建构个人在社会中所应该拥有的基本形象，而这个形象的实现是以宪法为根基的、包括刑法在内的所有部门法规范体系的最终目标，向此目标而去的，就是正义的。透过对保障个人基本权利的观察，我们能够基本确定对于人的本质认识。但是，这里出现了一个疑问，即各种权利之间是否存在价值上的位阶顺序？比如，宪法所规定的人身自由权利是否比其他的自由权利更应受到保障？整体的经济秩序法益作为一种超个人的法益是否应比个人法益具有优先性？而这种不同的保障程度，是否是由于个别的基本权利在本质评价上存在优劣，故而给予不同的差别待遇？

刑法规范在具体适用过程中如果承认不同基本权利的价值位阶，就意味着在可能发生法益冲突时必须优先予以选择。那么，如果是不同种法益，在刑法的范畴内，可以基于宪法的因素予以考量，进行必要的利益衡量，优先对某些主体的法益予以规范保护。在这样的情形下，紧急避险有了宪法上的理论基础，但是对于诸如生命这样的同等法益，很难在宪法层面上找到价值判断的依据。在此种情形下，允许为了保全自己而牺牲他人的生命就不存在合理之处，从而可以被判定为是非正义的。很显然，如果是在负有义务的情形下（比如警察应当保障公民的人身安全），那么无论如何都不能容忍其选择伤害，在极端不得已的情形下警察可以放弃义务，但是其没有权利选择为了保护自己而放弃他人。

在刑法视域下，应当树立这样一个基本观念：如果基本权利为宪法层面所保留，那么在刑法在规范适用阶段就不得被随意进行解释。而如果已经经由刑法规范结构予以明确或者可以明确，此时再予以解释就没有什么不妥。与其说这是宪法密度保留的当然结果，不如说是司法适用对于立法机关权力的应有尊重，这也是民主法治的应有之义。因此，在刑法规范适用层面，我们始终要考虑保持刑法的自身安定性、规范的合乎目的性以及规范适用结果的正义性，原则上在不对刑法规范形成基本冲击的前提下对刑法规范进行符合目的的适用，就会实现正义的适用结果，就能够促进人在社会中的基本形象的完善。但是，这种要求在经济刑法的规范使用中无法被贯彻，经济刑法的委任性立法本身是合乎宪法的有意安排，立法将构成要件的不明确之处留待司法机关通过特定的解释予以明确。在此种情形下，有必要对经济刑法规范解释予以特别考量。

因此，某种刑法解释方法是否正确，实际上是一种宪法层面的价值判断。工具性理论者认为，当我们选择一个目的之后，便可以采取最有效率的办法去达成这个目的，然后就可以宣称：倘若某个行为在特定情境中是达成目的的最有效行为，那么其就是合乎理性、正确的。[1]但是，对于工具性理论者所追求的合乎目的，自由主义者必然会提出批评，因为任何共同体或任何传统其实都无法涵盖人类能力所及的一切良好生活，更不要说在经济生活中追求一种最有效率的生活方式了。基于相同的理由，任何一种解释方法都无法容纳其他所有的解释方法，无法保证实现刑法的最终正义。目的解释不是最终具有决定性意义的解释方法，根据经济刑法规范目的的引导就能够实现经济刑法正义的前提是：合乎经济规制目的的规范解释能够实现刑法规范与经济生活现实之间的协调，从而达致安定性、目的性与正义性的和谐共存。诚如学者约翰·格雷所言，为了和平地共同生活，我们需要的可能不是某种共同的价值，而是一种共同的制度，使得许多不同的生活方式能够共存。但是，需要特别指出，刑法不应当介入市场经济制度，其只能介入市场经济行为。

(二) 合宪性对经济刑法解释的影响

最近一段时期，随着宪法学研究的深入，宪法学解释的研究成果越来越引人注目。其表现之一是在某种程度上，宪法学的考量在刑法解释领域作为一种基本的甚至具有终极决定意义的重要因素开始被认真思考。具体体现为，在刑法解释领域，有很多学者主张基于宪政国家的法治要求，宪法的限定性解释应当成为刑法解释的一种具体方法。对于其在我国应当如何理解，笔者认为这是一件需要谨慎判断的事情。

---

〔1〕 石元康："多神主义的困境：现代世界中安身立命的问题"，载石元康：《当代自由主义理论》，联经事业出版公司1995年版，第179页以下。

宪法作为根本大法，具有母法的性质，是一个国家的法治基石。刑法作为居于宪法之下、其他部门法之后的基本法律规范体系，必须符合宪法的基本规范要求，并且体现宪法的相关规范内容。但是，这种体现，在笔者看来，一般意义上主要应当在立法层面予以实践。我国并不曾围绕宪法确立法律规范的内在同一性，也不存在能够进行合宪性解释衡量的相应设置机构。宪法作为根本大法其具体内容是由不同部门法予以实施的，宪法的功能并不在于直接通过某种法实践活动去实现保护目的。因此，宪法的存在更多的是一种政治法律意义上的宣示。直接主张在刑法领域引进宪法的限定性解释，本质上是要直接判断刑法规范的设立或具体适用是否合乎宪法规范内容，甚至是判断是否合乎宪法的精神。对于传统的刑法解释而言，这是一种较为沉重的压力。

刑法解释方法问题必须与宪法联系起来，在某种意义上，方法问题就是宪法问题。但是，这并不意味着应当在传统刑法范畴之内进行宪法解释。根据某种宪法理念进行刑法解释，最终主要都是完善基本权利保障，进而限定刑法的适用。因此，从传统意义上而言，将合宪性解释要求在刑法的内部体系之内进行考量就足够了，而且此种考量主要是一种刑法利益衡量的基本价值层面判断，合宪性解释不是普通刑法解释能够直接使用的基本方法。

但是，源自美国宪法正当程序的明确要求原则主张刑事法必须给予具有一般知识程度的人民适当预告，令其知晓所应受谴责的行为是为刑法所禁止的，如此方合乎宪法的要求。因此，一般而言，所谓刑法不明确，自宪法角度而言，实际上是指未经适当的预告。语言或文字的通常意义根深蒂固于某个国家或地域团体内本地语言用户的观念之中。因此，使刑法法条文字的法律意义尽可能地接近一般通常的语言，可以提升刑法适用的可预测性，进而确保人民的自由。此外，就程序上的公平性而言，因为每一个语言用户对一般通常的语言意义都拥有相同的认知方法，所以这也能确保程序公平价值的实现。

除了宪法上所要求的明确性和公平性，与宪法有关的重要原则是禁止偏离。与之相对应，在经济刑法的解释适用问题上，德国最近的司法实践倾向于认为，依据宪法需通过立法者和法官的分工协作来对刑法规范加以明确。这种意见并非只是考虑到需要弱化针对立法者所设置的明确性要求。确切地说，司法实践也认为，法庭应遵守明确性要求，并且赋予这个要求以崭新含义。立法者的义务在于制定足够明确的法律来确定犯罪行为的可罚性，而法官的义务在于通过准确的法律解释尽量降低法规的不明确性，也就是在制定一部足够明确的刑法的法律具体化过程中共同发挥作用。人们一旦认可了法庭在刑法应用和刑法明确化的过程中所具有的作用，就会认可针对法庭的这个"准确要求"。对于法庭而言，这个准确要求与禁止类推一样重要。禁止类推使得法官必须按照刑事法律已设定的明确界限进行解释。倘若法律由于自身的不明确性而没有设定这样的界限，那么禁止类推就不可能对法官产生约束。准确要求恰恰可以消除这个漏洞。它使得法官"通过解释尽可能地排除法律中的不明确性"。对这个准确要求的认可以及与此相关的明确性原则和合法性原则教义学上的基础性变化是作为新观点被提出的。其在德国文献中尚未得到广泛响应以及教义学上的加工。

值得关注的是，德国联邦宪法法院在 2010 年 6 月 23 日作出了一个决议。该决议所涉及的问题是背信（第 266 条）的法定构成要件以及联邦最高法院对此作出的解释是否符合《德国基本法》第 103 条第 2 款的规定。[1]背信的构成要件是针对财产保护而设置的。背信本身属于一种身份犯罪。行为人的身份只能是那些在特殊标准下应尽维护他人财产利益义务的人（财产维护义务）。谁违背此项义务从而给财产委托人带来不利情况，也就是说使其蒙受财产损失，谁就符合背信的客观构成要件。而背信的主观构成要件必须以故意（第 15 条）为前提。鉴于财产所有人和经委托的财产处分人（经营管理者）在现代经济中时常发生纠纷，故而背信的构成要件对于经济刑法领域而言非常重要。而在近些年来，德国已经进行了大量的（其中一些是非常轰动的）针对一些著名经理人和政治家的背信案审判。

德国联邦宪法法院的决议针对的是三个涉及背信的判决，而这些判决都得到了联邦最高法院的核准。然而，这三个判决中的被告人都认为针对

---

[1] 具体相关阐释参见 ［德］洛塔尔·库伦："罪刑法定原则与德国司法实践"，载梁根林、［德］埃里克·希尔根多夫主编：《中德刑法学者的对话——罪刑法定与刑法解释》，北京大学出版社 2013 年版，第 115~117 页。

其作出的判决违宪，因此不服判决并向联邦宪法法院提出了违宪申诉。其中两个申诉被宪法法院驳回，一个申诉取得了成功。

第一个案件中的被告是西门子公司的一个主管人员。他为了给公司招揽生意，开设了一个没有在财务处报备的黑色账户，以便向潜在的海外客户行贿。刑事法庭将他的行为视为背信。原因在于，这个主管人员没有告知董事会这个账户的存在，所以他违背了其应尽的维护西门子公司财产的义务。而西门子公司也不能从这个黑色账户中追回结余款（大约 1200 万瑞士法郎），从而造成了公司的财产损失。

第三个案件中的被告是一个银行的全体董事会成员。他们在没有核实信贷信用以及依据规定考虑发放贷款风险的情况下，批准给予一个陷入经济困难的企业高达 2000 万马克的贷款。刑事法庭将他们的批准放贷行为视为违背作为董事会成员对银行应尽的财产维护义务，由于贷款的发放而导致银行面临财产损失。

在审核这些判决是否符合《德国基本法》第 103 条第 2 款的标准时，德国联邦宪法法院首先从刑法规定本身出发，认为第 266 条的规定是足够明确的。第 266 条的规定虽然十分抽象，而且需要相应的解释，但是"仍然符合"明确性要求。鉴于这个刑事规定的抽象措辞，"对于一些个案中的行为是否符合法定构成要件的疑问"是"不可避免"的。刑事法律在一定程度上（这里甚至是明显）的不确定性在德国联邦宪法法院看来并不存在问题。虽然这与前文提到的传统理论相矛盾，但是却符合司法实践长期以来的实际需要。

德国的这个宪法决议中的新观点是关于由《德国基本法》第 103 条第 2 款产生的刑事法庭的明确义务。法庭必须依照禁止类推和准确要求对刑事法律作出解释，以此来降低法律规定中的不明确性。遵守这两项要求就会排除"一个偏离的解释或者一个没有直观明确范围的规范解读"的可能。尤其是准确要求对于像第 266 条这样"相对宽泛并且措辞模糊"的经济刑法构成要件来说非常重要。

现代刑法学者都承认刑法存在制定法内漏洞的问题，这一问题在经济刑法领域表现得尤其明显。经济刑法的漏洞来源于社会经济生活的丰富性，即使是最好、最具远见的立法者也无法预见所有的事实情况，经济法律漏洞的产生无法避免。在这种情形下，与刑法相关的经济法规的漏洞的填补，依据目前通说见解，其依然是以制定法文字的可能字义作为最外部界线。合宪性的限制解释要求对于与刑法相关的经济法规的要素理解仍必须在可能的字义范围内，否则就会变成对刑法立法的实质性修正而非解释。

在经济刑法领域中所使用的法发现方法基本与其他领域的使用情形一样，但是重要区别在于刑法中的罪刑法定原则所导出的特定限制。然而，此种特质并非经济刑法所独有，完全类似的情况就是行政法将行政权的义务限制在实现法律规定的法治国原则。因此，罪刑法定原则可以被认为是在经济刑法领域中对法官适用法律的权力进行限制，也就是宪法所确立的权力分离原则在经济刑法中的样态。需要注意的是，虽然规范性价值标准的方法已修正实证主义，但是实证主义的精神在法学理论中并未消退。一些源自实证主义年代的形式方法仍然被采用。最典型的就是，对于经济刑法的例外规定需要进行限制解释（例外规定严格解释规则），或者不必去考虑立法时事先考虑的结果，具有特别法与普通法关系时，直接适用特别法优于普通法原则等。

二、经济刑法解释的刑事政策影响

诚如有学者所指出的，刑法理论会受到刑事政策的深刻影响，刑法学向刑事政策靠拢，成了刑法学研究发展的一个重要方向。[1]另有学者也认为，刑法解释活动容易受到国家政策（包括刑事政策）的影响，国家政策与刑法解释活动之间存在互动关系，刑事政策通过刑法解释活动合法化，具体的刑事政策要符合法治的要求，应根据立法规范和刑事政策制定系统的刑事司法解释。[2]

有学者进一步分析了刑事政策与刑法解释之间所具有的内在互动关系。首先，刑事政策影响到刑法解释活动的价值指导原则。刑事政策代表了国家在特定时期对总体或者某些种类的刑事犯罪的态度，也体现出了国家对处理这些犯罪的刑事法律理念。法律价值观念往往只能通过相对具体的刑

〔1〕 谢望原："论刑事政策对刑法理论的影响"，载《中国法学》2009年第3期。
〔2〕 参见林维：《刑法解释的权力分析》，中国人民公安大学出版社2006年版，第251~255页。

法原则、刑事政策等予以实现。对于刑事司法人员来说，刑事政策显得更为直观、具体，方向性明确，可操作性强。这就意味着，刑事政策在实际上会对刑法解释活动起到具体的指导作用。其次，刑法解释将刑事政策予以具体化，成为刑事政策得以实现的重要途径。正是通过刑法的司法解释，国家对某些方面犯罪的基本态度得以被鲜明地反映出来，针对特定违法犯罪现象提出的政治决策在刑事司法领域中得到了贯彻执行。[1]

近年来，学界有人明确提出，在刑法解释中，解释者应当优先以刑事政策所代表的价值取向来填充其间的价值判断内容。正是通过为价值判断提供实体内容，刑事政策为教义学体系的演进提供了方向性指导，防止后者蜕变为封闭、僵化的存在。通过对危害性评价的支点产生作用，刑事政策在影响对行为的应受刑罚处罚必要性及其程度的判断的同时，反过来对犯罪成立要件的解释构成制约。贯彻"以刑制罪"的逻辑，有助于对某些犯罪的构成要件做出合理的界定。"以刑制罪"现象的存在，要求将罪刑相适应作为刑法解释的指导原则。[2]该学者同时强调，作为官方意志的系统表达，刑事政策往往与时下的公共需求与政治需要存在密切关联。既有的刑法条文如果要适应社会发展或者说与时俱进，便不得不在解释中考虑刑事政策的要求及走向问题。刑事政策不仅时常作为衡量某个解释结论是否较好、是否合理的判断标准，而且还能为确定解释的目的提供合理的支持，从而在很大程度上解决解释学上的恶循环问题。刑事政策对刑法解释的影响是全方位、多方面的，除为解释提供目的的支点之外，作为一种解释论工具，它对罪刑规范的解释具有重要的指导功能。比如，刑事政策可能影响特定犯罪所侵害的法益的选择与认定，可以为相关要件是做扩大解释还是缩小解释提供指示等。[3]

在这种背景之下，有学者分析认为："刑法解释中的'诸雄争霸'局

---

〔1〕　参见赵秉志："宽严相济的刑事政策与刑法解释关系论"，载《河南省政法管理干部学院学报》2008 年第 2 期。

〔2〕　参见劳东燕："刑事政策与刑法解释中的价值判断——兼论解释论上的'以刑制罪'现象"，载《政法论坛》2012 年第 4 期。

〔3〕　参见劳东燕："罪刑规范的刑事政策分析——一个规范刑法学意义上的解读"，载《中国法学》2011 年第 1 期。

面，恰恰给我们反思法条主义提供了契机，随着社会生活的复杂化以及价值判断的多元化，法条主义存在着明显的解释困境，只有融入刑事政策的考虑，重视刑事政策的社会效果，才能保障刑法解释的客观性与有效性，这就带来了刑法解释的刑事政策化，并引发了刑法解释立场与方法的深层突变。"[1]按照该种理解，刑法解释背后往往是对社会后果的政策考量。"当刑事政策发生变化后，刑法解释的模式也随之改变，这便是刑事政策对刑法解释的制约特性，它直接决定刑法解释的方法与意义，影响着它的规范实践及其效果。"[2]

刑事政策的价值导向应与刑法体系结合起来，这是一种正确的思考路径。在这种思考之下，刑法解释或许不必拘泥于形式解释和实质解释之争，而完全可以基于一个国家不同经济发展时期的刑事政策需要，采取不同的刑法解释立场。比如，一个学者或法官或司法解释，在国家的经济政策发生重大变化、努力实现经济快速增长成为当下的共识时，是可以改变自己对某个法条、某个罪名的解释立场的。但是，在立足刑事政策来解释刑法时，必须受到宪法精神和罪刑法定等原则的约束。

受科学实证主义影响而形成的法学实证主义，在18世纪末萌芽，于19世纪盛行于欧洲法学与司法界。法学理论试图使法学符合哲学上的实证主义要求，也就是尽可能地拒绝自然法与价值问题。法实证主义的主张主要有：只有实证法是法，实证法要求无条件服从；解释基本上只限于文法逻辑解释，目的与价值考量解释被禁止。法实证主义将价值置于法学认识的范围外，认为价值是依据感觉决定的，不具有理性基础。因此，主张法学应该与法政策严格区分，不允许专属于法政策的目的性与价值的衡量。实证主义首先接受的冲击是人们对价值的认识，也就是法学方法论上的规范性价值标准方法。法律不只是一个既存的事实，而且还是应然问题的最后答案。因此，在法政策的视野之下，法律是以目的与价值为基础的价值规范。当出现问题时，法官应该去发现适当的决定规范，如果实证法并没有

---

[1] 姜涛："刑法解释的刑事政策化"，载陈兴良主编：《刑事法评论》（第30卷），北京大学出版社2012年版，第411页。

[2] 姜涛："刑法解释的刑事政策化"，载陈兴良主编：《刑事法评论》（第30卷），北京大学出版社2012年版，第422页。

提供可适用的规范，就是存在漏洞，也因此唯有法官创造性的法发现才能达到这个目标。至于实证法已经表明的法律规定内容必须依据他的内在价值与意义去理解与解释，总体而言，规范性价值标准的方法是被法官用来在实证法漏洞需要填补价值性构成要件，甚至纯粹性描述构成要件等法律本身没有提供足够基础的情形下，去进行法规范发现的方法。规范性价值标准的方法对刑法解释的影响在于，透过价值评价与目的观点，不确定的构成要件是可以确定的；另一方面影响所谓的目的解释，是将法律视为依据特定的价值与目的，解决特定社会关系的尝试。个别的法律规定通常不能完全表达法律规定的价值与目的，因此，在有疑义的情形下，具有决定性的不是法律规定的文字意义，而是规范的目的。当人们将制定法理解为意思决定的结果时，其可以以合意义的方式被解释。因此，也产生了依据法条追寻的目的与植根于法条之内的价值理解法条的目的解释。

　　然而，实际上，确定经济犯罪概念和范围与刑事政策有关，经济刑法规范的解释也不例外。在欧美国家，经济犯罪的对象被严格限制在破坏国家整体经济，妨碍市场秩序的范围内。尽管这种犯罪危害大、影响面广，但处罚却较轻，对经济犯罪不仅不适用死刑，连终身监禁都十分罕见，有期徒刑的法定最高刑一般不超过 10 年。对其常用的刑罚是罚金，原因有二：一是经济犯罪本身的性质决定了对其难以控制；二是观念问题，一般认为剥夺人身自由的徒刑（监禁刑）是对付暴力犯罪的基本方法，而经济制裁才是对付经济犯罪的主要措施。这是对商品经济等价交换原则的反映。总之，在欧美国家，经济犯罪从总体上讲是一种较轻的犯罪。但在我国，1982年的《全国人民代表大会常务委员会关于严惩严重破坏经济的罪犯的决定》和 1988 年的两个补充规定表明，中国现行刑事政策将许多经济犯罪作为重罪处罚。该决定将原来刑法规定不可以处死刑或无期徒刑的走私罪、投机倒把罪、盗窃罪、贩毒罪、盗运珍贵文物出口罪、受贿罪等都补充或修改为情节特别严重的，处 10 年以上有期徒刑、无期徒刑或者死刑。同时，在另一方面，大部分经济犯罪，如我国 1979 年《刑法》分则第三章中的十多个罪名，如偷税抗税罪、假冒商标罪等还是属于轻罪（它们的处罚一般在 3年有期徒刑以下）。所以，从我国法律上看，经济犯罪既是一种重罪，又是一种轻罪，缺乏整体的统一性。

当前，我国信息社会、工业社会、传统农耕社会三种形态并存。信息数据已逐渐成为我国市场经济活动的核心，特别是信息技术的快速发展和其在经济领域的不断深化利用，进一步促使各类资本快速完成从无纸化向数据化的转变，信息获取和大数据的挖掘使用开始成为经济"晴好"的风向标。与此前我国的经济发展阶段相比较，我们可以发现，数字环境下的信息技术深化利用成了经济发展的重要推动因素，数据资本化和资本数据化同时并存，无论是经营对象还是经营方式均呈现出显著差异。因此，数字经济时代，对于刑法中的非法经营行为认定应当有别于传统理解，特别是要结合数字经济时代的经营行为的类型进行非法性的定型化判定。在刑事司法适用过程中要根据经济领域的刑事政策进行必要的法益衡量，对现有的刑法司法解释进行限缩性解释。

在 2012 年的中央经济工作论坛上，修复产能过剩问题成了平衡经济的核心，当时我国人口红利消失、企业产能过剩、出口滞销、内需无力等困境都已经出现，创新成了经济发展的必然趋势。也正是从这一年开始，创新也成为经济领域的主旋律。与国外的数字经济主要是指传统公司利用信息技术不同，信息时代的中国互联网经济主要是指互联网公司利用各种平台开展经营活动。就技术层面而言，中国在信息技术建设领域具有比较优势，互联网公司能够通过智能手机将大量的潜在客户连接起来，而大数据和云计算更是为尽职调查与风险评估提供了有效的替代方案。基于信息数据开展平台经营业务的互联网公司能够弥补传统的线下经营服务的供给不足，为一大批企业和个人（特别是中小企业和个体商户）提供较好的信息平台服务，支持他们为个性化的消费提供网络产品。新业态的快速发展创造了大量灵活就业、居家就业、自主创业机会，典型表现为平台直播带货、外卖等。与互联网有关的所有事物都在整个经济中扮演越来越重要的角色，许多 APP 平台用户存量大、活跃度高，无论是作为主业还是副业，抑或是作为推广平台，都不失为是一种缓解经济压力的选择，对于解决疫情造成的"摩擦性失业"、稳定就业具有重要作用。其存在和快速发展契合了我国现阶段的数字经济政策，既未干扰正常的经济秩序，更不具有多方面的社会危害性。因此，互联网经济对中国的新常态经济发展至关重要，我国在制度层面必须坚持鼓励互联网平台经济创新并提供必要的法治保障，这也是刑事政策层面必须坚持的基本理念。

值得反思的是，近年来，我国刑法司法解释对网络平台主体的经营活动，整体上更多地还是在体现宽严相济刑事政策中"严"的一面，将许多原本属于数字经济时代正常的经营活动纳入刑法规制范畴，加之部分基层司法人员对司法解释的形式理解适用，导致实践中许多网络平台经营主体被作为犯罪主体予以打击，这一现象在民营数字经济领域尤为明显。根据《最高人民检察院关于充分发挥检察职能依法保障和促进非公有制经济健康发展的意见》《最高人民法院关于充分发挥审判职能作用为企业家创新创业营造良好法治环境的通知》倡导的保护民营企业的精神，经济刑法适用应当尽可能体现"宽"的一面，更好地兼顾法律效果和社会效果的统一。

三、经济刑法解释中的法益衡量

一般而论，基于法律安定性的理由，刑法中禁止或作为义务的规定，都以一定的构成要件的规定为主要内容。[1]依学者耶林的见解，法律的创造者为目的，每一刑法条文的产生都源于一种目的，然后在此目的下设计条文。刑法之目乃立基于法益之保护，既然不法构成要件是为保护特定法益之目的而建构的，那么对构成要件的解释理所当然必须以法益内容为指导。因此，法益不但是构成要件之基础，而且亦是区别各种不法构成要件之标准。[2]换言之，法益具有构成要件之建构及解构机能，对于不法构成要件的建构及解释，必须是确实侵犯了刑法规定所要保护的法益，从而使刑法所设立该条文之目的得以实现。然而，需要注意的是，法益侵害的确认，不代表必须动用刑罚的手段方式。法益保护不会仅仅透过刑法就得以实现，而是必须借由全部的法律制度的手段才能发挥作用，刑法应该被认为是最后解决社会问题的手段，以为辅助性的法益保护。自刑法的补充性而言，刑法未必能完整地保护法益，且其保护也不具有一般性。

不同于一般意义上的刑法解释，在经济刑法领域进行法益衡量具有合

---

〔1〕　叶益发："从犯罪论体系的演进看构成要件论的发展"，载韩忠谟法学教授基金会编：《刑事思潮之奔腾：韩忠谟教授纪念论文集》，2000年版，第39页。

〔2〕　林山田：《刑法通论》（上册）（增订第8版），瑞兴图书股份有限公司2002年版，第12页。

理性和必要性，在经济刑法规范适用出现疑难时，应当允许引进法益衡量进行价值判断。正如日本学者芝原邦尔所指出的："在适用法律时，首先必须就不同的经济犯罪类型分别明确其具体的保护法益，基于此进行严格的法律解释。""在具体解释不同的犯罪类型时所需要的是深思熟虑，每一种处罚法规到底是为了保护哪些利益或价值而制定的。在刑法解释上所要求的基本态度是把每一个规定的处罚范围限定于那些真正值得处罚的行为。"[1]笔者认为，经济刑法解释的法益衡量应该遵循以下几个原则：

（一）比例原则

对经济法益的发现和确定是经济刑法解释过程的第一步。只有确定存在可确认的、值得经济刑法保护的利益存在，才有必要上升为法益。这其中自然要尊重客观规律，也有一定的原则需要遵循。比例原则是利益衡量的一般原则，当然也是确定法益保护范围的重要原则。比例原则属于基本权利保护问题的范畴，对于行政、立法和司法当然有其拘束力，并因此成了法治国最重要的指标之一，[2]其重要性毋需多言。

比例原则在法益发现和确认过程中的制约作用主要体现在以下几个方面：①必要性要求。对某种利益以刑法手段进行保护是必要的。如果用行政、民事、经济的手段是有效的，则不要轻易诉诸刑法，这也与刑法的谦抑精神相吻合。刑法上的法益保护，随着法益种类的不同，重要性也不同，因此，在整体社会生活利益的衡平考量上，保护的必要性也就不同。例如，所谓的生命法益，容许侵害的可能性相对较低。因此，刑法对于侵害生命法益的杀人罪的构成，并没有限制其特定的行为方式。只要致人于死的行为，不管是动刀、动枪、动拳头、惊吓或是借刀杀人，原则上都构成杀人罪。对于重要性较低的法益，例如整体财产法益，容许侵害的可能性相对也较高。因为若非如此，对于整体财产法益的过度保护势必会导致社会生活的瘫痪。因此，对于整体财产法益的侵害，必须被限定在刑法上所明白列举出来的行为方式，否则不构成犯罪。[3]②适当性要求。经济刑事立法

---

〔1〕 ［日］芝原邦尔："经济刑法的保护法益"，载《法学协会杂志》第 115 卷第 4 期。

〔2〕 转引自黄荣坚：《刑法问题与利益思考》，中国人民大学出版社 2009 年版，第 139 页。

〔3〕 黄荣坚：《刑法问题与利益思考》，中国人民大学出版社 2009 年版，第 213 页。

对法益的保护不仅是必要的，而且在罪刑设置上对利益的保护应当是适当的。这涉及刑法体系内部和外部的协调问题。就刑法与其他经济部门法的协调来说，作为层级结构底线的刑法应当与民商法、经济法所发现和确认的利益相协调，当某种利益其他法律尚未确认时，刑法原则上不应扮演"冲锋者"的角色，将其纳入调整范围；就刑法体系内部的协调来说，对同一法益的保护在手段、目的的相称性上力求同一，当然，由于犯罪形态的错综复杂和刑事立法技术的限制，笔者不能回避竞合问题，但是从刑法保护法益的任务来看，不得因多数立法造成对法益的过度保护。③衡平性要求。比例原则的衡平性要求是利益衡量思想在刑法上最重要的落实。所谓衡平，在于对各种利益关系的保护必须协调、平衡。生活利益本来就没有绝对的，本来就随时随地在接受或多或少的侵害，而且也应该随时接受或多或少的侵害。法律承认的生活利益也不是绝对不容许被侵害，问题是应该接受侵害的程度有多大。这个应该接受侵害的程度也不是固定不变的，而是随着侵害行为的必要性和相对利益的大小而浮动。[1]将上述要求落实到刑法领域，即是告诉我们刑法条文对利益的保护既是必要的，又不能是绝对（过度）的，在理念和事实上都不至于把保护利益绝对化，把犯罪构成要件定得太宽滥，以至于人人皆须牺牲更大的利益去呵护法条所要保护的利益，同时也由于这样的牺牲对于一个理性人而言已经欠缺期待可能性而使得人人动辄得咎。[2]

（二）平等原则

我国《刑法》第4条明确规定："对任何人犯罪，在适用法律上一律平等。不允许任何人有超越法律的特权。"这是在刑法上规定了适用法律一律平等的原则。其实，不仅适用刑事法律要反对特权，做到法律面前人人平等，在经济刑法的适用上也要实现平等。

经济刑法解释的平等原则，意指对于相同性质的法益原则上应当平等保护，这是罪刑均衡的必然要求，也是刑法平等的必然要求。主要体现在：①不得对侵害相同法益的行为因主体不同而设置不同的入罪界限，除非主

---

〔1〕　转引自黄荣坚：《刑法问题与利益思考》，中国人民大学出版社2009年版，第138页。

〔2〕　黄荣坚：《刑法问题与利益思考》，中国人民大学出版社2009年版，第138页。

体身份对行为的社会危害性评价有重大影响。②不得对具有相同罪质的行为因主体不同而人为解释造成罪名适用不同，除非主体身份使被侵犯的法益性质发生变化。③不得对具有相同罪质的行为因主体不同而适用不同的法定刑，除非立法基于主体不同而配置不同法定刑具有符合法律精神和宪法秩序的特别考虑和充足理由。

当然，法益的平等保护并不是不要区别对待。即使是相同的利益受到同一行为的侵害，其程度也是有差别的。对相同条件相同对待，对不同条件不同对待，这也是法益平等保护原则的应有之义。因此，在经济刑法规范适用过程中要实现平等保护与区别对待相统一。从目前的经济刑法立法状况来看，我国总体上比较好地做到了平等保护与区别对待的冲突协调。

值得讨论的是，近来有学者提出我国刑法在实现非公有制经济平等保护上存在不足，主要表现在入罪界限、罪名认定、罪状设置、刑罚配置上。[1]例如，《刑法》第165条规定的非法经营同类营业罪，第166条规定的为亲友非法牟利罪，第167条规定的签订、履行合同失职被骗罪，第168条规定的国有公司、企业、事业单位人员失职罪和国有公司、企业、事业单位人员滥用职权罪，第169条规定的徇私舞弊低价折股、出售国有资产罪。这六种犯罪针对国有经济才能构成犯罪，如造成非公有制经济的利益损害则不构成犯罪。此外，有学者诟病刑法将国有公司、企业工作人员利用职务之便非法占有本单位财物的行为认定为贪污罪，将非公有制经济单位中的公司、企业人员实施的同样的行为认定为职务侵占罪，且两罪法定刑差异较大，前者最高刑为死刑，后者最高刑仅为15年有期徒刑。[2]不过，也有学者认为，目前我国刑法对非公有制经济与公有制经济进行保护的立法现状是合理的，因为由于主体身份不同导致法律属性有差异，处罚的区别正是罪刑均衡原则的要求，也体现了立法主体利益和价值取向的影响。[3]

---

〔1〕 参见李凤梅："非公有制经济平等刑法保护之解读与思考"，载《河北法学》2008年第12期。

〔2〕 参见莫洪宪、郭玉川："论刑法对非国有经济的保护——谈平等保护与区别保护的冲突与协调"，载《湖北社会科学》2008年第2期。

〔3〕 参见林卫星、李丽："我国刑法对非公有制经济区别保护的原因探析——兼评平等保护观"，载《政法论丛》2007年第2期。

　　笔者认为，对法益的平等保护首先要看法益之间是否具有等价值性，主体地位是否有差别，如果给予区别对待是否符合法律精神和宪法价值秩序。当然，前提是侵害行为性质相同，并且侵犯的确实是同一种法益，否则就没有可比性。对于非公有制经济成分来说，宪法定位为"社会主义市场经济的重要组成部分"，"国家保护个体经济、私营经济的合法的权利和利益。国家鼓励、支持和引导非公有制经济的发展，并对非公有制经济依法实行监督管理"。虽然我国国有经济仍然是国民经济的主导，非公有制经济的经济地位和作用不可与国有经济同日而语，但宪法对我国非公有制经济在市场主体资格上给予平等的法律地位和待遇，对非公有制经济在刑法上给予与国有经济平等的保护具有宪法根据和正当性。因此，不仅针对国有经济的背信行为应当构成犯罪，针对非国有经济的背信行为，损害非公有制公司、企业利益的行为也应当被认定为犯罪。但是，就公司、企业人员受贿罪和受贿罪而言，由于后者主要是损害公务廉洁性，就利益位阶来看，其社会危害性更大，因此刑法作分类处理并对后者规定更重的法定刑，是由主体属性不同导致的法律保护差异，并无不妥之处。换句话说，公司、企业人员受贿罪和受贿罪虽然在行为客观方面相近（主要是主体不同，当然罪状上也有差异），但是立法者在利益衡量时并不认为两者法益同一，因此也就不存在对两者进行平等保护的问题。

　　（三）保护原则

　　刑法上所谓的保护原则，是指外国人在中华人民共和国领域外对中华人民共和国国家或者公民犯罪，适用本法管辖。即对危害本国国家或公民利益的行为给予刑法保护的意思。这里借用保护原则，主要是指在经济刑法解释领域对法益发现和保护首先要考虑本国利益。

　　一国的法律制度总是受制于一国政治、经济、文化条件的影响，归根到底是要为本国的统治服务，实现本国统治阶级的利益。因此，在国内经济利益与国际经济利益发生冲突时，在最大限度统筹兼顾国际利益的基础上，应当优先选择保护国内经济利益。尽管我国一直积极参与国际合作，将国际刑事犯罪有条件地转化为国内刑法之规定，但首先要把国内的事做好。比如，就应对国际金融危机而言，首要的任务是把本国的经济发展好，防范好金融风险，维护金融安全和秩序，这是对国际社会做出的重大贡献。通俗地讲，我国要先做"减法"，减少因自身因素给国际社会经济利益造成负面影响，然后才能考虑做"加法"。又如，对于环境犯罪，首先要根据自身经济社会发展实际和环境保护需要依法惩治，然后才能考虑如何超前立法，进而与国际水平接轨。

一般认为，刑法是最不具有"国际性"的部门法。各国都出于维护自身利益的需要，根据本国经济社会发展的实际情况设定刑事法律规范体系。各国刑法典往往带有浓厚的"主权色彩"。符合中国国情、能够有效保护我国经济利益，有相应外国立法经验的，我国要借鉴；符合中国国情、能够有效保护我国利益，但外国立法没有的，我国也要创新。当然，我们也应当看到，求同存异是当代社会发展的必然选择。今天的国际社会已经基本上是一个经济共同体，对于某些危害人类利益的经济犯罪（比如洗钱犯罪），各国的态度是基本一致的。笔者也看到，有越来越多的国家在修改刑法时将某些国际经济条约规定的犯罪转化为国内刑法上的犯罪，比如知识产权犯罪保护法益的扩大。

（四）相对原则

比例原则主要规定了利益保护的范围，相对原则侧重指利益保护在时间维度上的相对性。与经济发展的不同时期相适应，经济刑法的解释本身具有一定的阶段性。虽然我们承认利益是一种客观存在，但它又体现为是否能够满足人的主观需要，而这种规范评价甚至评价标准在不同时期会发生变化，因此会导致这样一种情况：在此时期认为需要法律（刑法）保护的利益，在彼时期不认为需要受到保护；在该地区认为需要保护的经济利益，在彼地区不认为需要受到保护。当然，根据当时情况经过合法程序达成的利益保护法令，并不因为时代变迁而自然失效，除非被立法正式修改或废除。因此，我们也不能用事后的标准来判断当时、当地利益衡量的是非。

利益发现一般有两种情况（主要指法定犯的情况）：①当时被认为不需要或不太重要的利益，现在被认为需要法律保护或需要更周全的法律保护。以环境刑法的创设为例，工业快速发展造成的环境污染使人民感受到与生命、健康及生活品质有关之环境受到破坏，从而形成新的环境法益，这种利益在过去可能并未得到应有的重视，对它的保护在顶层设计上存在种种不足。但如今人与自然和谐共处被认为是一项很重要的利益，不仅及于当代，更利于子孙后代。随着社会变迁，环境法益的重要性也会更加凸显。②当时被认为需要法律保护的利益，由于社会条件发生变化，现在被认为已经不需要保护或不再重要到值得以刑法加以制裁。最典型的例子就是我国1997年《刑法》修改时废除了投机倒把罪。投机倒把罪的废除被认为是立法符合市场经济规律审时度势做出的一项契合法治精神的重大修改。关于这方面的评论有大量文献资料述及，笔者在此不予赘述。下文将着重探讨一下外汇犯罪。

1997年修订后的《刑法》规定了逃汇罪，即"国有公司、企业或者其他国有单位，违反国家规定，擅自将外汇存放境外，或者将境内的外汇非法转移到境外，情节严重的，对单位判处罚金，并对其直接负责的主管人员和其他直接责任人员，处五年以下有期徒刑或者拘役"。刑法实施以来，一些企业、个人骗购外汇和非法买卖外汇事件不断出现，直接导致了我国外汇储备的低增长。在新的犯罪形势和历史条件下，为了惩治骗购外汇、逃汇和非法买卖外汇的犯罪行为，维护国家外汇管理秩序，1998年12月29日，第九届全国人大常委会第六次会议通过了《关于惩治骗购外汇、逃汇和非法买卖外汇犯罪的决定》，主要内容是：①规定了骗购外汇罪。指使用伪造、变造的海关签发的报关单、进口证明、外汇管理部门核准件等凭证和单据，或者重复使用海关签发的报关单、进口证明、外汇管理部门核准件等凭证和单据，或者以其他方式，向外汇指定银行骗购外汇，数额较大的行为。②修改了《刑法》第190条逃汇罪的犯罪构成要件，将犯罪主体由国有公司、企业或者其他国有单位修改为公司、企业或者其他单位，将情节严重才能构成逃汇罪修改为数额较大即可构成该罪。并且修改了逃汇罪的法定刑，法定最高刑为5年以上有期徒刑，明确罚金刑数额标准为逃汇数额5%以上30%以下。③明确了在国家规定的交易场所以外非法买卖外汇，扰乱市场秩序，情节严重的行为依照《刑法》第225条非法经营罪定罪处罚。该决定确实在一定程度上有效打击了外汇犯罪。

外汇犯罪是典型的法定犯。一般认为，该类犯罪侵犯的客体是国家外汇管理制度（秩序），主要是我国对出口收汇的管理、对进口用汇的管理、防止逃汇的管理、防止套汇的管理。外汇犯罪本质上是违反金融监管秩序犯罪，而非财产侵害型犯罪。就逃汇而言，是指违反我国外汇管理规定，擅自将外汇存放于境外，或者将境内外汇非法转移到境外的行为。就骗购外汇而言，企业、个人必须以人民币按官方汇率从外汇指定银行购买等值外汇，并非无偿占有该外汇。因此，外汇犯罪并不是针对以人民币为等值计价的国有资产的犯罪，对国家而言，其最直接的利益损失表现为国家外汇储备的流失。

然而，从目前的情况来看，逃汇、骗购外汇、非法买卖外汇的行为是否有必要再被规定为犯罪，至少是否应当规定如此高的法定刑，是值得商榷的。主要原因在于由于经济社会发展和金融体制改革，利益保护需要发生重大变化（事实上此类行为也越来越少）。《关于惩治骗购外汇、逃汇和非法买卖外汇犯罪的决定》的立法背景是我国实行单一汇率制度，对资本与金融项目实行严格管制，大量骗购外汇、逃汇、非法买卖外汇的行为直接造成了国家外汇储备的流失，间接损坏了国家财政收支平衡。不法分子通过买卖外汇差价获取巨额人民币利润，扰乱了金融秩序。在此情形下，通过刑法打击外汇犯罪，对于维护我国外汇管理秩序、防止外汇储备流失具有重要作用。多年来，我国外汇储备快速增长，截至 2011 年 6 月，我国外汇储备已达 31 974.91 亿美元，稳居全球第一位。持续扩大的国际收支顺差，造成了外汇市场供过于求。目前，我国正逐步对外汇管理制度进行改革，已经实现了人民币经常项目可兑换，最终目标是实现人民币全面可兑换。

此外，我们还要看到外汇储备的两面性。外汇储备绝不是越多越好，高额的外汇储备会带来一系列问题：①高额外汇储备会影响货币政策的自主性，蚕食国家货币主权。外汇储备并不是政府的储蓄，事实上是中国政府对中国人民的负债。国家有 1 美元外汇储备，就意味着需要在某个国民那里打一张 6.43 元人民币的欠条（2011 年 8 月人民币对美元的中间价为 6.4305），那么 3.19 万亿美元的国家外汇储备就相当于向全体国民打了一张 20.5117 万亿元人民币的欠条。外汇不允许在中国国内流通，但又占用基础货币的发行量，导致通货膨胀的压力大大增加。通过通货膨胀获得的铸币税，被国家外汇储备占用了一部分，相当于人民币发行的国家主权被国家外汇储备蚕食了。②高额外汇储备会加剧通货膨胀，降低资本有效使用率。由于我国连续实现贸易顺差，中国人民银行只能购买超额的外汇，造成基础货币投放量增大，加上货币乘数作用，形成过分宽裕的货币供给，加剧通货膨胀压力，不利于中国人民银行对国内宏观经济的调控。③高额外汇储备面临巨大的汇率风险，特别是美元汇率风险。美国主权信用下调会导致我国外汇储备面临巨大损失。特别是美元处于疲软状态势必会造成国家外汇储备对其他外汇或对黄金、大宗商品的购买能力大大缩水。④高额外汇储备会给人民币带来巨大的升值压力。由于国家外汇储备大部分为美元，人民币对美元升值 0.5 元，人民币的基础货币就会凭空丢失 1.225 万亿元人民币。如果按照外国人（主要是美国人）的设想，让人民币升值 30%，意味着基础货币将丢失 5.02 万亿美元。这意味着央行需要使用更多的手段来维持本币稳定，对美元的升值会加剧对人民币的伤害。总体来看，外汇犯罪客体的刑法保护必要性正逐步降低。

第二节　经济刑法解释的理念

在前述分析的基础上，笔者主张于构成要件范畴内对经济刑法规范侧重实质解释，相对于立法的安定性和稳定性，更加注重经济刑法解释的社会现实化。与此同时，对于经济刑法的规范解释，要以经济刑法的保护法益和行为类型为基准，在经济刑法规范适用过程中重视宪法性分析、重视解释的刑事政策分析和重视经济法益的衡量。

在刑法中，就某些概念形成基本认识之后，我们应以此作为标准进行价值判断。比如，当异性恋根据文化传统和婚姻法等因素考量被认定为是正确的以后，那么异性之间的性关系成为刑法所规制和保护的对象就变得理所当然了。基于此种认识，同性恋、双性恋之间的性权益在刑法的规范价值判断中就无法得到保护。这种不保护还意味着，在符合某些条件的情形下，刑法有必要对其予以惩罚。所以，在这样的解释语境下，文义解释意味着，强奸罪不可能是同性之间单独进行的，其只能在异性之间发生，但是三人以上的同性之间在宾馆里从事性行为的，理应被评价为聚众淫乱。同样，在经济刑法的知识产权犯罪中，当我们对专利侵害行为基于公益考量予以除罪化之后，专利的违法行为在刑法规范评价中就应当被认为具有正当性，对专利的侵害行为不再被认为是对知识产权的一种严重侵犯。

然而，个人在社会中不是孤立的存在，今天的社会是一个经济交往社会。个人所处的环境本身提供了某种道德价值的取向，甚至有可能是一个未经自己选择的不同层次的道德框架。理想式自由主义者宣称个人可以自由创立自己的道德观，但是此种理想却无法反映实际生活中的道德经验。因此人们必须将其偏好搁在一旁，考虑一下哪些价值更重要，然后据以改变自己的生活。[1]此外，对于特定时代生活模式与观念体系的认识，在一定程度上取决于对法律概念认识的历史考察。换句话说，法律概念犹如有待重新编译的语言代码，而立法则是基于此文字代码而形诸于外的规范描述。就历史的动态观点而论，法律这一概念本质上是有关规范的历史发展过程的变迁史。因此，如果以今日的眼光观察，法律概念中所隐含的规范性趋向至少可以被认为是一种经济文明发展的结果。学者赫克里斯坦·斯塔克就认为，如果从法规范的功能角度观察，此种文明发展的结果将彰显出：法规范所指摘的过往状态将被抑制，并且同时拟制于法秩序之下。因此，法律概念固然可以被作为一种结构予以认识，但是倘若忽略功能面向的思考，反而可能形成结构本身的形骸化，而无法转变为具体的实在。[2]因此，关于经济刑法规范结构的解释要特别关注规范功能面的思考，避免将法律概念所形成的系统理解为具有纯粹逻辑关系的结构模式。

概念作为一种分离式的思维，本就无法形成有联系、有意识的意义关联，因此由其所表述的经济刑法规范体现出多义性。从经济刑法规范及其所指涉的经济事实这一思维角度进行观察，所谓案件事实，一般是指运用法学的思维，针对经济生活事实所做的生活概念叙述；而构成要件则属于

---

〔1〕 ［美］丹尼尔·贝尔：《社群主义及其批评者》，李琨译，香港牛津大学出版社2000年版，第15页。

〔2〕 Vgl. Christian Starck, Funktion der Parlamentarischen Gesetzgebung im demokratischen Verfassungsstaat, in: ders., Der demokratische Verfassungsstaat: Gestalt, Grundlagen, Gefaehrdungen, 1995, S. 17 f.

法律规范中类型化的经济生活事实，其是一种标明法律规范整体的抽象叙述形式，法律构成要件倘若再联结所评价的法律效果，即构成法律规范的应然性陈述，那么根据这种理解，案件事实与法律构成要件实际上属于两个表述层次。由于规范与规范所指涉的事实在理念上属于不同层次，因此想要确定案件事实的法律评价，就必须设法联结二者，然而，将案件事实以法律适用的逻辑模式涵摄于法律构成要件，从而确定法律效果的三段论，其实只不过是一种形式上的推论过程。规范适用过程中的关键问题在于，如何正确形成前提？就类推解释而言，有时虽然相互对比的事物很不相同，但是在某种意义上，却可能获得一致性。也就是说，倘若给予差别待遇的结果是不合理的，会导致刑法规范的非正义性要求，那么人们往往容易倾向于援引类似规范结构予以处理。

第三节　经济刑法解释的基本方法

基于前文的分析，笔者认为，经济刑法解释的基本方法与刑法解释传统上的文义解释、历史解释、体系解释和目的解释略有不同，主要为文义解释、体系解释、目的解释和合宪解释四种，以下予以分述。

一、文义解释

（一）刑法文义解释

1. 文义解释的基本理解

文义解释又称文理解释，是指根据立法描述所选择的语言意义确定法律规范内容的解释方法。文义解释是刑法中最为基本的解释方法，具体包括通常文义解释、可能文义解释和模糊文义解释。需要说明的是，可能文义解释往往属于扩大解释，而模糊文义解释则属于类推解释，实际上是在进行法律漏洞补充。在解释的结果上，视其与以前的判断或日常用语的意义间差异，解释有扩张以及限缩的可能。通常以社会共同感情和国民预测可能性为判断标准，在超过日常用语范围时为扩张解释，例如，摩托车包含电动脚踏车、文书包含复印的文件、捕获包含射杀等；但假若超越语言的可能意义则为法律漏洞补充（该漏洞是因刑法的断片性、鳞片性而产生的），此时已经不再是法条解释，而是类推适用。也即以法规中所未包含的事实为前提来适用法律，例如花柳、麻风与艾滋病之间的类推认定。这种类推通常是因为对象外的行为在对社会秩序的恶害上与对象具有同等性，而予以类推。至于限缩解释是否可以限缩到比日常用语更狭隘的范围一事则存在争议。一般而言不应做出此种限缩，因为这会破坏法的安定性。也就是说，普通国民会产生明明就是这件事，为何会不符合犯罪构成这样的疑问。不过，从法益内容的解释出发，并非不能进行此类限缩解释，例如侵入住宅罪的侵入与入侵计算机罪的入侵行为都应基于行为对象加以限缩。

就文义解释而言，文义如前文所述，原则上应当以通常语意进行理解，但是如果存在特定含义的状况则会例外。比如，立法已经就此用语含义进行了特别说明或者有权解释已经进行了特别阐释。在某些范围内，我们必须承认，法律圈赋予了某个概念特别的含义，这种特别的含义不能以通常人的标准被认知。因此，文义解释依据对文义的理解角度不同，可以有如下几种分类：①通常文义解释和特殊文义解释；②固定文义解释、可能文义解释以及模糊文义解释；③历史文义解释和现实文义解释。

上文的分析实际上是要说明，法律条文是以文字和语言为载体进行表述的，因此解释的第一步是就条文的字面意思进行直接的理解，进而通过字面探求法律所使用的文字语言的正确含义。因此，法律解释必须从文义解释着手，且所做的解释不能超过可能的含义。[1]例如，酒醉后骑自行车上路，即使将他人撞成重伤，也不构成交通肇事罪，因为自行车不属于交通肇事罪构成要件所涵摄的交通工具。但是，文义解释有时也存在局限性，许多法律规范的正确内涵都不能仅仅由文字即直接得出明确的答案。最简单的例子如杀人罪所指的"人"，是不是只能是活着的自然人？对携带凶器抢夺中的"凶器"进行认定，其是否包括木棒、石块和砖头？这些例证不但说明刑法文义需要解释，也说明文义本身有时无法直接就规范内容予以明确。以对"凶器"的理解为例，其应当是指依一般社会观念，即通常人认为足以对人的生命、健康以及一般的人身安全构成威胁，进而具有危险

---

〔1〕 梁慧星：《民法解释学》，中国政法大学出版社 1995 年版，第 274 页。

性的物理器械。根据这种理解，那么木棒、木棍、螺丝起子等均属之，但是砖块、石块这些自然界的物质，客观上不足以伤害生命及人身健康，一般不应被认定为凶器。对文义作如此理解是建立在如下基础之上的：刑法被用以规范社会成员的行为，因此，其用语的涵义应该是一般社会成员所能理解的，以不符合一般语言习惯的方式选择使用词语，会使其含义为受规范者所无法准确了解，那么就无法达致规范社会行为的目的，并且据此处罚行为人也不符合公平和正义的基本要求。

在今天，无论是基于何种解释立场，都必须以文本作为解释的出发点，也都承认必须以文义的可能范围为解释界限。那么，语义的可能性范围究竟何在？文字语义主要有以下几个层次：其一，该文字的当然文义，此种文义是确定的；其二，该文字的可能文义，此种文义是相对确定的；其三，该文字的应有文义，此种文义是根据规范目的能够确定和相对确定的；其四，该文字的变迁文义，此种文义是经过社会文化纵向比较能够发现的。此四种文义并不均属于刑法可解释的范畴，只有在前三种范围内才可以进行刑法解释，对于第四种的解释在很多情形下均属于法官造法，违背了关于法官应受制定法拘束的基本论断。刑法规范的解释，应当是为了在文义的多种含义中依据一定的标准进行选择、判定，发现最适合个案解决的规范含义，作为个案裁判的依据，使得抽象的类型化立法在个案中实现定型化，同时保证这种实现是从抽象的正义走向具体的正义。法律解释目标在这个意义上就是要保持法的安定性、合目的性以及实现正义性。与此同时，刑法在规范性质判断上属于公法和司法法。司法法的规范属性决定了保持法律的安定性才是其首要目标。正是基于此等考虑，立法描述所选择的语言如果没有被实践证明是必须完全加以抛弃的，就应是解释的文本依据。如果已经被证实应当完全抛弃，那么此时就根本不存在解释的空间和合理性，而是应当经由立法机关再次就该规范进行重新表述。因为此时即使规范保护目的并无变化，但由于语义变迁导致规范无法适用，因此需要经过立法明确。正是在上述意义上，刑法解释在以下几种情形下是难以想象的：其一，刑法任务不再需要，立法保护目的已经丧失；其二，语义变迁使得立法语言在今天的社会生活中已经完全丧失了原有之意；其三，立法目的和立法语言虽未发生变迁，但是规范解释适用导致众人根本无法信服。

　　文义本身具有复杂性，这是由刑法的规范特征和社会生活的复杂性特点决定的。法律规范在被创设时，立法描述的抽象性是立法的必然性，这种必然性不是一种缺陷，[1]而是为了适应未来生活所必需的规范弹性。只有使用抽象性的类型化立法描述，规范才会具有相应的弹性空间，才能够适应日后社会生活的现实化需要。与此同时，社会生活在改变，人的基本理解也在改变，唯一不变的只是固定的法律文本。立法语言在选择时，根据规范保护目的和类型化描述的需要，虽然要尽量做到科学、准确，但是社会生活的快速变化使得语言本身在内容上具有了新的含义，原本确定的语义的相对性变得更加明显，甚至出现了截然不同的新解读。这种由社会生活的变化发展导致的语义迁移使得立法规范的保护目的变得不容易被准确诠释，形式与实质之间发生了一定程度的偏离。因此，应当认为，这种偏离只要还在通常人理解的可能语义范围之内就是正确的。文义本身的复杂性决定了刑法解释在其范围之内具有可选择性。很显然，只有预设的正义，却并没有预设的结论。

　　除此之外，刑法规范内容只能通过文字的形式表现出来，犯罪成立与否以及刑事责任的归属均附着于文字之中，是以刑法解释的最为基本和重要的方法便是了解有关用语在日常生活中的含义。当然，例外的情形是，假如该用语或词句在法律圈（即法律共同体范围之内）或相关行业有被认定的其他特别意义，此时便要以该特别意义为准。[2]原因在于，法律条文作为法律规范的承载体，毕竟不同于一般的文字作品，其本身有属于自己的特征和规律性，更有本身习惯性的表达方式，许多的现象和含义是一般性词语所不能准确表达的。为此，必须创立法律上所特有的词语以表达特有意义或者赋予日常生活新的法律上的规范意义。换言之，如果日常生活用语在成为法律专有名词之后，即有其特殊意义而与一般日常用语不同，则应依照法律上的特殊含义加以理解。文义解释是全部解释活动的基础，在文义所及的范围之内，并且主要是在文义的核心部分下使用有关词语，从而为刑法的安定性提供了保证功能。

---

　　〔1〕　参见李洁：《论罪刑法定的实现》，清华大学出版社 2006 年版，第 332 页。
　　〔2〕　参见黄茂荣：《法学方法与现代民法》，中国政法大学出版社 2001 年版，第 335 页。

2. 文义的扩张与规范类推适用

依据从前的刑法理论，传统的解释方法要求解释从法条文字意义出发。这种形式主义的理解在法律发展史上扮演了重要角色，长久以来也持续发挥着影响力。但是，自从法实证主义发展起来以后，文法和逻辑的重要性提升，解释制定法的意义就是解释制定法文字的意义，因此解释本身不过是去探求法条文字的意义。基于这种认知，解释必须与文字相联结，文字的意义内涵也必须与文字的表达相符。即使在强调法律能动发展特色的客观解释理论中，刑法的法条文字也依然具有重要性，因为他们解释的依据就是法条的意思，这当然就必须以刑法法条为中心。正如前文所引拉德布鲁赫在解释客观理论时所指出的，国家不是在法条被制定前的时候表达它的意见，而是只在法条本身之上，法条能够比它的制定者更聪明，从此导出德国刑法解释上通说的意见是所有法律解释都必须从文字解释开始。[1]也就是主张，刑法解释从"可能文义"的解释出发，与此同时，"可能的文义"是刑法解释的最外部界限。

作为区分可以允许的忠实于法律的解释和应当禁止的立法性的类推之间的标准，罗克辛教授也认为应当将可能的口语词义作为解释的界限。德国主流观点认为，立法者通过法律条文的文本规定了一个将由法官加以具体填补的规则性框架。在这里，这个规则性框架的范围是由法律文本可能的口语化词义加以标定的。同时，法官在这个框架内部考虑最相近的文字意思、立法者当时的想法和法律的系统性联系，根据法律的目的开始解释。除了可以根据法律的目的进行解释之外，这种解释同时可以是限制性的（限制解释）和扩展性的（扩张解释）。而在法律规则范围之外进行的找法活动是一种不可能再被刑法条文可能的文字意思所包含的解释，本质上是一种为刑罚提供根据的类推，因此是不能被允许的。[2]

---

〔1〕　参见［德］卡尔·拉伦茨：《法学方法论》，陈爱娥译，商务印书馆 2003 年版，第 219 页；［德］汉斯·海因里希·耶赛克、托马斯·魏根特：《德国刑法教科书（总论）》，徐久生译，中国法制出版社 2001 年版，第 197 页；［德］克劳斯·罗克辛：《德国刑法学　总论》（第 1 卷·犯罪原理的基础构造），王世洲译，法律出版社 2005 年版，第 85 页。

〔2〕　参见［德］克劳斯·罗克辛：《德国刑法学　总论》（第 1 卷·犯罪原理的基础构造），王世洲译，法律出版社 2005 年版，第 85 页。

　　根据罗克辛教授的见解，解释与原文界限的关系绝对不是任意的，而是产生于法治原则的国家法和刑法的基础之上的：因为立法者只能在文字中表达自己的规定。超越原文文本的刑法适用将违背在使用刑罚力进行干涉时应当具有的国家自我约束，从而也就丧失了民主的合理性基础。与此同时，公民也只能根据原文文本才能知晓法律的意思，从而在自己的思想中考虑，应当如何根据法律规定来安排自己的行为。

　　与此相对，在刑法文献中，有一些著名作者提出了自己的见解，反对刑事法官应当受法律原文文字的制约。但是，这些意见都没有提出有说服力的理由来说明原文文字界限为什么站不住脚。一个经常被提出的论点是，解释和类推之间并不存在逻辑上的区别，因为各种解释都要进行相似性比较。这在事实上是正确的，但是这种在逻辑推论过程上的相同性并没有妨碍我们对原文文字界限在内部和外部的推论性使用作出区分。原文文字界限并没有表明法律寻找过程所具有的在逻辑结构上的区别，而是在不依赖于这个结构的国家法和刑法的前提下找到了自己的正当性。第二个反对意见是这样提出的：面对语言的不确定性及其在法学上的可操纵性，原文文字不可能具有使用上的界限。大多数词语肯定都会有多个意思，但是这并没有关系，因为所有在语言上可能存在的解释都会出现在解释的范围之内。对于一个词可能具有很多含义这一点我们不能太当真，否则，人们将无法通过词语来进行相互理解。当人们把解释限制在口语的意思内容上，限制在日常生活的语言应用上时，主流观点就需要考虑概念在法学操纵性上的意见。在刑法中使用未受过教育的人无法理解的秘密语言，法条就会是无法让人理解的，法治原则的目的性基础就一定会遭到破坏。雅各布斯教授的见解比较折中。他认为，超越原文文字界限在四个条件下是应被允许的：①符合概念发展的连续性；②否则就会发生任意性评价；③根据同等适用的需要；④具有解决问题的适当性。[1]

　　那些批评原文文字界限的作者们得出了两个主要的结论。他们要么根据法律的含义和目的（即根据法律的意义）来进行解释，并且把各种还需

---

〔1〕 转引自［德］克劳斯·罗克辛：《德国刑法学　总论》（第1卷·犯罪原理的基础构造），王世洲译，法律出版社2005年版，第85页。

要协调的解说当成解释，要么完全拒绝解释和类推的界限。这两种理论会导致同样的结果，即禁止"自由寻找法律"。但是，在这里，罪刑法定原则也就失去了意义，可以不需要立法的规范，而是直接根据同样是由解释确定出来的法益和目的进行一种规范适用，这样的结果在笔者看来是无法接受的。

总而言之，文义有任何人都能认定的核心部分（即通常见解）、可能文义部分以及任何人都无法预测的模糊区域部分。对于模糊区域，只有语言学专家可以得出研究成果，此即我们通常所说的文义的最大外延。对于刑法解释而言，问题的重点在于可能文义部分。对于可能文义部分，笔者认为，原则上应该基于刑法的两大主要机能之间的冲突进行限缩解释。此外，需要特别说明的是，根据罪刑法定原则，禁止类推适用的规定仅限于实体法上的入罪化规范判断或加重构成要件类型的适用，在刑诉上的类推适用则并不禁止。问题在于，当法律文字与客观目的不一致时该如何进行刑法解释？也就是，立法者通过文字所表现的与客观的刑法规范目的并不一致的情形。德国通说主张，如果文字是单义或明确的，与立法者的意思相一致，就不存在以客观目的进行考量的空间。[1]也就是认为，如果文字字义是明确的，基于尊重立法者意思的理由，就应该遵从文字规定进行规范适用，其他任何与此结果相反的解释都应该被排除，这也就是通常所说的当然解释方法。因为法律适用并不是由法官在对法律规定的意义出现不满意时自由地去纠正立法者。

需要特别注意的是，文义解释还应当符合文化内涵的特定性。文义解释在很多时候需要考虑语言本身所具有的特定文化内涵，不能脱离特定的民族文化进行解释。关于婚内强奸问题，我国学界近年来争论较大，但是学界和实务部门目前的主流立场还是否定其能够成立。实际上，婚内强奸问题主要不是一个刑法问题，而是妇女运动不断发展的结果，是一种对妇女遭受性暴力的特别保护在刑法上的体现。虽然承认婚内强奸具有其合理性，但是其社会效果究竟会怎样仍有待未来确证。笔者在此想要讨论的是，

---

〔1〕 ［德］克劳斯·罗克辛：《德国刑法学　总论》（第1卷·犯罪原理的基础构造），王世洲译，法律出版社2005年版，第85页。

在我国特有的文化背景之下，刑法是否应该过度介入家庭关系生活领域，并且对于强奸的解释，应当作出符合我国文化内涵的特定解释。比如，在我国的文化传统中，通常认为抢劫或盗窃等财产犯罪均是针对他人的财产实施的。在普通人的理解中，用不正当的方式取回自己的财产被认定为"偷"或"抢"是难以接受的。同理，父母对子女的管教和责打原则上一般也不能被解释为"伤害"，那样会明显违背我国的传统文化精神。而对于强奸，我国的传统文化也从来不认为和自己的妻子强行发生性关系是违背道德或者违法的事，认定丈夫可以成为婚内强奸的主体不容易为通常人所理解和接受。如果认为在对盗窃和抢劫犯罪构成进行解释时，有必要考虑侵害的法益到底是什么，认定这种对法益的界定是否合乎特定的文化内涵，那么在是否承认婚内强奸的问题上，也同样要对"强奸"进行符合文化内涵的解释。笔者认为，丈夫和妻子之间的强行性交一般还是不宜被解释为"奸"，虽强而非奸，只应构成相应的其他犯罪，比如造成身体伤害的以故意或过失伤害罪论处。

3. 文义解释的若干具体事例

我国《刑法》第263条抢劫罪规定了八种加重情节，学界在进行理解时存在较大分歧，主要集中在对"冒充军警人员抢劫"和"持枪抢劫"的认定上。实际上，对"在交通工具上抢劫"的认定也存在困惑之处。张明楷教授认为，"冒充军警人员抢劫"，不仅包括非军警人员冒充军警人员，也包括军警人员本身抢劫。理由主要在于军警人员抢劫比非军警人员冒充军警人员抢劫对法益的侵害性更大，理应作为抢劫罪的加重情节进行升格量刑处罚。笔者认为，该解释结论不具有合理性，其已经超出了"冒充"一语的通常文义范围。在立法和司法未就该用语含义进行特别说明的情形下，这种超出文义可能范围的解读难以令人接受。如果进行目的扩大解释，就必须考虑此规定的法规保护目的。显然，冒充军警人员抢劫，比起一般人更容易对被害人产生威慑，同时实际上是在利用具有特定国家职权的公职人员的身份为实施抢劫犯罪提供便利，属于招摇撞骗，在侵犯合法财产权益的同时，会损害政府公权力的公信度和国民对于特定职务的信赖。但是，由于其本来不属于军警人员，无法给予开除公职等行政处罚，因此法规基于保护目的予以特别加重处罚。认为军警人员抢劫比冒充军警人员抢劫危害更大因此需要加重处罚的解释本身虽然具有合理之处，但是无法直接适用本项具体规定。因为军警人员不存在冒充军警人员的问题，其即使穿上便装也无法改变其法定职务身份。妥当的结论是，即使不适用本项具体规定，对军警人员进行加重处罚也不违反我国刑法的量刑规定，因而没有必要硬性解释本项具体规定。理由在于：在军警人员持枪抢劫的情形下，应当适用"持枪抢劫"的法定加重情节进行处罚；对于未持枪抢劫，只是身着警服借助警察身份实施抢劫的，其客观上对财产和公民人身法益的侵害强度不可能超过非军警人员，但是其同样严重破坏了职务的廉洁性和公信力，因此在给予行政处罚（开除公职等）的同时，完全应当作为酌定从重、加重情节进行处罚。对于"在交通工具上抢劫"应如何理解，则同样应当根据法规保护目的进行解释，在文义可能的范围之内，对于由立法技术欠缺造成的规范缺憾予以弥补。实践当中出现了以下行为样态的抢劫犯罪，即犯罪人往往为一人或数人，通过在交通要道上设置路障的方式，迫使公共交通工具无法通行，但是其并不进入车内，只是通过爬上车顶、砸车窗，用铁棍、刀具击打或砍伤车内乘客，威胁要掀翻、烧毁车辆，长时间围困不允许交通工具和乘客离开以及向车内投掷石块等方式逼迫交通工具上的乘客交出财物。对于此种抢劫行为，能否认定为在公共交通工具上抢劫予以升格量刑，在10年以上进行处罚？依照通常文义理解，在公共交通工具上抢劫，是指犯罪人处于交通工具之内，但是法规保护目的显然在于保护公共交通工具上的特定人的财产和人身安全。因此，只要犯罪行为针对的是特定的公共交通工具之上的财产和人身安全，就应当被认定为是在公共交通工具上抢劫。而犯罪行为在交通工具上实施的，理应被解释为只要抢劫的犯罪行为针对的是公共交通工具上的乘客的人身及其财产，那么就应当属于在公共交通工具上抢劫，并不要求犯罪人一定身处交通工具之内。根据这种目的的解释，对于"在公共交通工具上抢劫"可以合目的地理解为"抢劫在交通工具上"，既包括犯罪人在公共交通工具上实施抢劫的情形，也包括犯罪人抢劫在交通工具上的人的情形。这种解释属于目的性扩大解释，仍然未超出文义的可能范围，因为原则上认为此种语序的调整本质上不会改变原有的规范内容。

此外，再以"放金丝鸟案"为例对文义解释的适用进行说明。"放金丝鸟案"基本案情：某甲空闲在家甚是无聊，于是买了一只名贵的金丝鸟，置于笼中圈养，并准备过段时间将其出售给爱鸟人士某乙。有一天，某甲患重感冒，其好友某丙至家中照顾。某丙乃保护动物协会的中坚力量，见金丝鸟叫声凄惨，心生怜悯，遂自行将鸟笼打开，金丝鸟因而飞走。问某丙的行为是否构成犯罪？如构成犯罪，盗窃罪抑或故意毁损财物罪为妥？学者林钰雄分析认为，该案中行为人无罪，理由在于：放鸟行为并不构成毁损罪，因无毁弃损坏行为。但是，是否构成盗窃罪呢？这里涉及两个问题：第一，行为人并无为自己或他人不法所有的意图，主观要件不具备。第二，有无窃取行为呢？其认为基本上窃取行为应由两个要素构成，一是破坏原来物的支配关系，二是要建立一个新的持有关系。本案中，行为人破坏了原有的支配关系，但不符合第二个要素，其并没有建立另一个新的支配关系，也无意建立，所以不构成窃取行为。最后，由于禁止类推适用前述罪名，所以行为人应被认定无罪。[1]而有些人则可能不同意此种结论，认为私放金丝鸟的行为已经导致财物不堪用，符合毁损罪的构成要件，因此行为人应当成立毁损罪。[2]其实际上考虑的就不是对财物本身的保护，而是对所有人能否行使所有权的一种价值判断。同样，还有向别人吃饭的黄金碗里泼洒污秽之物，向别人煮饭用的价值数千元的炖锅里投放粪便而致使其所有人不愿意再加以使用的情形，在笔者看来，这些都无法构成毁损财产犯罪。因为黄金碗和炖锅在物理和功能层面都未发生改变，主要是通过对所有人的主观精神产生消极影响致使其放弃使用，这些均不属于刑法所指的毁损。

最后，笔者在此还想要简单涉及南京发生过的"李某组织卖淫案"。[3]本案的关键问题是，组织男性从事同性卖淫是否构成我国现行《刑法》第358条规定的组织卖淫罪？这就要看如何解释"卖淫"的含义。根据传统观点，卖淫主要是指异性之间的有偿性交行为，不包括同性之间的有偿性交行为，一般意义上主要是指由女性向男性提供有偿性服务，对卖淫进行文

---

〔1〕 参见林钰雄：《新刑法总则》，中国人民大学出版社 2009 年版，第 49 页。

〔2〕 参见李圣杰："飞走的金丝雀——包摄错误"，载《月旦法学教室》2004 年第 22 期。

〔3〕 具体案情参见中华人民共和国最高人民法院刑事审判第一庭、第二庭编：《刑事审判参考》，法律出版社 2004 年版，137～142 页。

义解释应当被限定在这个范畴内。但是，今天看来，卖淫已经突破和超出了这个界限。男性作为卖淫主体向女性、男性提供有偿性服务已经不再是孤立现象。因此，正如《刑事审判参考》所进行的分析，[1]在立法用语并未就卖淫主体进行明确限定的情形下，根据社会的发展，结合现实语境，对"卖淫"一词应当作出符合时代一般观念和刑法精神的解释。根据法益保护的实质需要进行刑法规制理论上是妥当的，因此可以认为法院的判决并无不当。笔者认为，在历史上，我国并非不存在同性卖淫的事例，对于卖淫所进行的此种解释合乎文化的特定内涵。而且，随着信息的发达，普通民众就这一问题也早有认识，该解释结论不会破坏民众对于法规范的信赖，整体上并无不当。[2]问题在于，同为该条所规定的强迫卖淫罪中的"强奸后迫使卖淫"的这一加重条款应当如何适用？即男性对男性进行强奸后迫使其向男性提供有偿性服务的，能否根据司法解释的相关规定作为法定的加重情节予以处理？如果男性对男性实施强奸，并迫使其向同性提供有偿性服务，但二者之间并无联系，又能否作为强奸罪和强迫卖淫罪数罪并罚？很显然，如果认为可以在同性之间组织卖淫，那么强迫同性卖淫不能被认定为强迫卖淫罪就是难以理解的。而如果强迫卖淫罪能够成立的话，否定"强奸后迫使卖淫"这一加重情节也于理不通。但是，认定同性之间的强奸行为能够成立犯罪会涉及更多的问题，这里实际上就是后文所要论及的体系解释方法。在这个意义上，单独就本案而言，其处理似乎并无不妥，但是在体系之内进行考虑却并非恰当。因此，笔者认为，文义解释有时虽然能够直接根据规范保护目的的需要完成，但是还是有必要进行体系协调性的权衡。那种为了个案处理就直接导致刑法规范内体系冲突的解释结论肯定不是最好的解释结论。就本质而言，对于涉及性自由的法益保护应当在立法上进行一种整体的衡量，这才是正确的解决路径。

（二）经济刑法规范弹性及文义解释基准之改变

如前文所述，空白刑法作为主要规制经济违法犯罪的刑法规范，其范

---

〔1〕　中华人民共和国最高人民法院刑事审判第一庭、第二庭编：《刑事审判参考》，法律出版社 2004 年版，137~142 页。

〔2〕　关于本案的分析另可参见张军等：《刑法纵横谈（总则部分）》（增订版），北京大学出版社 2008 年版，第 66~68 页。

畴为经济法规与刑法的重叠领域。基于经济刑法的法定犯性质，空白刑法规范为适应产业发展和财经等秩序的变化需要，意图发挥规范的最大效力，就理应在规范上保持相当的弹性空间，试图在立法阶段即明确和将构成要件具体化存在相当大的困难。因此，在立法时应多采用概括条款并且使用具有抽象、包含性质的规定。相比于立法者未授权、行政机关未具体化而完全由法院自由评价这种过于弹性的规范模式，或者在刑法条文中详细列举犯罪行为的各种形态这种过于追求构成要件明确性的立法方式，在经济犯罪的规制上采取立法者仅设定概括性条款，委由行政经济行政部门通过相关行政法规具体化规范内容，再由法院适用该经济法规补充完整构成要件这样的空白刑法规范模式无疑具有合理性。

然而，包括食品安全、金融、知识产权、证券欺诈等刑事责任规定在内的诸多经济刑法规范的内容都具有相当程度的模糊性，如果从一般日常用语意义出发，实在难以准确界定规范所指向对象及规制内容。即使根据法律用语的意义出发，解释结论仍然可能无法精确、完整地描绘出经济刑法相关概念的应有内涵。

这种现象或者由于规范范畴（比如证券交易市场、企业竞争秩序等）本质，本来就不可能纯粹依据一般日常用语或者法律用语的通常意义来加以理解，或者由于立法者有意在经济刑法立法层次上保持一定弹性空间，留待司法机关根据社会经济发展现实固定相关规范或概念的具体内容，以配合经济产业发展及社会情势，促使经济刑法发挥最大之规范效力。按照传统刑法解释理念，这种情形按照应基于一般日常用语或法律用语的传统刑法文义解释的角度来判断，肯定存在违反构成要件明确性及普通民众预见可能性等不恰当之处。正如有学者所指出的："虽然空白罪状并不违反罪刑法定原则，但是，由于空白罪状的表述方式没有也不可能指明各种法规的具体条文与国家规定的具体内容，常常导致处罚范围不明确。结果是要么不当扩大处罚范围，要么不当缩小处罚范围。"[1]

各国经济刑法立法虽然发展出了数种不同的规范模式，但就我国而言，

---

〔1〕 张明楷："刑事立法的发展方向"，载《中国法学》2006年第4期。

如前文所述，有相当一部分采用了学理上所谓的空白刑法规范结构。[1]这种经济刑法领域的规范模式，在比较法上并不乏其例。例如，《日本证券取引法》第166条第2项第1款即授权政令补充规定内线交易所涉及重要事实中之业务相关事项。就我国的规范现状而言，与经济刑法相关的经济法规往往是采取完全详尽立法例示，但是经济刑法的具体罪名则使用空白刑法或抽象概括之立法模式。比如，我国关于知识产权犯罪的立法规定等。此种立法处理虽然在一定程度上能够达成规范弹性及构成要件明确性两种重要需求，但是也给具体经济刑法规范的适用带来了困难。

经济刑法在司法实践中发展出了某种独特的准空白刑法的规范模式，即通过对非刑事经济法规的规范予以解释，明确经济刑法规范的概念。在经济犯罪的刑法规范中，我们可以看到很多罪刑法条的罪状中都有"违反国家规""违反国家法律、行政法规的规定"的表述，即使不少法条没有这样描述罪状，按照一般的逻辑方法，我们也完全能够推导出某一犯罪行为所违反的有关法律、法规，如违反公司法等。这里所违反的法律、法规显然不是指刑法规范，而是刑法所要保障实施的非刑事的其他法律、法规。因此，作为经济犯罪构成要件要素之一的"违反法律法规"就与该行为总体上所违反的刑法规范共同构成了经济犯罪具有的双重违法结构模式。在这种情形下，委任性立法授权各个经济行政机关制定经济法规，以填补经济刑法构成要件中的禁止内容，这就要求经济刑法文义解释的范围必然存在扩大或变动情形。这种扩大或变动不仅及于原来的经济法规规定，亦包括经济行政机关根据经济社会发展的需要修改补充的规定。由于修改补充规定与经济社会现实发展密切相关，其字义变得较为清楚，实际上减少了文义解释之困难，然而仍然无法完全避免从一般日常用语及法律用语之基准出发所产生的经济刑法规范模糊性与不明确性问题。

值得特别思考的是，如果一般日常用语及法律用语之基准无法满足，或至少无法完全满足经济刑法文义解释的需求，那么经济刑法规范是否有其他可供选择的文义解释基准？笔者认为，就此不足之处应采取经济产业

---

〔1〕　关于空白刑法及空白构成要件之阐释，请参阅肖中华、王海桥："空白刑法的规范诠释：在规范弹性与构成要件明确性之间"，载《法学杂志》2009年第8期。

基准或专业用语基准，理由主要在于：

其一，构成要件明确性及预见可能性等原则的保护对象，实际上正是刑法的规范对象或潜在规范对象。在传统刑法中该规范对象往往是全体国民，但是相关经济刑法所欲规范的主要或全部对象则是各个经济产业的主导者、参与者或者关系人。其对经济刑法规范处理的经济事实大抵具有一定程度的专业或特别认知，也能够对存在争议的规范或概念内含的禁止内容形成基本的共识或理解模式，从而调整其行为，使之符合上述原则的保护要求。

其二，就经济刑法规范的文义采用产业基准或专业用语基准，可以实现经济刑法规范弹性的现实化，更能适应相关经济产业的快速发展。

其三，如果以经济刑法规范对象的认知内容作为其文义解释之基准，与后文所述着眼于财经法律立法目的规定的体系解释以及为适应客观经济环境发展的目的论解释等解释方法更能协调配合，可以实现经济刑法规范解释的良好效果。在经济刑法领域，立法者为求规范的普遍适用而使用不确定经济法律概念，实现立法目的与法规范体系的整体关联，如果其意义能够被理解，该构成要件所涵摄的个案事实也能为特定受规范者所预见，并且能够通过司法审查对此种概念加以确认，那么这种文义解释即合乎法律明确性原则的要求。

因此，就经济刑法的文义解释而言，其与传统刑法文义解释不同，在适用时应以产业基准或专业用语基准作为解释基准，确定核心文义或可能性文义。但是，在具体解释时，依然要遵守前述文义解释的基本要求，不可突破文义的可能界限。对于经济刑法的文义解释，当采用专业解释基准时，不应过分注重普通民众的预测可能性。在此意义上，主要应侧重规范适用的法律效果及对政策导向上的社会经济效果之维护。但在进行规范适用时需要刑事侦审机关予以适度配合，一方面增进侦查和审判人员的专业素质、观念及司法技术，另一方面在证据认定上要注重经济领域的专业鉴定证据，此处限于篇幅不予赘述。

二、体系解释

（一）刑法体系解释

刑法体系解释，是指对一定刑法条文的解释，需要通过刑法规范、条文之间相互联系、相互对照的方式，依体系间的上下、前后相互关联和比较，查明这些规范、条文在刑事立法总体系中的地位和意义的方法，以确定处于相互关联中的具体规范的意义及其中何者具有决定意义或优先意义。学理上认为，刑法处罚存在的正当化思想依据即在于保护法益，确定刑法所欲保护法益的范围也是刑法的重要工作之一。体系解释方法的运用对于法益保护范围及构成要件的运用尤其具有意义。并且，其在新形态犯罪类型（如经济犯罪）领域里愈发重要。[1]如果文义解释是解释活动的基础，那么体系解释就是在此基础上所进行的解释活动。实际上，法律条文语句都是由概念组成的，文义解释在于了解法律概念的范围，而体系解释则在于确定法律概念的内容，从而为法的规范统一性发挥固定功能。例如，通过强奸罪和强制猥亵妇女罪的对照可知，强制猥亵是指强奸以外其他涉及性权益的猥亵行为。此外，在侵害财产犯罪中，通过侵占罪的规定分析可知，其对象是自己合法持有的他人之物、他人的遗忘物或埋藏物，而盗窃罪的行为对象只能是他人持有之物。

1. 体系界定及体系类型

对于刑法规范的解释而言，必须考虑体系的一致性与协调性，这是法律秩序的统一性和同一性要求使然。与此同时，刑法的具体规范内容应当考虑该法条在与其他法条之间的关系中所处的具体位置，在这种内在的逻辑关系之中才能被加以确定。也即认为，刑法的规范内容应当被放在体系之中加以判断，这种体系包括外部体系和内部规范体系。因此，在就体系解释方法进行展开之前，我们有必要确定作为体系解释标准的体系究竟指的是什么？一般而言，学习刑法体系是所谓刑法教义学的范畴，每个刑法的初学者都必须学习刑法教义学。但是，刑法教义学不是去研究个别法律

---

〔1〕 参见苏俊雄：《刑法总论》（Ⅰ），台湾大学法学院图书部1998年版，第280页。

规定的解释，也不是为了解决个别案例所进行的学习，而是有关刑法体系内所有法律概念在内在关系上是否属于无矛盾和具有一致性的发展理论。换句话而言，教义学所发展的是法律制度下特有的概念或符号，概念能够自主地在体系内发展。通常认为，体系概念属于刑法总则范畴，因为只有了解了刑法犯罪相关理论，才能在可罚性问题上回答具有可罚性的原因以及处罚必须具备哪些要件。这里需要说明，笔者在此所讨论的解释问题基本上与刑法犯罪论体系的说明和解释无关，而是针对个别法律规定解释问题加以讨论，更多的是涉及刑法分则具体规范内容的解释适用范畴。

法律是立法者使用文字将由法律概念形成的系统性法律体系描述出来。因此，解释的基点是体系概念。如我国有学者所正确指出的，纯粹的概念法学今日固然已无人再赞同，然而概念法学并未完全绝迹，因为在法学上以抽象概念作为思维之逻辑形式永远无法避免。[1] 具体到刑法体系的类型，可以分为刑法的外在体系和刑法的内在体系。刑法的外在体系是指刑法的编制体例与条文之上下文关联，其本质上是由刑法概念所形成的体系；而刑法的内在体系则是指刑法体系的原则与价值判断，本质上是取向于价值或目的所形成的体系。也即，对于体系的理解是在两种不同的意义上进行的，一方面是对法律材料进行形式上的划分，而另一方面则是按照人们追求的、协调的价值结构所形成的法律规范内部秩序。其中，前者被称为外部体系，而后者则被称为内部体系。

（1）外部体系。法律学者将由抽象化概念所构成的系统称为外部系统，因为这种概念是由从概念所指涉的对象抽取的特征构成的。抽象化思考能够包含具有物理形象的对象物，例如某种特定的植物、动物与建筑物。[2] 外在体系的意义在于，透过外在体系，内在体系能够在不同的程度上变得更为清楚，因为共同的要素已经被认识且通过描述获得抽象性的认识。因此，就有可能以一个概念体系的方式去类型化描述现存的事实关系，并且这种描述是以类型化的分类方式进行的，此种方式使得内在的体系能够被掌握。

---

〔1〕　参见吴从周：“类型思维与法学方法”，台湾大学1993年硕士学位论文。

〔2〕　参见〔德〕卡尔·拉伦茨：《法学方法论》，陈爱娥译，商务印书馆2003年版，第318页。

（2）内在体系。刑法中的内在体系是一种交互的关系，本质上属于一致性与差异性的逻辑判断，并且是一种由实质判断构成的关联性，它的构成基础是法益概念与价值规范。内在体系与外在体系的最大不同在于，其是随着解释者的实质判断被加以认识的，与立法者是否透过运用什么特别概念的方式去进行思考没有关系。也就是说，内在体系不是透过整体的法秩序概念思考获得的，而是一种针对特别的目的研究而产生的结果。

内部体系指法规范体系，包括全体法规范体系和刑法规范体系。笔者认为，刑法内部规范体系应当从三个角度把握：一是总则与分则的体系协调；二是不同构成要件之间的体系协调；三是不同构成要素之间的协调。这三方面的协调集中表现为概念与概念之间的协调和规范与规范之间的协调。

2. 体系解释的意义

体系在刑法解释中的意义在于，其属于以维持法体系的一致性与融贯性作为根据的解释方法。体系解释是一种整体的规范理解，首先要顾及上下文，不能断章取义；其次应顾及彼此在事务上的共属性；最后要考虑到它们在事务上的一致性。此外，体系解释不能出现体系违反的状况，主要是指不应存在规范矛盾和价值判断矛盾。被解释的法律规定都是依据计划而被放进刑法之中的。因此，在抽象法律系统之下，法律规范彼此间的关系如同拉伦茨所形容的，并不是没有联系，而是彼此间存在多重关系。所以，在从事法律规范的解释时，必须考虑规范彼此间的意义、规范所处的背景、规范在系统上的位置，以及它在相关法律规范所构成的整体中的功能。[1]

恩吉施曾提及，有些概念属于本质上的法律概念。他认为，立法者经常在同一法律内或不同法律中赋予这名词不同的意义，其将此种名词称为纯粹的字义解释，用以区别与日常用语有关的概念。因此，刑法典之内会出现所谓的说明性法条。说明性法条是指进一步描述其他法条中有关概念或类型（描述性法条），或对一个一般性用语，在不同案件类型中加以特殊化，或进一步补充其内容的法条（补充性法条）。描述性法条大多与构成要

---

〔1〕 〔德〕卡尔·拉伦茨：《法学方法论》，陈爱娥译，商务印书馆2003年版，第316页。

件要素有关，经常通过立法加以定义。〔1〕例如，《刑法》第 93 条关于国家工作人员的描述性法条。恩吉施强调这一种规范性概念并不只是与价值有关，更重要的特征是这些概念具有相对应的规范内涵意义。由于诸如婚姻、姻亲、国家工作人员、未成年这些概念都已经有相关的规范作为前提，便称这种概念具有相对的不确定性。这种类型的规范性概念的前提也就是它所具有的相对应的规范内涵意义，也有可能利用描述性的方式进行说明。例如，《德国民法典》第 2 条规定满 18 岁之人为成年人，因此未满 18 岁即为未成年人。〔2〕由于概念体系拥有如上所述的特色，因此在法律解释方法上，便可以根据在相关法条所组成的系统中法条所处的位置去推论法律文字意义的体系解释。例如，《德国刑法典》第 227 条是伤害罪的加重处罚规定，用以规范经由伤害行为导致死亡结果的情形，由于法条是伤害罪的加重处罚规定，而伤害罪可以是故意伤害行为，也可以是过失伤害行为，或同时包括故意伤害罪与过失伤害罪，因此《德国刑法典》第 227 条伤害罪加重处罚规定是否包括过失伤害行为，便成了需要解释的问题。依据通说见解，答案是否定的。因为《德国刑法典》第 223 条规定的是故意伤害罪，第 227 条接续着第 223 条加重处罚因故意伤害造成死亡结果的行为。所以，第 227 条显然是以第 223 条为基础的，〔3〕不包括过失伤害行为。再例如，德国学者认为第 315 条 b 是指他人所做的侵害交通行为，而第 315 条 c 是指自己在交通中错误的行为，便是由体系解释得出的结论，认为前者是规范他人的行为，后者则是规范行为人的行为。〔4〕

以上分析均是从法律规范外部系统的阐释出发，对法律解释中的文义解释、体系解释的关系进行清楚的描述。由此也可以说明为什么刑法的解释通常是从文义解释与体系解释开始。但是，就整体法规范的内在体系而言，刑法体系解释的运用应当符合以下特征：

---

〔1〕 转引自刘幸义："法律规范之结构及其关联性"，载《中兴法学》1986 年第 22 期。

〔2〕 参见［德］卡尔·恩吉施：《法律思维导论》，郑永流译，法律出版社 2004 年版，第 136 页。

〔3〕 Otto, AT, S. 26, 转引自蔡惠芳："刑法的解释与适用"，载 http://web. nchu. edu. tw/~hftsai/.

〔4〕 Jescheck AT, S. 138, 转引自蔡惠芳："刑法的解释与适用"，载 http://web. nchu. edu. tw/~hftsai/.

第一，体系的形式协调性。形式上符合现行刑法规范的体例安排，必须考虑现行刑法的章节编排，以此确定具体刑法规范的体系地位，同时要求符合比例原则（罪责刑相适应），考虑刑法规范适用是否会导致量刑的不均衡，是否违反比例原则，进而侵犯被告人的合法权益。只有给予每个犯罪人应得的惩罚，才能真正贯彻正义这一刑法解释的基本理念。

第二，体系的实质一致性。这是由法规范同一性原理所决定的，具体包括两个方面：一是刑法规范体系外的一致性，是合宪性考虑的结果；二是刑法规范体系内的一致性，需要根据犯罪论的理解进行实质的价值判断，侧重考察的方面在于刑法法条具体的规范位置及相互关联关系。

3. 体系作为刑法解释方法的具体运用

前文指出，学理上认为，刑法进行处罚的正当化依据就在于保护法益，确定刑法的规范法益保护范围就是刑法的重要任务之一，体系解释方法的运用对于法益保护范围和构成要件运用尤其具有特别意义。这种意义在新形态犯罪类型领域表现得更为明显，后文关于经济犯罪的类型分析将有所展开。对于体系解释的实际运用，笔者以下将侧重于阐述法律条文的构成要件之间和构成要素之间的彼此关系，提出两种方式来加以简要说明。

（1）刑法构成要件之间的体系解释。在规范结构相似的规定中，可透过体系解释的相互关联作用来确定概念所指涉的规范意义范围。例如，对于刑法中的具有一般法和特别法关系的具体法规范的适用，其彼此之间会产生重叠区域，此时产生的重叠区域对概念具体内容的确定具有重要意义。在现行《刑法》第266条规定的诈骗罪和第224条规定的合同诈骗罪之间，对于诈骗就应当进行一致无矛盾的理解，此为不同构成要件之间的重叠区域，也即当对合同诈骗罪的实质行为进行规范判断时，要符合普通诈骗罪的诈骗特征。

（2）刑法构成要素之间的体系解释。对于动态法律概念的确定，可依体系解释的夹击作用方式透过法条所列构成要件要素来进行比较，进而得出一个确定范围的法律概念。比如，同样为侵害财产法益的盗窃、抢夺以及抢劫犯罪，抢夺的概念即可经由盗窃和抢劫的构成要件要素来取得一个确定范围。具体而言，盗窃是以违背持有人的意思及破坏原支配关系并建立新的持有关系为核心要素，而抢劫罪是以违背持有人的意思、压抑持有人的行动并使得持有人不能抗拒，以及破坏原持有关系并建立新持有关系为核心要素。经过如此比较可知，抢夺的要素即为违背持有人的意思、压抑持有人的行动、破坏原持有关系并建立新持有关系。抢夺与盗窃的差异在于，盗窃并无对持有人人身的直接接触，抢夺则有；抢夺与抢劫的区别在于，抢劫需达到使持有人不能抗拒的程度，抢夺则无此程度要求。

（二）经济刑法体系未计划性及其解释

经济刑法作为规制经济领域犯罪的刑事法律规范的总称，与传统刑法相较而论，其不法活动形成原因和表现形态均具有特殊性。对于经济犯罪而言，传统刑法在适用时往往会遭遇不妥善之处。尤其是近年来，随着民商事经济法律的立法修正，我国立法机关频繁出台刑法修正案，不断增加新的经济刑法规定或修改原有的传统罪名。这种现象的出现表明，传统刑法无法解决与以往不同的经济犯罪。究其原因，一方面是因为在立法之初无法预想、考虑这类状况，造成了定罪量刑上的困难；另一方面则是因为经济犯罪通常发生在商业领域，其专业性、技术性、变化性均很强，行为人可以利用多种合法方式以达致犯罪目的或者通过主张情事变更，从而造成举证困难，使得行为人的故意或过失难以认定。

经济刑法领域的诸多相关经济部门规范并未被规定于狭义的刑法典中，而是散布在各个财经部门法之中，以附属刑法之形式出现。其主要问题在于，我国经济领域的附属刑法长久以来并不系统，与体系尚称严谨的狭义刑法典比较而言，体现出了一定程度的未计划性。此种情况可从入罪化及除罪化之未计划性、经济刑法与传统刑法之未计划性、经济刑法相互间之未计划性等角度稍加判断。

就入罪化及除罪化彼此之间的未计划性而言，为了解决附属刑法规范与刑法典的不协调问题，我国的立法机关在《证券法》《公司法》的修订过程中采取了另一种新的附属刑法立法模式，但同时也陷入了另一种困境。我国1998年《证券法》的第十一章"法律责任"共有16条"构成犯罪的，依法追究刑事责任"的规定，但我国《刑法》中能够找到的对应罪刑条款只有11条，另外5条（即第176条、第178条、第186条、第189条、第193条）在刑法中并无相应的规定。由于这5条附属刑法本身没有具体的刑罚规定，导致在实践中根本无法适用。为了避免这种法律适用上的尴尬，

2005年修订的《证券法》在第十一章"法律责任"中取消了在具体条款中有关"构成犯罪的，依法追究刑事责任"的规定，只是在第十一章第231条设置了一个概括性条款——"违反本法规定，构成犯罪的依法追究刑事责任"。虽然这一附属刑法条款解决了1998年《证券法》有关刑事责任条款无法适用的问题，但基于罪刑法定原则的限制，能够追究刑事责任的证券违法行为就只能被局限于刑法所规定的几种犯罪类型的范围内。因此，这一概括性条款的适用必须以刑法的明文规定为限。这在事实上不但缩小了原《证券法》所规定的可以追究刑事责任的范围，更为重要的是，使附属刑法所具有的对刑法的补充性和易与社会生活的变动性相契合的优势荡然无存。最终使该条款沦为宣言性条款，走向附属刑法功能的反面。客观的结果是，刑法依然无法对应当调控的经济行为进行事实上的处罚。再比如，2013年12月28日十二届全国人大常委会通过了《公司法（修正案）》，自2014年3月1日起施行。这是我国自1993年颁布《公司法》以来的又一次重大修改。本次修改主要有12处，条文顺序也作出了相应的调整。本次《公司法》最新修改，为了完善公司的设立制度，将注册资本实缴登记制改为认缴登记制。认缴制标志着不但营业执照不再记载实收资本，公司设立及增资时的验资程序也将随认缴制的实施而取消。在此种情形下，刑法上的虚假出资罪、抽逃出资罪等与注册资本相关联的条款也将随之被修订，有些罪名实质上被除罪化。

　　就经济刑法与传统刑法彼此之间的未计划性而言，其主要是指同样的行为类型，因经济犯罪和财产犯罪抑或职务犯罪之定性不同，在处罚范畴和处罚轻重上不符合体系协调一致的要求。此种情形在刑法规范中较为常见，在此不予赘述。就经济刑法规范彼此之间的未计划性而言，其主要包括两种情形：一是属于经济刑法不同构成要件之间的冲突。比如，关于商标权的刑法保护，我国《刑法》第213条至第215条对侵犯商标权犯罪的规定涉及假冒注册商标罪，销售假冒注册商标的商品罪和非法制造、销售非法制造的注册商标标识罪三个罪名。但具体从刑法条文的规定上看，在侵犯注册商标权犯罪中，只有销售假冒注册商标的商品罪是把"销售金额数额较大"作为犯罪构成必要要件的，而假冒注册商标罪和非法制造、销售非法制造的注册商标标识罪都以"情节严重"为要件。二是属于经济刑法规范同一构成要件之间的冲突。比如，我国《刑法》第 196 条关于信用卡诈骗罪的规定，其诈骗行为主要有四类，其中恶意透支型的信用卡诈骗和其他三类在对象上明显不同。按照我国立法机关的解释，普通的银行储蓄卡也属于信用卡，但是很显然，不具有透支功能的信用卡无法成为恶意透支的对象，因此在解释时应进行不一致理解。

上述经济刑法体系所表现出来的未作整体计划的缺失，在一定程度上涉及立法者内在价值冲突的评价矛盾问题，应该通过立法或立法修法的方法来加以矫正。例如，对于入罪化及除罪化之间的未计划性，及对特别经济行为态样在无合理理由下设计较轻刑罚效果之做法等。但是，对于部分未计划之情形，应该按照体系解释的方法来改善或减缓规范混乱失衡的状态。举例来说，应详细对照经济刑法中证券欺诈犯罪的规定及我国银行法的相关规定，也就是应参考各具体财经法律规定的立法目的，着眼于该类犯罪对证券市场的健全性及公平性或金融产业健全发展等整体法益的危险或实害，并以此为依据解释或分析该类经济刑法相关规范犯罪成立要件。只有当在实质上造成上述整体法益危险或实害时，始能成立相关犯罪。与此同时，其他的证券交易刑法规定或金融刑法规定的规范内容，也应当作为具体体系解释工作的重要辅助，最终促成刑法规范体系之建构与整合。

另外，除了同一位阶的法规范部门法相互之间的论理或逻辑关系外，体系解释方法也涉及不同位阶之法规范间的关系。例如，处于较低位阶的法律不得抵触处于较高位阶之宪法。在刑法解释方法中具有重要及优先地位的合宪性解释，本质上属于体系解释的一种。就合宪性解释方法在经济刑法领域中之内涵及前导地位，后文将予以特别说明。

我国经济刑法相较于传统刑法，表现出了更加明显的未计划性，其体系解释方法的重要性也相对提升。鉴于其在具体理解和应用方面与刑法的一般性体系解释并无差异，因此此处不再赘述，仅以我国《刑法》第 219 条侵犯商业秘密罪为例予以说明。

我国《刑法》第 219 条侵犯商业秘密罪在构成要件范畴内进行规范解释需要特别注意以下问题。就具体解释而言，其解释是针对规范要素进行理解的。那么，应该如何理解该条第 2 款立法表述的"明知"或者"应知"？如何科学理解第 3 款界定的"商业秘密"？应如何理解该罪的主体？

笔者认为，对于"明知"和"应知"的规范界定，离不开文义解释的基本范围限定。明知表明行为人主观上是直接故意，对于前款所列行为确实存在主观认识，具体是指肯定认识到。这种文义理解和刑法中其他犯罪类型的直接故意没有区别，在刑法规范中是一致的。而按照一般语义理解，"应知"是指应当知道，这种立法上的推定包括确定行为人应当知道和行为人可能应当知道。由于行为人可能应当知道这种主观推定往往无法根据客观情况完全认定，不能排除有罪推定，此文义解释结论对被告人不利，根据罪刑法定原则的明确性要求不能予以采纳。因此，"应知"只能被理解为是行为人确定应当知道，而不包括行为人可能应当知道。在对"商业秘密"进行界定时，除考虑本条第3款的明确界定，即符合不为公众知悉、能够带来经济利益、具有实用性、经权利人采取保密措施以及属于技术信息和经营信息以外，还应当考虑到其具有相对性。也就是说，不能因为侵犯商业秘密罪在体例安排上属于知识产权犯罪就过于强调商业秘密的知识产权属性，因此要求其具有新颖性等特征。只要是形式上符合刑法的界定，对于该所有人以及使用者而言属于商业秘密就应当作为本条的保护对象，也即认为，上述刑法界定均是就所有者和使用者而言的，主体属于商业秘密即可，不允许对其附加额外条件进行限制性解释。对于本罪的主体，则需要特别运用目的解释的方法予以界定。一般认为，本罪的主体是一般主体，即自然人和单位均可构成，但是这并不意味着任何人均可以构成本罪。本罪的规定实际上是与反不正当竞争法相衔接的，也即其违法性的判断应当考虑反不正当竞争法的规定。法规保护目的在于维护正常的市场竞争秩序，促进经济良性发展，因此只有通过侵犯商业秘密会导致正当竞争秩序被破坏的严重违法行为才有可能构成本罪。基于此种理解，该罪的主体应当是参与市场经济竞争的经营主体，那些一般的自然人虽然侵犯商业秘密，给企业或其他经营者造成了严重经济损失，但并不必然成立此罪，其有可能成立破坏生产经营罪。那种认为一般自然人侵犯商业秘密造成严重损失成立本罪的观点，实际上是认为商业秘密作为一种知识产权也是本罪的保护法益，侵害商业秘密权利本身和侵犯正常市场竞争秩序均属于本罪。这种理解不符合法规保护目的，本罪的法规保护目的并不是保护商业秘密权利本身，知识产权属性仅仅对商业秘密这一要素的界定具有价值。

三、目的解释

（一）刑法目的解释

1. 刑法目的解释的基本理解

体系解释的功能在于排除概念之不确定性，以及在必要时导向目的解释。刑法目的解释，是指依照法律的规范保护目的解释法律的根本意旨，解释结果可能限缩或扩张了文义的内涵，也可能产生目的性的限缩或扩张。法律是人类意志的产物，有一定的目的，受目的律支配，以因果律为基础，与必然因果关系的自然规则不同。因此，在解释时，必须明确法律规范的目的为何，并且受此种目的的引导。也就是认为，任何法律均有其立法目的，解释法律应该以促进贯彻、实践立法意旨为基本任务。因此，任何人在解释法律时首先想到的基本问题均是，法律为何创设此规定？立法的规范目的何在？目的解释的作用在于，以目的性原则为指导，可以确定解释活动的方向，排除立法冲突，填补立法漏洞，从而确保合乎法秩序整体价值所要实现的正义性、安定性、妥当性与合理性。

如果刑法规范不被加以适用明显有违刑法正义，虽经适用不会造成对法规范安定性的本质冲击，则可以根据规范目的的设置进行解释。在就目的解释进行讨论之前，重要的问题如上所述，在于理解什么是目的解释所指的"目的"？在哲学上，一般而言，目的是指以下四种行为中的一类：一是功能行为；二是自我调节行为；三是指向目标的行为；四是有意识的行为。这几种行为虽然存在着差异，但在解释这些行为时，采取的解释方式都是相同的，即用一个最终状态来解释先前的事件，换一个说法就是用结果来解释原因，而不是通常的用原因来解释结果。

在笔者看来，对于刑法目的解释所指的目的可以从两种意义进行理解：一是指刑法规范的整体目的，也即刑法的目的，是该法的立法意旨或立法本旨；二是指除刑法的整体目的外，还包括个别规定、个别制度的规范目的。一般而言，对法律目的的探询可以分为以下三种方式：其一，法律明文规定的目的；其二，未明文规定，但可以从刑法概念及要件的类型化描述判断出来的目的；其三，法律既未明文规定目的，也无法根据刑法概念及要件的类型化描述判断出其目的，在此种情况下，一般认为应采用逆推法，先发现个别规定或多数规定所欲实现的基本价值判断，进而加以分析、整合，得出多数规定所欲实现的目的，即规范目的，在此基础上予以综合，探求形成的目的，此时即为法律目的。[1]因为，如果规范保护目的的探求在解释活动中具有稳定的保护功能，就能够使解释活动更具有说服性。

目的解释是刑法解释中最为常用的解释方法，而且因为目的在定义上具有暧昧性，有时会有其他目的的掺杂其内，所以这种解释会有一定的扩张性，甚至会到达类推的境界。但是，只要留意到刑法的特质，同样可以利用目的解释原理进行合理限缩，并排除类推适用。虽然刑法的主要目的（亦即机能）在于法益保护，但并不是为了法益保护即可任意扩张解释。基于刑法的特性，我们会对刑法的机能给予一些内在的限制（例如谦抑性等）。再者，基于该特性所发展出的延伸机能（亦即人权保障机能）也要求对主要目的予以一些控制，所以并不是只要是为了保障法益即可任意扩张。举例而言，在食器内放置排泄物、将他人所饲养的动物放生等，虽然在日常用语中可以算是毁损或致令不堪使用，但是按目的解释，笔者认为这些行为并不能被视为器物毁损。对毁损的理解应为以有形力量加诸器物令其丧失效用而无法恢复。

笔者想要强调，目的解释首先有必要和规范目的、解释目标准确区分开来。目的解释作为一种解释方法，是在刑法其他解释方法无法确定适用的规范内容时，基于社会现实生活中法益保护的必要而加以使用的；而规范目的如前文所述，其对所有的解释方法均具有引导和制约作用，也即任何一种解释方法所得出的解释结论都应当符合规范目的，规范目的是解释方法所要实现的目标。相比于目的解释和规范目的而言，解释目标是通过运用合乎规范目的的解释方法，以其确定所要适用的规范内容，进而满足现实的规范需要，妥善实现具体案件的规范处理。三者之间虽然存在着密切的联系，但是有着本质差异。

在准确区分的基础上，刑法目的解释是根据规范目的所进行的一种最后使用的补充性解释，是一种独立的解释方法。任何一种解释都要求符合

---

[1] 参见杨仁寿:《法学方法论》，中国政法大学出版社 1999 年版，第 168~169 页。

刑法的规范保护目的，即根据法益保护的观念实现刑法的规范保护任务，但是这并不能意味着目的解释和规范保护目的是同一含义，进而推论认为目的解释在所有解释方法中都具有支配作用。正确的理解是，目的解释是在其他方法适用仍然存在疑问的状态下，作为补充的解释方法而最后被加以运用的，最后运用具有终局性，但是并非具有支配性。一般理解，目的解释存在主观目的说、客观目的说以及折中目的说三种不同见解。在笔者看来，主观目的解释实际上是历史解释的一种下位类型，其主张以立法者制定规范时所欲实现的立法规范目的作为依据进行刑法解释。而客观目的解释则强调，要以刑法法条本身内在的客观规范目的作为解释的根据，折中说是对二者的一种调和。此三种学说由于和前文关于主观性解释、客观性解释以及折中性解释的论述多有重复，在此不予展开分析。需要说明的是，规范目的包括主观目的和客观目的，前者创设了规范目的，使得规范目的客观存在，客观目的又不断地在社会现实中被赋予新的内涵，从而引导刑法的规范适用，实现刑法解释的最终目的。刑法的规范目的无疑是保护法益，正因为此刑法的规范目的和任务不同，保护法益这样一种规范目的本身是不断变化发展的，是立法者和司法者根据社会现实的需要创设出来并且不断追求实现的目标。但是，如果目的解释与立法者的主观目的完全无关，那么就只能是一种具有客观含义的目的。问题在于，这种客观目的的确定本身只是对某种规范适用目标的追求，那么就会出现以预设的结果来解释事先的事件的情况，这并非没有疑问。因此，正如前文所述，今天看来，建立在主观目的基础上的修正的客观目的解释更能符合社会规范保护的需要，也即对立法目的与法条的客观目的应作一致性理解。

目的解释在今天被某些学者赋予了崇高的使命和决定性的王者地位，这种期待不能不说是一种过于沉重的负担。如同立法不能完美地促使刑法规范本身自然地走向正义，法实践活动过程中的刑法解释也同样无法完成这个任务。对于法律的过分期许意味着人在其中会逐渐迷失自我，最后将共同体的整个命运交由掌控法律的少数人决定。在社会中，刑法作为一种基本法律规范体系，最终走向绝对正确，从而最大限度地实现刑法正义，是一个不断追求、力求达致的境界。在进行讨论之前，我们必须确定两个前提：一是什么是刑法的规范目的？二是什么是刑法正义实现的判断标准？

在这之后，我们需要进一步明确，刑法的规范保护目的如果能够被确定，是不是意味着无论在何种情形下其都应该被实现，在规范目的之上还有没有刑法解释所必须予以遵循的底线？同时，需要准确厘清的是，根据规范目的进行刑法解释、合目的的刑法解释与目的解释本身是一回事吗？在此，笔者不得不指出，如果目的解释真的可以被贯彻在其他各种解释方法（诸如文义解释、体系解释以及历史解释）之中，那将意味着在根本上其不可能是一种独立的解释方法，应当在各种解释方法中予以贯彻的是刑法解释的基本理念而不是其中的某一种方法。

有学者主张目的解释作为解释方法，具有支配性的终极地位，对于其他解释方法具有决定性作用。其中主要的理由在于认为刑法规范的创设和适用均是有目的的活动，对于法律用语不能进行日常理解，而应根据规范目的进行解读。[1]这里明显在进行一种误导，刑法规范的创设肯定是有目的的，但是这种目的是立法时所欲实现的目标，此种目的应当在立法阶段就予以贯彻。刑法规范的适用肯定也是有目的的，但是这种目的是不是就是刑法规范保护目的显然存在疑问，在进行司法适用的同时还要考虑很多因素，比如社会效果等。笔者认为，应当对立法规范目的和规范适用目的进行一致理解，即二者原则上是一致的。对于法律用语肯定应当合乎目的地进行理解，但是这是否意味着不能按照日常用语加以理解？这里有个根本问题，就是法律用语的解释是否能够脱离日常用语的通常含义。实际上，法律用语在立法创设阶段进行选择确定时，肯定是要符合日常用语的表达和理解习惯的。如果法律用语和日常用语仅仅因为刑法规范保护目的的影响就含义相差巨大，那么人们将无法理解立法者为何要选择这个日常用语来进行立法表述，而不是努力选择更准确的用语，无论如何，汉语的词汇都是异常丰富的。因此，原则上，在刑法领域，对于法律用语应当与日常用语进行一致理解。其理由主要在于：其一，刑法作为基本的法律规范体系，其本质上依然是一种社会行为规范，依然要在日常生活中被加以适用，并应不使被刑法加以规范的人或评价的基本事实与日常的社会生活之间脱节，如果刑法解释使得人们日常生活中的经验、常识和道德判断都被加以

---

〔1〕 参见张明楷：《刑法的基本立场》，中国法制出版社 2002 年版，第 128～129 页。

否定，那么法律和社会现实之间的差距就会越来越大。其二，刑法作为一种行为规范，具有行为规制机能。其具有普遍适用性，适用的对象是社会之中的通常人，刑法的规范保护目的通过选择某些特定词语予以承载，使得刑法规范经立法描述后具有可预测性。很难想象，如果法律用语只是根据规范保护目的进行诠释，那么普通人要如何通过日常用语来对法律进行正确认识和根据法律规范的要求调整自己的社会行为，如何实现国民的法预测可能性？其三，一般认为，刑法的规范目的在于保护法益，无论认为这种目的是立法时确定的抑或是一种欲实现的客观目标，对法律用语的解释与日常用语基本含义原则上都应当一致。因为日常用语也是根据社会的客观现实而不断具有新内涵的，并非固定、僵化的概念。因此，如果刑法规范可以根据通常用语加以理解，就应当根据使用该语言的正常人所理解的通常含义进行解释，除非有充分理由表明必须根据规范保护目的的需要进行其他的或专业的解读。后者主要表现为刑法中的某些具有特定内涵的规范要素，比如"非法占有为目的""枪支""情节严重"等。其四，作为国家约束人民的基本法律规范体系，刑法具有最强的严厉属性，被约束的普通人只能遵守刑法的规范文本而非规范保护目的，只能根据规范文本用语的通常含义去行为，是以应当作出对被约束者有利的解释。原则上，应当按照社会中通常人的理解对法律用语进行解释，而不是按照管理者的意图进行有差别的解释。

刑法规范需要根据规范性质和规范保护目的进行解释，而且这种解释必须与犯罪构成要件的理解建立特定联系，如此才是科学合理的。罪刑法定的要求意味着，任何一个罪的成立都必须有明确的实证法作为依据，量刑也是如此。因此，在进行解释时，构成要件的明确性就对解释的空间进行了判定，无法与构成要件建立特定联系、无法被纳入构成要件范畴之内以及无法实现构成要件明确性的那些解释无论多么符合刑法正义的需要，都不能被司法者当作依据贸然进行规范适用。与此同时，根据规范保护目的进行解释意味着规范保护目的对于刑法解释的方向和取舍具有决定性作用，但是这种决定性作用只能体现在各种解释方法上。原则上，我们通过文义解释、历史解释以及体系解释等解释方法能够实现刑法的规范保护目的，如果不能实现，就应当再补充进行目的解释。在这个意义上，目的解释在其他解释方法能够被使用时只是一种补充性的解释方法，但是规范保护目的自始至终引导着任何一种解释方法的使用。

那种因为立法的规范保护目的重要，规范存在保护法益的目的，就认为目的解释具有终极性、支配性意义的见解存在以下几个明显错误：其一，规范保护目的和目的解释不能等同，后者只是一种解释方法，具有终极性支配意义的是规范保护目的；其二，基于不同的价值立场进行选择才属于价值判断，认为某种解释方法可以支配其他或者作为衡量其他解释方法的终极标准，不过是一种武断；其三，判断一种解释结论是否符合罪刑法定原则，标准并不在于是否符合立法的规范目的，有时候罪行法定会因为存在立法技术上的缺憾而导致规范保护目的和形式法治发生冲突，此时坚持实质性的客观解释肯定会违反罪刑法定，但是其符合规范保护目的，所以肯定成立犯罪的理由就只能是符合刑事的正义理念追求和价值判断。但是，最终诉诸正义这种解决路径实在很难被认为是贯彻了规范刑法的立场，其在困境中开始拿起了自然法的杠杆。

这里有必要特别说明根据目的进行的扩张性解释和类推适用。目的扩张是根据规范保护目的对文义进行的扩张，规范保护目的本身不允许被扩张，否则便是逾越立法权。因此，从本质上理解，扩张解释属于文义解释和目的解释的下位概念，属于二者综合运用派生出来的结果性解释方法。并且，难以划定界限的是类推解释，类推解释在特别刑法中容易被滥用，且由于其与扩张解释之间的区别并不明确，解释者有时会在目的解释的掩饰下完成类推适用。具体而言，特别刑法特别注重取缔的行政目的，而这种刑法之外的法规范目的会使得刑法本身的规范保护目的发生混淆，使得解释者在法益保护的名目下实质上进行行政取缔的工作。基于此，目的引导下的文义扩张解释在属性上具有其危险性，法官不应任意为之。正如日本学者所指出的，目的论的解释必须沿着作为法支配原理的罪刑法定主义这条线，从将刑法具有的保护法益机能与保障人权机能一并考虑进去的合目的性来进行解释。[1] 只有依据此种目的论的解释，才不至于使刑法法规

---

〔1〕　参见［日］福田平、大塚仁编：《日本刑法总论讲义》，李乔、文石、周世铮译，何鹏校订，辽宁人民出版社1986年出版，第24页。

局限于法律条文的字面含义，同时又能根据情况对在规定中能够包括的范围做扩张解释或者限制解释，进而调和现实的社会生活与立法之间的冲突。但是，笔者认为，对于同样属于目的论解释的类推解释，其在本质上是法官作为立法者在创造法条，违反了罪刑法定主义的基本理念，因而不能被允许。这里的例外在于，如众多学者早已认识到并且指出的，刑法并不禁止有利于被告人的类推适用，因为罪刑法定主义主要是为了维护国民的预测可能性，借此而维护国民的自由与权利，而有利于被告人的类推并不会破坏国民对于自由与权利的预测。所以就司法适用而论，超法规阻却事由、责任减免规定等类推适用本质上均属于一种理论拟制，均为刑法解释学所允许。

2. 目的解释的论证方式

目的解释的论证方式实际上也可以通过三段论的逻辑形式予以描述：A 是刑法规范 B 所欲实现的目的；如果不对刑法规范 B 采取解释 C，则无法达到规范保护目的 A；所以，应采取解释 C。这里的问题是，如果同一个刑法规 B 被赋予了多个彼此之间相互冲突的规范保护目的 A1、A2 直至 An，而根据每个规范保护目的又会导致对规范 B 得出不同的解释结论，那么要如何去加以解决？

刑法中的一个比较明显的例子是言论自由和刑法对违法言论形式的惩治。比如，某中文系大学生甲闲时无聊以写黄色小说投稿成人杂志为乐，顺带补贴家用，请问该行为是否受到《宪法》第 35 条之言论出版自由的保障？从我国《刑法》第 363 条的规范保护目的来看，是否能够将"写黄色小说投稿至成人杂志"解释为"制作淫秽物品"？笔者认为，此时应该考虑宪法对于刑法立法的价值要求，即进行必要的宪法考量。具体有两种方式：其一，消极的合宪判断，也就是当对一规范 N 有数种解释可能性时，应排除不符合宪法的法律解释；其二，积极的合宪判断，即认为当对一规范 N 有数种解释可能性时，应选择最符合宪法原则之解释。在这种意义上，目的解释有时会受到宪法基本价值的制约。

（二）经济刑法合乎客观目的实质解释

在法律解释和刑法解释领域，迄今仍然未得到解决的方法论上的困境主要在于法律解释的目标究竟是探究立法者的意思，还是探求法律的意思？其与赫克的利益法学所主张的采取历史解释论所引起的法律解释的主客观之争，在刑法学领域同样集中地表现为主观性解释理论和客观性解释理论的对立与争论。主观解释论从历史的观点着眼，认为历史上立法者的意思才是决定法律实质内容的关键。而客观解释论则企图寻找法律本身之中（也就是在法律文字中）的实质内容，因此探求的是法律的意思，认为该法律意思是独立于历史上立法者观点的客观意义。

将解释定义为发现与实现立法者原始的意思，虽然为某些学者所采，但已不再是德国和日本法解释领域的通说。现在逐渐被接受的是，主张解释是在特定的历史条件下最能恰当地实现法条意义的活动。也就是认为，依据解释当时社会上所认为解决问题的适当方法，去探求法条内涵的客观解释。因此，在进行解释时，具有决定性的是"客观化的法条意思"而非立法者的意思。现今许多学者都是将"ratio legis"理解为法条的意义与意思，而非立法者的意思，[1]这就是所谓的客观性解释理论。刑法中的客观解释理论，本质上是主张应根据社会的保护需要对刑法规范的具体内涵加以理解，主张刑法解释应该是一种不断促使刑法规范与社会变化同步发展的创造性活动，其强调司法的能动性。

客观说的背后有实务见解支持，在此主要引用德国的若干权威性判决予以说明。德国最高法院刑庭表示："法律条文并没有僵化的使用界限，也就是不存在一个被过去立法者确定的结果，因为法律并不是死的字母，而是在发展中的有生命的精神，法律的内涵被灌注在条文里面，所以它与生活关系配合发展，而且是希望能有意义地继续被适用，只要没有破坏它被放入的框架内。"[2]此外，1952 年 5 月 21 日德国联邦宪法法院第二庭作出以下判决[3]："对法条内容解释而言，最重要的是立法者在法条中表现出来的客观意思。因此，客观的意思来自被安排在法律规定中的文字与相关的意义。与此相反，参与法律制定程序的机关或者机关个别构成人员的主

---

〔1〕　Baumann/Weber, AT, § 13 I 2 (9. Aufl. 1985)；Preisendanz, AT, S. 39f (29 Aufl.), 转引自蔡惠芳："刑法的解释与适用"，载 http://web. nchu. edu. tw/~hftsai。

〔2〕　BGHSt 10, 159f, indirektes Zitat：Otto, a. a. O., S. 26。

〔3〕　BVerfGE 1, 312, indirektes Zitat：Schwalm, a. a. . O., S. 48。

观意思，在法律规定意义确定上并不具决定性。对解释工作而言，法律规定的由来仅仅只有在以下情形才有意义，也即，为了证实依据基本原则解释的正确性或者要消除怀疑。"德国联邦宪法法院第二庭于 1960 年 5 月 17 日又作出补充上述判决的另一个新的判决："……主观理论是停在立法者历史的意思与他们在历史关系中的动机。可以经常在判决与学说上发现得到充分承认的客观理论是主张，法条本身就是解释的对象，也就是在法条内的立法者客观化的意思。'国家并不是以制定法律的参与者个人方式的表示，而是在法条本身之中表达。立法者的意思与法条的意思融为一体。'依据法条字义的文义解释、法条间关系的系统解释与法条目的的目的解释与立法资料、立法史的历史解释等，都是能达成解释的目的。为了了解立法者客观化的意思，上述的各种解释方法都是可以使用的，这些解释方法并不是相互排斥，而是相互补充。引用立法资料亦受允许，只要能够推论出客观的法条的内涵。"[1]

在笔者看来，实际上，刑法规范的创设与适用均是有目的的法活动，这种目的由刑法所要实现的基本价值决定并在具体领域得以体现。原则上，立法创设与规范适用阶段均应以法规保护目的作为引导，并且对于这种法规保护目的应作统一理解。在立法阶段，为了实现刑法的规范保护任务，经过价值抉择（这种价值抉择更多地表现为一种利益衡量），确立了法规创设欲实现的目的，并具体通过选择符合法规目的的语言对类型化的犯罪构成进行立法描述，从而使得以文本为载体的具体规范得以创设。有时，这种立法描述是通过对原有规范进行修正实现的；而在规范适用阶段，这种法规保护目的直接引导着法实践活动，通过各种具体解释方法的适用，将行为事实类型化的规范要件范畴统一起来，从而明确争议的个案法律效果。但是，可能出现的问题是，这种处于不同阶段的法规保护目的能够始终保持一致吗？法规保护目的在理论上而言，是由立法者根据当时的社会状况确定的，但是在规范适用阶段，刑法解释的目的往往被刑法解释的目标所取代，并且由于社会生活的变化十分迅速，使得法规保护目的实际上在此阶段已经是社会生活法规保护的客观需要了。也即认为，作为当时立法者

---

〔1〕 BVerfGE 11, 129f. ; indirektes Zitat: Schwalm, a. a. . O. S. 48.

确定的法律意旨，在具体规范适用阶段可能出现偏差，因为毕竟不是任何有目的的活动都可以按照目的的预设稳步前行。所以，在这里就特别需要注意，当主观目的和客观目的出现不一致或者冲突现象时，在解释论范畴内应当如何妥善处理。笔者认为，原则上主观目的和客观目的应作一致理解，立法主观目的本身是一种涉及基本价值的立法抉择。由此种基本价值决定的法规保护目的是充分体现了规范社会生活的基本需要的，因此没有理由不予以尊重或者予以怠慢。相比于对立法者的不信任，笔者更有理由担忧那些缺乏实践经验的学者的傲慢与偏见。因此，我们可以认为，由立法创设的法规保护目的在规范适用阶段原则上应当进行一致理解。但是，这并不意味着，二者不会出现不一致和冲突的情形，如果根据今天的社会生活现实需要，立法创设的法规保护目的已经不可能实现刑法规范的保护任务，即决定法规保护目的的基本价值在今天看来已经不存在或者过时，二者就会发生明显冲突。对于此种情形，规范适用就不能再注重原有的法规保护目的，而应当依据客观目的在构成要件的形式范畴内进行解释，并且这种解释需要进行严格限定，不得给被告人带来额外的惩罚。如果二者虽然存在不一致，但是决定法规保护目的的基本价值并未发生根本改变，在这种情形下，应当根据客观目的对主观目的进行必要修正，进行合乎目的的扩张解释，以此实现刑法的规范保护任务。需要特别指出，我们不应刻意夸大主观目的和客观目的的冲突对立，毕竟这种对立并非常态，而只是在社会经济生活迅速变迁导致刑法基本价值容易发生变化的情形下才会出现。

基于此等考虑，我国在适用经济刑法相关规范时，属于主观论述的立法解释的比重应减少，至少不应优先予以适用，而是应适当地提升属于客观论述的目的论解释。具体而言：

第一，经济刑法所调整的范畴是日新月异及变迁迅速的财经产业和市场，立法者即使满足完整搜集相关资料、与产业界密切互动及克服立法技术困难等条件要求，也难以完全预见及适应未来客观经济环境的发展与需求，更何况立法者往往无法符合上述条件。是以主观立法解释的重要性不如客观目的论解释。基于经济刑法规范调整范畴为财经产业及市场，且该范畴与经济或财产利益往往具有密切关系，在对经济刑法规范进行目的论解释时，对于以边际效益及边际成本为中心的经济分析方法，可以考虑作为标准之一，进而适度降低相关不明确概念的模糊性。这种经济分析方法可以用来讨论及处理下列问题：对于信息揭露的不同规范密度或精确度所涉及的交易成本、信息成本等问题；在产业内部及主管机关中潜在而未论及的不作为犯所涉及的外部性内部化问题等。

第二，如前所述，经济刑法具有强烈的塑造、改变及操纵一国财经秩序的政策导向及功能主义性质。近年来我国刑法修正案大量修正的经济刑法规范，不论是从修法过程还是从立法理由，我们均可以发现政府希冀强化经济、经济规范及金融市场国际化、增进我国金融及证券市场国际竞争力等诸种意图，且为迅速达到上述预定目标，治经济乱世，用经济重典，乃以广泛入罪化及重刑化政策为手段。在此种背景之下，应对经济刑法规范各项相关构成要件要素采取功能性及实质性之解释。

在此，笔者将以我国刑法所规定的假冒专利罪为例进行简单说明。《刑法》第216条对假冒专利罪采用了空白罪状的形式规定，我国刑事立法仅选择对假冒他人专利的行为设置罪名，假冒的是专利号和专利标记，由此带来了理论界和实务界对"假冒专利"这一概念的争议。为此，最高人民法院、最高人民检察院于2004年11月2日发布了《关于办理侵犯知识产权刑事案件具体应用法律若干问题的解释》。其中第10条将"假冒他人专利"行为解释为以下四种：①未经许可，在其制造或销售的产品、产品包装上标注他人专利号的；②未经许可，在广告或者其他宣传材料中使用他人的专利号，使人将所涉及的技术误认为是他人专利的；③未经许可，在合同中使用他人的专利号，使人将合同所涉及的技术误认为是他人专利技术的；④伪造或者变造他人的专利证书、专利文件或专利申请文件的。笔者认为，该司法解释将"伪造、变造他人的专利证书、专利文件或专利申请文件的"行为解释为"假冒专利"的行为不无疑问。因为《专利法》规制假冒专利的行为，其目的在于保护专利权人的专利权，刑法对假冒专利的行为予以刑罚处罚，其目的是加大对专利权的保护力度，实现专利法保护专利权的目的。若行为人单纯地伪造、变造他人的专利证书、专利文件或专利申请文件，则并不侵犯他人的专利权，只是妨害了专利申请和管理制度。因此，从目的解释的立场出发，将伪造、变造他人的专利证书、专利文件或专利申请文件的行为解释为假冒专利的行为并不符合该罪规范所欲保护之客观目的。同理，非法实施专利和伪造权利终止的专利证书、文件均不属于本罪的行为类型，均不得通过目的解释方法予以扩大解释或类推解释。

四、合宪性解释

（一）刑法合宪性解释

宪法作为规范国家与人民权利义务关系的根本大法，在实定法规范体系上具有优先位阶性，此被称为宪法优位性原则。据此，刑法不但不能消极抵触宪法的规定，还要积极充实宪法的内涵与基本价值，是以刑法的解释不能脱离宪法的规范要求。当刑法的规定依照上述的解释方式有几种不同的解释可能时，依照合宪性的要求，适用刑法者应该优先选择最为合乎宪法规定及其所宣示之基本价值的解释可能。刑法可以说是与宪法关联最强的法律领域，诸如安乐死、诽谤罪、堕胎罪等诸多问题几乎毫无例外地均涉及宪法的基本价值判断。但是，如前文所述，在普通刑法领域，合宪解释作为解释方法在刑法领域并不具有独立性，只是在法规范体系内进行刑法具体规范适用时，所进行的一种基本标准衡量。关于此点前文论述已较为明白，此处不再予以展开分析。

依照前文关于合宪性对刑法规范判断影响的阐释，合宪性考量对于目的解释和体系解释均具有前导性功能，必须在宪法基本价值允许的范围内探求规范的保护目的。可以肯定，目的解释的前提是正确确定立法规范的客观目的，问题是如何确定。笔者认为，对立法规范的目的和立法原意之间的关系要进行深入思考。此外，立法规范的目的不仅仅是法益保护，这里还有必要进一步区分刑法的总则性规范和分则具体规范的目的解释。因为任何规定具体犯罪与刑罚的刑法分则条文都有其特定的法益保护目的，在确定具体犯罪构成要件时，必须以其保护法益为指导。但是，以保护的法益为指导并不意味着该法益需要保护就可以解释为犯罪，必须同时考虑立法的规范构造，这种规范构造本身能够涵摄宪法所确认的基本价值。对于此点，笔者将结合具体的案例加以阐明。比如，有某新闻周刊的记者甲接到某地一房产局下级官员乙爆料，局长丙出于风水理由，将二百余万交给具有特定关系的装修商重新装潢办公楼。甲手中除了掌握有举报人乙所提供的数据外，还专门对丙及装修商进行了求证，但是二者均拒绝接受采访。经查证后，甲虽仍然无法确定乙所举报细节是否属实，但甲确信丙肯定存在官商勾结、浪费国家财产的可能性，于是在当期的周刊上以《某市房产局长的"房"事大揭密》为题对此事进行了报道。现在试问甲是否构成我国现行《刑法》第 246 条所规定的诽谤罪？这里实际上涉及《刑法》第 246 条的规范保护目的是什么，对"捏造事实"又应采何种解释。因为如果甲自信其报道真实，虽然未经严格核查，但显然不属于捏造事实，其文章刊出就属于宪法上所允许的言论自由表达，属于正常的新闻监督。所以，此案涉及对于"是否属实"的目的性解释。诽谤罪的规范保护目的在于保护他人的人格不受恶意攻击贬损，一般而言有以下两种不同的理解结果："行为人必须自行证明其言论内容确属真实"或者"行为人依其所提之证据资料，认为行为人有理由确信其为真实者"。本案中，当存在两种解释可能时，对于记者甲的报道是否属实应当在宪法范围内进行衡量，选择最符合宪法基本价值的刑法利益衡量的解释结论，进行积极的价值判断。即认为甲的行为不构成诽谤罪，而是属于民事侵权行为。若以合宪性解释的观点来看，对于所诽谤之事，能证明其为真实的或者对于理应受到公共舆论监督而进行的适当评论，均不属于诽谤罪的情形。

（二）经济刑法合宪性解释的前导地位

前文已述，经济刑法规范的解释本身包含对刑法规范和非刑事经济法规范二者的解释。根据宪法和立法法的要求，不得根据一个实体意义上的经济法规入罪，虽然这样的实体性法律包含了一般性规定，但它并非出自全国性的立法机关之手。政府、部长或者行政机关得到法律授权颁布的行政条例被视为实体性法规，它们在司法实践中发挥着非常重要的作用。比如，全国人民代表大会在环境法领域颁布的法律对于许多亟须解决的问题只是给出了一个大概范围，相关的行政条例可以对此范围进行具体化补充。它们常常是作为行政行为，也就是官方发布的具体行政命令的基础，来规定哪些对环境造成负担的行为是被允许的，哪些是被禁止的。当人们坚持一个行为的可罚性必须通过正式的刑法来确定时，通过行政条例进行入罪自然是不可能的。

因为行政机关可以通过行政条例和行政行为颁布一些重要规定，所以违反这些行政性规范的行为完全可能受到处罚，我们在经济刑法中经常能找到这样一些对违反行政条例的行为判处刑罚的规定。其中大量的经济刑法规范的构成要件均是以行政行为是否许可为处罚前提的，这种行为可罚性是依赖于行政上的一般性规范（行政条例）和个别规范（行政行为）的。这就产生了一种经济刑法的规范从属性。对于这种方式的认可在经济刑法领域极具争议，而问题的本质在于，这样的刑事法律及其适用是否还符合宪法关于基本权利保障和罪刑法定原则的基本要求。

在这里，德国联邦宪法法院对环境刑法行政从属性的基础性判决可以作为一个范例。[1]这个判决是其针对内尔特林根市初级法院在 1987 年提交的一个征求裁判意见书作出的。这个初级法院判处一个被告有罪，原因在于，这个被告出于提炼铜的目的焚烧了一桶废料。但是，这桶废料依照《联邦污染保护法》（更为准确地说是依照《联邦污染保护第 4 号实施细则》）的规定，属于一种需要官方授权的操作装置，而被告的操作并没有得到授权。因此，该初级法院合理地认为对被告应适用《德国刑法典》第327 条第 2 款第 1 号的规定。但是，被告认为这项法规违宪。原因在于：《德国刑法典》第 327 条的入罪依赖于一个个别行政规范，从而违反了《德国基本法》第 103 条第 2 款的规定，不符合法定入罪要求。故而被告请求联邦宪法法院对此给出裁判意见，而联邦宪法法院认为第 327 条第 2 款第 1 号的规定合宪，并且认定环境刑法的行政从属性从总体上来看是合宪的。如果将第 327 条的规定同所谓的正式法（如《联邦污染保护法》）联系起来考虑，那么这个规定将符合《德国基本法》第 103 条第 2 款中的明确性要求。同样，作为《联邦污染保护法》具体化补充的《联邦污染保护第 4 号实施细则》在这里也应一同联系考虑。虽然这部细则不属于正式法，但是起到了对正式法中的犯罪构成要件进行具体说明的作用。为了适应自然科

---

〔1〕　具体阐释参见［德］洛塔尔·库伦：“罪刑法定原则与德国司法实践”，载梁根林、［德］埃里克·希尔根多夫主编：《中德刑法学者的对话：罪刑法定与刑法解释》，北京大学出版社 2013 年版，第 115~117 页。

学和技术的飞速发展，行政条例对正式法进行具体化补充是非常必要的。这种方式也绝对适用于环境法以及环境刑法领域。《德国刑法典》第327条所体现的"刑事法官的义务在于禁止那些未得到授权的操作行为"恰恰源自法定构成要件的措辞，这是以立法者的决定，而不是行政决定为基础的，因此是合宪的。

但是，如果将广泛入罪化及重刑化政策当作改造我国经济秩序的工具，就会产生违反行为刑法及罪责刑相适应原则的疑虑，且过分注重功利、追求效率的经济刑法政策，因为欠缺坚实的社会经济生活及意识条件，很难具有实效性并发挥其规范功能。刑法立法者在积极落实上述强化经济秩序、提升国家竞争力等政策的同时，一旦将经济刑法过度工具化，而漠视人性尊严的保障诫命，便常常会导致忽略某些具有宪法位阶的重要价值。在此种背景之下，由于立法技术及专业认知不足，如果完全依从刑法立法原意解释，经济刑法的规范适用将产生对于相关整体经济法益及其所还原个人法益保护的疏漏，而有违属于宪法原则的财产权、平等原则及社会国原则或民生福利国原则保障。[1]具体而言，一方面，被经济刑法规制者不应过分沦为财经政策的工具，而受到不合理的刑事处罚；另一方面，其他国民或社会民众有权要求经济刑法有效规制相关犯罪行为，使其应享有财产上的利益、经济自由及经济上的平等地位，进而增进整体社会福利，不致在这些方面因为行为人破坏经济财经秩序而受到损害。

因此，笔者认为，就经济刑法的规范解释而言，客观目的论解释一方面需要顾及其他解释方法，例如文义解释及其背后构成要件明确性及预见可能性等原则；另一方面，也不应忽视经济刑法中的其他法伦理性原则，及客观上所要求的目的与价值，例如宪法上的人性尊严保障、社会国原则、国民社会及经济地位平等等。因为此类其他价值往往具有宪法位阶效力，故经济刑法的目的论解释有时本身属于合宪性解释问题。就该角度而言，合宪性解释可以被视为目的论解释的一种，且若着眼于确保法律解释的结果，不超出宪法宣示的基本价值，则合宪性解释实际上可以被定位为经济

---

〔1〕 关于平等原则及民生福利国原则之意义及范围，请参阅吴庚：《宪法的解释与适用》（第3版），三民书局2004年版，第65~70、177~182页。

刑法解释过程中的控制性因素。[1]由于宪法及其所揭示的基本价值在规范体系上具有优越性，是以在经济刑法解释方法的发展路径上，相比于较目的解释和体系解释，合宪性解释具有更为优先之地位。其在刑法解释方法的体系中属于控制性因素，具有前导性机能。

第四节　经济刑法具体解释准则与方法运用

经济刑法的规范解释就是要在经济刑法的解释过程中寻找到妥当的法律理由，该法律理由不仅存在于法律中，也同时存在于生活事实中，从而获得规范与生活事实的一致，实现立法的类型化向司法的定型化转变，实现刑法规范的保护任务。在这个过程中，经济刑法的规范弹性与构成要件明确性二者之间获得了平衡，可以认为这种解释本身是一种关系论的对应，其通过规范类型在具体个案中实现构成要件定型化，从而保证了经济刑法的安定性。并且，在经济刑法的规范解释中，罪刑法定原则意味着可罚的行为类型已经在一个形式的法典里被固定下来，应该将规范的行为类型作为构成要件不法判断的基础，运用目的性的解释方法，在整个法律体系中实现刑法的独立性判断。

经济刑法规范本身并非为了表达立法原意而存在，因此其规范解释的目标并不是探询立法原意。考虑到罪刑法定在经济刑法中的贯彻主要是通过规范弹性与构成要件明确性的合理平衡得以实现，在技术上对规范解释并不具有制约作用。因此，就经济刑法的规范解释而论，提倡双向对应性的解释路径，重要的是能够合理运用相关解释准则和方法，以得出妥善结论，进而实现刑法的规范保护任务。如前文所述，委任立法使得经济刑法具有较大的规范弹性，但该规范模式本质上与罪刑法定原则并无冲突，一种双向对应性的解释路径使得经济刑法规范不仅具有明确性，也同时具有了可理解性和可行性。经济刑法的双向对应性解释路径具体是由刑法解释

---

〔1〕　请参阅黄茂荣："法律解释（下）"，载《植根杂志》2005年第9期。黄教授在"法律解释（上）"（载《植根》2005年第8期）中，将法律解释的因素分为范围性因素（包括文义因素及历史因素）、内容性因素（包括体系因素及目的因素）及控制性因素（即合宪性因素）。

来实现的。进一步而论，经济刑法的解释方法和准则主要是依照刑法的规范保护任务进行目的性解释，注重刑法规范的内在同一性和体系协调性，与此同时进行刑法的独立判断，以避免规范解释的依附性、形式化和片面性。需要明确，强调目的性的解释和体系性解释方法，主张刑法的独立性判断，并不意味在经济刑法规范解释过程中完全排斥其他解释准则和方法，应当根据具体的案件情况，辅以其他的解释方法。唯有通过解释准则和方法的综合运用，才能实现经济刑法在司法实践中的妥善适用。

在整体上，刑法解释方法毫无疑问具有一定的顺序，但是这样的顺序在具体的规范判断过程中需要进行相应的调整。根据经济刑法的特性分析和双向对应性解释路径的内涵，在进行经济刑法的规范解释过程中，应当遵循以下基本准则和解释方法：关于经济刑法解释方法的位阶，应当突出合宪性解释的前导性地位和将其作为控制因素，以文义解释为优先和界限因素，侧重体系解释和目的解释，以二者为内容范畴因素。当上述解释方法均无法就规范内容进行准确说明时，在有利于行为人之限度内，得例外地于经济犯罪规定之文义范围外进行经济法规的规范补充或续造，其中主要是目的性限缩方法。这也符合刑法法益保护法性质以及法益理论的要求。具体就经济刑法规范的文义解释而言，其在适用时应主要考虑以经济产业基准或专业用语基准作为文义解释基准，如此比较能够兼顾预测可能性、规范弹性等要求，也能够更好地与体系解释、目的解释等其他解释方法相互呼应。体系解释方法的重点及作用在于消除或降低入罪化及除罪化的规范冲突、经济刑法与传统刑法之间的规范冲突、经济刑法相互间的规范冲突，及其背后所隐含的规范评价矛盾等问题。属于主观论述的立法解释比重应减少，而应适当地提升属于客观主义解释的目的论解释、合宪性解释等其他解释方法的重要性及前导地位，以起到适合经济刑法规范对象或范畴特性、纳入法律经济分析及法伦理性原则等不同价值考量，通过对宪法原则的重视来有效避免经济刑法功能主义立法弊端。

第一节 互联网金融创新与经济刑法适用

作为经济犯罪的主要类型，金融犯罪的界定也应当符合经济刑法范畴之限定，是以按照我国现行金融犯罪的刑法规范体系及其确立的具体罪名，笔者将金融犯罪理解为：金融参与主体在金融资本流通活动中实施的破坏金融体系运行，违反金融市场管理法规，严重侵害国家金融管理秩序的行为。

一、刑法中的金融行为

理解金融行为，必然需要理解金融体系的运作机制。金融体系包括金融市场、金融中介、金融服务企业以及其他用来执行居民户、企业和政府的金融决策的机构，金融机构之间的互动使得金融资产得以流动，其中市场机制是驱动金融创新的重要力量。当今的金融体系是全球化的，金融资产的流动与传统相差巨大，金融市场和金融中介通过一个巨型国际通信网络相互联结，因此，支付转移和证券交易几乎可以 24 小时不间断进行。[1]这就意味着，在广义上，金融主体参与金融市场活动进行金融资本流通的

---

〔1〕 关于金融市场与金融机构的详细分析，参见［美］兹维·博迪、罗伯特·C. 默顿、戴维·L. 克利顿：《金融学》（第 2 版），曹辉、曹音译，刘澄、曹辉校，中国人民大学 2009 年版。

行为，均属于金融行为，既包括金融决策行为、金融中介行为，也包括金融交易行为。

金融的范畴现在非常宽泛，在刑法之中讨论金融行为时必须予以限定。简单而言，金融就是金融体系之中货币资金的融通，金融业就是买卖金融资产的行业，它主要包括银行业、证券业和保险业。就刑法与部门法的协调视角而言，金融法属于经济法与商法的交叉融合范畴。因此，刑法之中的金融行为作为经济行为的主要类型，应当被理解为金融参与主体在金融市场活动过程中所实施的与金融秩序违反相关的行为，不仅涵盖了宏观的"金融市场调控行为"和微观的"金融市场规制行为"，也包含了商法所调整的基于商事合同实施的部分金融中介行为和交易行为。刑法中金融行为所破坏的金融市场管理秩序，既包括纵向的金融市场管理秩序，也包括金融市场中平等主体之间的交易安全秩序，由于金融市场调控行为和市场规制行为的主体一般是政府及其相关监管部门，其行为的实施主要在于确保金融市场管理秩序和交易安全秩序，因此被纳入金融犯罪圈予以打击的违法行为，通常属于金融中介行为和交易行为。当金融中介服务机构和金融交易主体的行为严重侵害金融管理秩序和交易安全秩序时，其即属于刑法所规制的金融犯罪行为。我国金融犯罪的刑法规范体系确立了具体的金融违法行为类型，这些金融违法行为类型在事实层面均属于传统的金融行为范畴。

二、金融行为互联网化与互联网金融行为

对于刑法中的互联网金融行为，有必要正确区分金融行为的互联网化和互联网金融行为。金融行为的互联网化，其所侵害的金融法益和构成的金融犯罪类型与传统金融行为相比在性质上并不存在本质区别，其不过是在互联网环境中加以实施，更多影响的是传统金融犯罪的司法认定。因此，金融行为的互联网化，在没有新的金融法益需要保护时，并不会创设新的金融犯罪类型，互联网化的金融行为所构成的犯罪属于金融犯罪的互联网化，而真正意义上的互联网金融行为则与纯粹的互联网金融犯罪相关联。在我国，互联网金融作为2012年最早提出来的学术概念，其属于一个谱系概念，涵盖因为互联网技术和互联网精神的影响，从传统银行、证券、保

险、交易所等金融中介和市场，到瓦尔拉斯一般均衡对应的无金融中介或市场情形之间的所有金融交易和组织形式。[1]在互联网金融领域，由于存在无金融中介和市场情形的金融交易和组织形式，新的支付方式和互联网货币、大数据等金融创新因素的存在使得金融法规监管处于真空或不完善状态。在此种情形下，互联网金融行为的入罪化分析就需要被慎重对待，即需要考虑现有的金融犯罪类型是否能将其纳入评价范畴，也还要考虑刑事处罚的必要性和刑事违法性独立评价的可能。处罚的必要性与金融刑法的规范保护目的相关，而刑事违法性独立评价则与经济刑法刑事违法的二次补充性相冲突。因此，原则上，在刑法无明文规定的情形下，对于纯粹的互联网金融行为一般不应直接适用现有金融犯罪罪名，对于确有必要由刑法规制的，应通过立法予以入罪化。

如前文所述，我国金融市场要想逐渐走向完善，在强化对金融管理秩序和交易安全的刑法保护过程中，一方面刑法应尊重市场机制起主导作用的金融创新，不过度介入金融活动领域，在本身由于金融制度缺陷造成金融管理秩序混乱或因缺乏金融法律法规监管尚未在金融创新领域形成特定金融管理秩序时，不轻易对该类金融行为进行入罪化，给金融渐进式改革和创新发展留下足够的自由空间；另一方面，在司法入罪过程中，刑事法律适用要从传统意义上的单方面强调金融管理秩序维护，逐步转向维护金融安全与注重金融投资人合法权益保护并重。这就意味着，在涉及投资人权益的金融活动中，如果金融投资人的合法权益不存在刑法保护的正当性，那么该类金融交易行为虽因其涉众性容易违反金融管理秩序，但并无刑事处罚的必要。对于互联网金融行为，只要其符合金融创新的特点，那么在并未形成相应的互联网金融管理秩序的情形下，就不应将其纳入刑法的打击范畴。互联网管理秩序的形成，应该依赖于互联网金融的功能监管和机构监管，[2]功能监管的核心是根据互联网金融的业务和风险来实施监管，主要分为审慎监管、行为监管和金融消费者保护。机构监管主要是针对互

---

〔1〕　具体阐述详见谢平、邹传伟："互联网金融模式研究"，载《金融研究》2012 年第 12 期。

〔2〕　详见谢平、邹传伟、刘海二：《互联网金融手册》，中国人民大学出版社 2014 年版，第215 页以下。

联网金融的六种主要类型设立专门机构进行监管，即设立金融互联网化、移动支付与第三方支付、互联网货币、基于大数据的征信和网络带宽、P2P网络贷款、众筹融资的相应监管机构进行金融行为监管，这其中亟须建立的是P2P网络贷款和众筹融资的机构监管。刑法与互联网金融监管法规相对应，已经形成金融监管秩序的互联网金融行为可以被纳入金融犯罪的评价范畴，反之，考虑到需要保护的刑法法益尚未明确，不应对相应的互联网金融行为进行入罪化。

第二节　数字经济时代网络平台违法经营的特定分析

与传统农耕社会、工业社会不同，信息社会的经济发展模式主要以网络平台为经营载体，以信息数据为经营对象，经营活动具有较强的专业性，经营后果具有显著的涉众型。同时，由于很多互联网公司既不懂信息技术也不懂专业经营，既不掌握数据也不懂信息技术利用，参与网络经济活动的主要目的是利用监管漏洞套利，且经常引发社会不稳定事件，促使信息时代的经济犯罪突出表现为网络经营的系统性刑事风险高度集聚和现实化。就我国的网络平台经济现状来看，经营风险容易集聚及现实化的一个重要原因在于，信息的不对称会导致传统市场监管的失灵。这意味着依据传统监管机制建立起来的经营市场在实质上逐渐崩溃，当潜在的消费者对原有的经营服务提供者不满意时，就会选择不参与该领域的经济交易活动，而易于被诱惑、裹挟、欺诈，成为非法经营犯罪活动的侵害对象。因此，就刑法规制角度而言，我国数字经济建设要想逐渐走向完善，在强化对网络平台经营管理秩序和数据交易安全的刑法保护过程中，一方面刑法应尊重市场机制起主导作用的数字经济创新，不过度介入数字经济活动领域，在本身由于数字经济制度缺陷造成管理秩序混乱或因缺乏数字经济法律法规监管而尚未在数字经济创新领域形成特定经济管理秩序时，不轻易对该类经营行为进行入罪化，给数字经济的创新发展留下足够的自由空间；另一方面，在司法实践过程中，刑事法律适用要从传统意义上的单方面强调经济管理和安全秩序维护，逐步转向维护经济秩序与注重数字经济经营主体合法权益保护并重。这就意味着，在不涉及严重危害数字经济参与主体权益的信息经营活动中，对该类网络平台违法经营行为就不应予以刑事规制，而应考虑以其他部门法规规制为主，并辅以合规管理。

如前文所述，值得反思的是，近年来，我国刑法司法解释对网络平台主体的经营活动，整体上更多地还是在体现宽严相济刑事政策中"严"的一面，将许多原本属于数字经济时代正常的经营活动纳入刑法规制范畴，又由于基层司法人员对司法解释的形式化理解适用，导致实践中许多网络平台经营主体被作为犯罪主体予以打击，这一现象在"西联平台买卖外汇案""莱媒提供有偿删帖服务案""秘乐短视频 APP 案"等平台经营行为案件的认定中尤其明显。以下，笔者将围绕前述典型案例，就经济刑法规范的适用展开分析。[1]

一、对"西联平台"经营行为的适用分析

（一）案件基本情况

凌某为广州盈科网络科技有限公司、深圳前海实盈资产管理有限公司（以下简称"实盈公司"）的实际控制人。2015 年，实盈公司因业务发展需要，委托盛某斌名下的公司在国外收购一家持有金融牌照的公司。按照盛某斌设计的架构，实盈公司的股东与他人合作设立离岸公司，耗资 100 余万美元（含经纪商费用）收购澳大利亚 CITILINK FINANCE（AUSTRALIA）PTY LTD（以下简称"citilink 公司"）100% 股权，该公司持有合法外汇金融服务牌照。2015 年 10 月确定购买，2016 年 2 月左右收购完成，暂由盛某斌的公司管理。2016 年 5 月，实盈公司成都子公司"四川万众启源信息技术有限公司"成立，蒋某为该公司负责人，主要负责实盈公司的技术开发事宜。同时，凌某安排蒋某制作可用于外汇经营的客户管理系统（蒋某解释为网站后台）。后因实盈公司主营业务变化，该金融牌照暂时闲置。因管

---

〔1〕　在此特别说明的是，笔者所选取的案例样本分析，均为曾应邀参与论证的案件材料，因此不再一一注明出处，所做分析也仅是基于研究需要在学理层面所进行的一种探讨思考，限于所掌握的案件材料，并不一定符合司法实践的最终认定。此外，研究内容充分参考吸收了其他专家的学理意见，在此一并致谢，对于论述中的不当之处，均属于笔者个人理解。

理成本过高，凌某萌生转让 citilink 公司股权的想法。

2017 年 3 月，凌某通过陈某，认识了徐某笑、刘某君二人，初步达成合作意向：陈某、刘某君、徐某笑以刘某君名义，收购 citilink 公司 80% 的股权，双方合作运营 citilink 公司金融平台。2017 年 3 月 12 日，刘某君为完成股权收购，到香港注册 AXE CAPITAL LIMITED（以下简称"AXE 公司"），用于收购 citilink 公司。凌某安排盛某斌与陈某、刘某君、徐某笑三人对接，提供 citilink 公司资料，并希望尽快搭建平台投入运营。2017 年 4 月，凌某创建微信群用于股权转让及平台建设的对接事宜，盛某斌、徐某笑、刘某君、陈某、梁某尉（在逃，实盈公司股东）等人都在群内。凌某让盛某斌为股权转让事宜提供咨询、资料、协议等事宜，根据各方协商的结果，徐某笑、刘某君负责开发客户，陈某、蒋某负责技术。2017 年 4 月至 2017 年 12 月，几人在微信群商讨对接及如何实现资金进入外汇交易市场事宜，其中明确要参考"艾拓思"外汇交易模式经营。

2017 年 7 月，蒋某制作的客户管理系统完成，凌某安排将该系统提供给陈某、刘某君、徐某笑三人搭建的外汇经营平台使用。2017 年 7 月，实盈公司技术总监梁某尉向蒋某提供交易服务器的地址和管理账号，实现与客户管理系统的数据对接。其后，陈某更换交易服务器地址和账号，利用盛某斌提供的 citilink 公司的资料和图片，指令蒋某制作"西联金融"网页（citilink markets 中英文版面）、对接数据、完善代理商管理、返佣、清算功能；陈某提供并控制第三方支付平台，使得"西联金融"网站成为客户投资入金、出金的平台。"西联平台"搭建后，对外宣称是澳大利亚 citilink finance 公司外汇业务的国内代理平台，以此吸引客户入金投资。2017 年 8 月，"西联平台"陆续入金，刘某君、徐某笑利用第三方支付平台形成的"资金池"，开始进行内盘交易与投资客户对赌。

2017 年 12 月，刘某君、徐某笑发展戴某为"西联金融"的代理商。戴某手下业务员以小组为单位，利用角色扮演和话术，以高额投资回报引诱客户入金投资，并引导客户逆向、频繁投资。"西联平台"开始大量入金，客户亏损加大。2017 年 12 月，陈某、刘某君、徐某笑陆续将第三方支付平台资金（九派支付）转入个人账户，共计转出人民币 2382 万元。2018 年 1月，陈某与刘某君、徐某笑发生矛盾，陈某关闭平台服务器，后由凌某出面调解，令蒋某将陈某掌握的第三方支付通道（九派支付）变更为刘某君提供的支付通道（杉德支付），平台恢复运营。凌某此时得知平台开始运营。

2018 年 2 月，陈某第二次关闭服务器，造成平台客户恐慌引发大量出金，平台彻底崩溃。部分客户报案，但湖南警方没有立案。2018 年 3 月 2 日，刘某君向凌某控制的银行卡转账人民币 800 万元，凌某得知后于当天退回。为避免事态进一步扩大影响实盈公司，凌某说服刘某君、徐某笑退金，并为其提供退金支付通道。后徐某笑、刘某君向凌某控制账户汇入退金款约人民币 2092 万元，凌某根据刘某君、徐某笑提供的客户名单，帮助退金约人民币 2413 万元。其中，凌某个人垫付资金人民币 300 余万元。根据现有证据材料，陈某、刘某君、徐某笑将资金控制在个人账户，凌某不知情，也未参与分赃。经鉴定，根据蒋某提交的"西联平台"入金、出金数据，平台共计入金人民币 7799 万元（投资人 620 人）。实际报案受害人的入金金额人民币 2412 万元，出金金额人民币 549 万元，其中接受凌某退款金额人民币 659 万元，实际损失人民币 1203 万元。

2018 年 2 月始，各地投资客户报案。义马市公安局于 2018 年 2 月 26 日立案侦查。2018 年 4 月 9 日，凌某在迪拜出差时，得知蒋某被抓、自己招商银行账户被冻结，于是决定回国说明情况。2018 年 4 月 10 日，凌某从迪拜回国，在广州白云机场被抓获，义马警方出具的情况说明称"白云机场警方配合义马警方将凌某抓获归案"。凌某被羁押后，前后供述稳定。2018 年 8 月 6 日，义马市公安局指控凌某等人涉嫌诈骗罪，向义马市人民检察院移送审查起诉。根据侦查机关的起诉意见，犯罪嫌疑人凌某构成诈骗罪，认定其为诈骗团伙主犯（本案第一被告人）。

（二）对"西联平台"经营行为认定的理论分析

判断凌某是否构成诈骗罪，应就整个案件事实予以规范评价，重点审查其是否具有非法占有目的，同时根据涉案当事人的陈述能否相互印证，能否与其他证据形成完整的证据链，并综合考虑我国当前外汇市场交易活动常情予以判断。

本案中，代理商戴某、莫某征等人通过话术引诱客户入金，戴某与陈某、刘某君、徐某笑资金对赌，陈某、刘某君、徐某笑三人控制涉案平台入金的终端账户并将资金据为己有的事实，是涉案"西联平台"被定性为诈骗平台的主要依据，也是本案被告人凌某被定性为诈骗罪的主要事实依据。专家们研讨后指出，就本案整体事实而言，形式上被告人凌某参与组织、策划、搭建非法经营外汇平台、在平台非法吸金的过程中又协调主要犯罪人之间的矛盾纠纷、事后又参与退赃，容易使人简单客观归罪而忽视对犯罪主观故意的考察。判断行为人是否具有非法占有的目的，是区分本案在性质上是以非法吸金、对赌投资等方式实施的非法经营犯罪还是诈骗犯罪的根本标准，也是区分各犯罪人是否构成诈骗罪的根本标准。诈骗犯罪是一种以非法占有为目的的犯罪，而非法经营罪的行为人在主观上仅具有非法牟利的动机，该牟利行为主要不是通过非法占有经营中所取得的他人财物来实现，而是通过非法买卖外汇、资金对赌等经营活动来实现的。被告人凌某安排实盈公司子公司法人代表蒋某开发、完善客户管理系统并与"西联平台"数据对接，提供资金给犯罪嫌疑人刘某君（在逃）用于搭建"西联平台"，通过向陈某、刘某君、徐某笑等人提供技术、注册信息资料及资金支持等，客观上确实为前述犯罪人后期利用"西联平台"顺利开展入金、资金对赌等违法犯罪行为创造了便利条件，这也是容易误判凌某为诈骗团伙组织者、将其认定为诈骗罪主犯的原因所在。但现有证据表明，凌某的行为动机和目的均在于尽早顺利地将非法外汇业务做大，而非将平台用于实施吸金诈骗，其主观上不具有实施诈骗行为的犯罪故意。自2017年4月至2017年11月底，陈某、刘某君等人一直在微信群讨论是否购买专业责任保险PI Insurance（专业责任强制保险，是交易商的经营资金得到澳洲ASIC监管的必要条件）、讨论对接流动性供应商（德国GBE）或者国际银行（香港DBS银行），以及筛选更稳定的流动性供应商、模仿"艾拓思"经营模式等相关问题。以上聊天内容均是客户资金最终走向外汇交易市场的必备条件。该聊天记录充分说明凌某帮助搭建"西联平台"的初衷是利用澳大利亚公司金融牌照实现外汇交易，且该聊天记录中，陈某等人从不提及资金的真实去向，凌某主观上只能认为陈某等人一直在对接澳洲公司业务，开展外汇经营活动；蒋某2018年4月27日笔录所记载的供述表明，陈某另行向蒋某提供交易服务器地址、账号、"西联平台"LOGO、网站域名、企业邮箱、"西联平台"的文字图片介绍，并要求蒋某做出"中英文两个版面"，"开发客户的推广功能、代理商返佣、清算功能、入金通道"，是平台从经营性质转化为诈骗工具的关键环节。对此重要事实，凌某主观上并不知情，客观上也未参与行为实施，虽然蒋某在供述中提及"梁某尉让我接下来听陈某的"，但因梁某尉在逃，其证据无法相互印证，应根据有利于被告人原则予以合理排除。本案中，陈某、刘某君、徐某笑刻意隐瞒了平台客户真实入金时间，以及资金流入三人个人账户的事实；根据蒋某提供的后台信息，平台的真实入金时间为 2017 年 8 月初，但直到 2017 年底，微信聊天记录中还在谈论与国外银行的对接工作，没有任何人告知凌某系统已经开始入金；根据手机录音，凌某对平台资金去向、金融平台案发前几个月吸收客户资金并对赌的行为完全不知情；凌某、戴某的供述可以进一步证明，凌某是在其他人诈骗犯罪既遂后才得知平台的真实运营情况。

已查明的证据表明，被告人凌某以为陈某等人按照自己的要求在进行外汇经营活动，主观上对非法经营活动内容存在认识错误，考虑到外汇经营政策性强、变化较大，特别是通过网络平台进行操作时经常存在不规范之处，被告人的这种认知基本符合我国当前经济运行过程中外汇交易活动实际操作的常态。被告人凌某对陈某、刘某君、徐某笑等人开发客户的方式、资金未进入外汇交易市场而是进入个人账户的事实，无论是事前或者事中均不知情。其本身也未参与实施任何吸金或资金对赌的诈骗行为，不曾和任何被害人有过沟通接触，也未实际占有任何被害人的财产。其在平台崩溃后积极帮助退金的行为本身是陈某、刘某君、徐某笑、戴某等人犯罪既遂之后的赃款处置行为，法律禁止以事后不可罚的行为直接推定凌某此前对诈骗有可能明知。凌某聘请专业律师积极退金的行为本身也表明其主观上完全反对实施吸金诈骗。在关键涉案人员陈某、刘某君均未到案的情况下，直接认定被告人凌某与陈某（在逃）、刘某君（在逃）、徐某笑、戴某等人构成诈骗罪共同犯罪的证据严重不足，尤其是现有证据和已查明事实已能充分认定，本案所指控的诈骗犯罪是上述人等利用受委托经营外汇交易平台的便利单独实施的，因此，被告人凌某不构成诈骗罪，更不能被认定为诈骗罪的主犯。

被告人凌某通过微信群与陈某、刘某君等人建立特定联系、具体商讨外汇平台建设事宜，具有帮助陈某、刘某君、徐某笑在境内搭建平台经营外汇业务的故意，凌某、陈某、徐某笑、刘某君等人的微信聊天记录也充分说明凌某帮助搭建"西联平台"的初衷是利用澳大利亚公司的金融牌照实现外汇交易。因此，凌某具有非法经营的犯罪故意，彼此间形成了共同经营外汇业务的犯意联络。凌某、徐某笑的供述、盛某斌的证言、董事会决议和股权转让协议表明，被告人凌某是澳大利亚合法金融服务公司"CITILINK FINANCE（AUSTRALIA）PTY LTD"的实际控制人，因管理成本较高而有意出让该公司。为了从事非法外汇买卖行为赚取经济利润，其与陈某、刘某君等人共谋创设外汇网络经营平台。凌某等人利用"西联平台"开展外汇网络经营业务的行为，本质上属于全国人大常委会出台的《关于惩治骗购外汇、逃汇和非法买卖外汇犯罪的决定》第4条所规定的在国家规定的交易场所以外非法买卖外汇的经营行为。

根据股权转让协议，为实现非法经营外汇目的，凌某与刘某君达成 citilink 母公司的股权转让意向，其中凌某公司占比 20%，刘某君公司占比 80%。该数据表明了凌某在非法经营行为中的地位和作用。根据蒋某的供述，2016 年 5 月，实盈公司成立成都分公司，由其负责，为公司提供一系列技术开发服务，其受命开发客户管理系统，此时客观管理系统的定义为"网站后台"，该客户管理系统于 2017 年 7 月完成，是外汇交易平台的重要组成部分。2017 年 8 月 7 日，凌某为了帮助刘某君尽快建好平台，在其寻求帮助时提供了人民币 50 万元。2018 年 1 月，凌某在不知资金真实流向的情况下，为确保平台资金通道畅通，出面调和陈某、刘某君、徐某笑三人的矛盾。因此，专家们认为，根据现有证据，本案中被告人凌某安排盛某斌与陈某对接，为非法经营行为提供"citilink finance"相关材料、要求实盈公司子公司法人蒋某提供技术支持，提供客户管理系统并要求数据对接，并为刘某君运营平台提供资金支持，表明其不仅仅是非法经营外汇行为的帮助者，而是与陈某、刘某君等人处于同等地位的实行正犯。

非法经营罪的成立以具备"情节严重"为前提，因而属于情节犯，而在司法认定中经常存在一个误区，即认为以情节作为构成要件必备要素的犯罪，由其犯罪构成的特殊性决定，不存在未遂问题，因此没有既遂与未遂形态之分。应当指出，这种认识不符合刑法关于故意犯罪停止形态的基本理论，也与现行非法经营罪的司法解释相悖，情节犯的未遂不是指"情节严重"要件是否欠缺，而是指在已经具备"情节严重"条件的情况下，行为人之犯罪实行行为未能得逞，因此，情节犯罪是存在犯罪未遂的。比如，2003年12月由最高人民法院、最高人民检察院、公安部和国家烟草专卖局共同印发的《关于办理假冒伪劣烟草制品等刑事案件适用法律问题座谈会纪要》第2条第1款就规定了非法生产、销售烟草专卖品犯罪未遂的两种情况。非法经营罪的未遂问题要结合具体的案件具体分析，判断的关键点在于行为的完成与否，而不是情节是否具备。因此，非法经营罪出现犯罪未遂的情况就是行为人在具备"情节严重"的情况下，行为人实施的非法经营行为因意志以外的原因未得逞，从而使得犯罪的构成要件没有齐备。[1]本案中，陈某、刘某君、徐某笑蒙蔽凌某，利用与凌某谈判收购 citilink 公司的机会，滥用澳洲公司资料制作网站平台，开展客户对赌、控制资金池的行为，超出了经营外汇共同故意内容，使得"西联平台"并未被实际用于非法买卖外汇业务，被告人凌某非法经营外汇的行为实际上未能完成，因此本案中的非法经营罪应被认定为未遂形态。

被告人凌某对于超出经营外汇共同故意行为存在错误认识，此种错误认识使得其误以为"西联平台"从事的是非法经营外汇行为，因此一直予以支持。此种认识错误不影响对其非法经营罪的性质认定，但是对于超出其经营外汇共同故意的非法吸金、投资对赌行为，不能认定为以非法占有为目的的诈骗犯罪行为。根据《最高人民法院关于审理骗购外汇、非法买卖外汇刑事案件具体应用法律若干问题的解释》第3条的规定，被告人凌某无需承担刑事责任。同时，由于非法经营外汇犯罪行为并未实际完成，不会给投资人造成实际损失，因此凌某无需承担退赔责任。凌某为了保全实盈公司名誉帮助退金的退赔行为，有助于降低投资人的资金损失，应在量刑时酌定从轻。

笔者认为，根据《最高人民检察院关于充分发挥检察职能依法保障和促进非公有制经济健康发展的意见》《最高人民法院关于充分发挥审判职能

---

〔1〕 范德安："非法经营罪研究"，吉林大学2009年博士学位论文。

作用为企业家创新创业营造良好法治环境的通知》倡导的保护民营企业的精神，刑法适用应当尽可能兼顾法律效果和社会效果，考虑到凌某实际控制的实盈公司属广东省的高新技术企业，主要开发的"量化投资分析"处于全国领先水平，凌某羁押导致公司经营陷入困境、员工面临失业危险，因此，综合考虑凌某犯罪行为的主观恶性及社会危害性，结合凌某公司的经营现状，其非法经营外汇的行为应依法被认定为非法经营罪（未遂）。

二、对"莱媒有偿删帖"经营行为的适用分析

（一）案件基本情况

被告人上海莱媒数字技术有限公司（以下简称"莱媒公司"），统一社会信用码91310115560162999M，单位地址为上海自由贸易试验区金藏路51号2215室，法定代表人为吴某一。莱媒公司于2010年8月18日在上海市成立，由吴某一创办，持股比例为88.3%。案发时，公司主要经营范围包括"数字技术、网络科技、电子科技、计算机技术领域内的技术开发、技术咨询、技术服务、技术转让、公关活动策划服务、市场营销策划服务等"。案发后，2019年12月23日经营范围增加了"互联网信息服务"。莱媒公司共有6个部门，祝某燕为该公司媒介部经理，吴某二为媒介部员工。经查，莱媒公司运营10年间，除了承接过上海晨之科科技信息技术有限公司（以下简称"晨之科公司"）的委托进行负面信息处理之外，还曾担任郎某平的舆情顾问，但并未就信息处理收费；曾接受另一家公司委托提供类似服务，收取7万元服务费，除此之外，没有再向任何客户提供过类似服务。

2017年10月，晨之科公司董事长朱某因与某供应商的诉讼纠纷而与对方发生肢体冲突，该供应商在网上攻击朱某，发表负面言论，侵害了晨之科公司的商业信誉及朱某本人的名誉。2017年10月20日，晨之科公司为清理网上不实负面信息，与莱媒公司签订《晨之科舆情管理服务合同》，根据合同约定，莱媒公司向晨之科公司提供的服务包括但不限于：舆情监测管理、内容文案撰写、媒体发布、舆情处理等。在合同附件《晨之科舆情管理框架报价单》中约定有"负面撤稿""稿件撰写""自媒体约稿函"

"水军评论""水军发布维护""负面处理——对负面报道—对—沟通媒体或屏蔽处理"等服务内容。

合同签订后，吴某一将晨之科公司发来的关键词和新闻截图转发给祝某燕和吴某二，两人搜集、确认负面信息链接。吴某一向晨之科公司确认工作量之后，莱媒公司主要通过三种方式完成负面信息处理。

（1）以晨之科公司的名义通过网站公布的投诉渠道向网站发送撤稿函以及晨之科公司提供的《律师函》、《法律申明》、晨之科公司营业执照扫描件、晨之科公司法定代表人朱某的身份证扫描件等资料，要求网站撤稿。该行为是按照媒体的投诉流程投诉删除，不产生任何成本，但莱媒公司会根据"市场价"向晨之科公司报价，晨之科按照报价的数额支付费用，该部分费用共计报价人民币 260 987.9 元。

（2）与信息源头（原创首发的自媒体平台、作者本人等）主体商议撤稿，经晨之科公司确认，莱媒公司在撤稿费用基础上加价向晨之科公司报价。信息源头主体收费后会协助莱媒公司向转发平台发送撤稿函。根据供述及现有的电子数据证据，该部分费用为人民币 121 000 元，加上税费合计向晨之科报价人民币 147 499 元。

（3）对无法通过网站投诉、协商撤稿方式处理的负面信息，莱媒公司会在淘宝、QQ 群、微信群中寻找自称可以删帖的第三方，与第三方协商好价格后，在此基础上加价向晨之科公司报价，晨之科公司同意的则通知第三方删除。莱媒公司并不过问第三方具体如何删除信息，该部分税费合计报价人民币 549 037.6 元。

2019 年 3 月，开封市警方在查办"王某勇等人非法经营案"的过程中（刑事判决已生效），发现王某勇与莱媒公司的祝某燕有业务往来，是莱媒公司委托的第三方主体之一，莱媒公司因此案发。本案由开封市龙亭区公安分局侦查终结，以被告人吴某一、祝某燕、吴某二涉嫌非法经营罪，于2019 年 6 月 25 日向开封市龙亭区人民检察院移送审查起诉。

2019 年 11 月 28 日，开封市龙亭区人民检察院向龙亭区人民法院提起公诉，指控 2017 年 10 月至 2018 年 1 月间，被告人吴某一在任莱媒公司法人代表期间，与上海晨之科科技信息技术有限公司签订合同，收取服务费人民币 95 万元，其中 21 万余元为其安排被告人祝某燕、吴某二以撤稿函、律师函形式为晨之科公司提供服务所得，另花费 31 万余元委托王某勇等人删除晨之科公司负面新闻链接。公诉方认为，莱媒公司违反国家规定，以营利为目的有偿提供删除信息服务，扰乱市场，情节特别严重，其行为触犯了《刑法》第 225 条第 4 项，犯罪事实清楚，证据确实充分，应当以非法经营罪追究其刑事责任。吴某一作为直接负责的主管人员，祝某燕、吴某二作为其他直接责任人员，其行为触犯了《刑法》第 225 条第 4 项，犯罪事实清楚，证据确实充分，应当以非法经营罪追究其刑事责任。

（二）对"有偿删帖"经营行为认定的理论分析

其一，结合本案已查明事实和现有证据，可以根据《最高人民法院、最高人民检察院关于办理利用信息网络实施诽谤刑事案件适用法律若干问题的解释》（以下简称《解释》）及其依据的《全国人民代表大会常委会关于维护互联网安全的决定》，对有偿删除信息服务的非法经营主体进行必要限定。本案中，莱媒公司不属于《解释》第 7 条规定所指的有偿提供删除信息服务的非法经营主体。

判断本案中莱媒公司是否属于有偿提供删除信息服务的非法经营主体，应在准确理解刑法立法和相关司法解释的基础上，对网络公关公司进行准确界定，结合当事人陈述、晨之科舆情管理服务合同、莱媒公司的常规经营活动，并综合考虑网络信息空间秩序常态予以判断。公诉书指控莱媒公司违反国家规定，以营利为目的有偿提供删除信息服务，扰乱市场，情节特别严重，其行为触犯了《刑法》第 225 条第 4 项，应当以非法经营罪追究其刑事责任，指控吴某一作为直接负责的主管人员，祝某燕、吴某二作为其他直接责任人员，其行为也应当以非法经营罪追究其刑事责任。指控莱媒公司构成非法经营罪的法律依据有两个：一是形式理解《解释》第 7 条之规定，认为莱媒公司属于"违反国家规定，以营利为目的，通过信息网络有偿提供删除信息服务，扰乱市场秩序，情节严重"的非法经营主体；二是根据《刑法》第 225 条第 4 项的规定，将莱媒公司的涉案行为认定为"其他严重扰乱市场秩序的非法经营行为"。笔者认为，对于《刑法》第 225 条第 4 项规定的"其他严重扰乱市场秩序的非法经营行为"，必须根据有关的法律和司法解释加以规定，只有在有关的法律、司法解释明确地对某一种非法经营行为予以规定的情况下，才能根据法律、司法解释规定认定为其他严重扰乱市场秩序的非法经营行为。如果在法律、司法解释中没有明确规定，就不得认定为其他严重扰乱市场秩序的非法经营行为。在司法解释已经进行了明确规定的情形下，司法机关只能按照司法解释的明确规定严格进行适用，不能再进一步扩大处罚范围。

具体到与本案适用相关的《解释》第 7 条，其规定内容主要是为了规制以营利为目的的"网络公关""网络营销组织"主体，对该类经营主体利用信息网络平台，明知是虚假信息仍大肆"炒作"或者直接从事"删帖"活动，从中牟取非法利益，严重扰乱互联网信息服务市场秩序的行为予以打击。对于从事非法"删帖"的"网络公关"行为应当进行准确理解，其必须是实施互联网公关行为的经营主体，具体是指经营互联网公关业务的公司或从事有偿删帖业务的个人中介，通过在互联网发布虚假炒作信息和向有权删除负面信息、发布软文的人员行贿的方式，达到为有商业宣传或形象维护需求的企业以及有互联网负面信息处理需求的单位或个人进行宣传或消除负面信息目的的行为。根据我国立法机关对《刑法》第 225 条第 4 项的解读，此类网络公关行为要构成非法经营罪，必须是发生在经营活动中，经营具有持续性和一贯性，同时就其责任要素而言，《解释》第 7 条要求行为人必须"以营利为目的"，在司法适用中应严格把握刑事处罚的界限，突出打击重点，主要针对那些长期专门从事非法"删帖"业务等非法牟利数额较大的"网络公关公司"。对于并非专门从事经营活动，只是偶尔帮助他人发帖，并收取一定费用的，即使数额达到了《解释》规定的标准，一般也不宜认定为"以营利为目的"。

现有当事人陈述、晨之科舆情管理服务合同、莱媒公司的常规经营活动等证据均表明，莱媒公司自 2010 年成立以来，开展合法经营多年，除了本案中有偿接受晨之科公司的委托，作为其代理人帮助进行负面信息处理之外，没有持续和连贯的提供有偿删除信息服务的网络公关行为。根据《刑法》第 225 条第 4 项和《解释》第 7 条的明确规定，不应当被认定为专门非法从事网络公关行为的经营活动主体。同时考虑到我国网络信息空间的法律规制本身存在一定的滞后性，网络信息空间秩序的混乱和异化尚缺乏有效的监督管理，专家们一致认为，对于莱媒公司这种偶尔为他人提供帮助，收取了相应的"报酬"或者"劳务费"，社会危害性较小的行为，不区分具体情况一律追究刑事责任显然有违宽严相济的刑事政策。

其二，根据已查明事实和现有证据，本案中莱媒公司接受晨之科公司有偿委托帮助删帖的行为，不属于《解释》第 7 条所规定的"违反国家规定，以营利为目的，通过信息网络有偿提供删除信息服务"行为，无法认定其构成非法经营罪。

进一步分析可以明确，莱媒公司提供的有偿服务，实质上是晨之科公司与莱媒公司之间为了帮助晨之科公司管理网络舆情而成立的委托服务合同关系，该合同是否合法有效，应当根据莱媒公司实施的网络舆情管理行为进行判断。本案中，晨之科公司为了商业信誉及董事长朱某本人的名誉，与莱媒公司签订《晨之科舆情管理服务合同》，约定由莱媒公司负责为其清理网上不实负面信息，向晨之科公司提供的服务包括但不限于舆情监测管理、内容文案撰写、媒体发布、舆情处理等，合同附件《晨之科舆情管理框架报价单》中约定了"负面撤稿""稿件撰写""自媒体约稿函""水军评论""水军发布维护""负面处理——对负面报道一对一沟通媒体或屏蔽处理"等具体服务内容，并支付了 95 万元服务费，二者之间基于信任而形成了委托代理关系。单就已查明的事实和证据而言，莱媒公司作为网络技术经营主体，其主要经营范围并不包括"互联网信息服务"，但却接受晨之科公司委托，收受 95 万元服务费有偿从事舆情管控"删帖"服务。在形式上，莱媒公司的行为好像完全符合《解释》第 7 条关于"违反国家规定，以营利为目的，通过信息网络有偿提供删除信息服务"的网络非法经营类型界定（即"删帖型"非法经营），且经营数额已达到情节严重的认定标准，因此认定莱媒公司成立非法经营罪。其法定代表人吴某一作为主管人员，祝某燕、吴某二作为其他直接责任人员应当负刑事责任，适用《刑法》第 225 条第 4 项进行刑事处罚并无不当。但此种结论显然是机械套用《解释》第 7 条规定的适用结果，对莱媒公司实施的舆情管理服务的具体行为，未能结合"删帖型"网络非法经营罪构成要件进行特定化的规范分析。

如果注意到最高人民法院、最高人民检察院参与司法解释制定者的解读，本案司法机关在适用《解释》第 7 条时就会比较容易避免认定误区。[1]"删帖型"非法经营的核心特征是将在信息网络上的"删帖"行为作为非法牟利手段。具体而言，"删帖型"非法经营罪的成立，要求利用网络信息平台直接从事"删帖"活动，从中牟取非法利益，严重扰乱了互联网信息服务市场秩序。因此，《解释》第 7 条规定的"删帖"行为必须是网络经营主体利用网络信息平台实施的直接"删帖"行为。本案中，根据已查明的事实和证据，莱媒公司的行为实施过程是，吴某一将晨之科发来的关键词和新闻截图转发给祝某燕和吴某二，由两人搜集、确认负面信息链接。吴某一向晨之科公司确认工作量之后，莱媒公司通过三种方式完成负面信息处理：一是代理晨之科向网络平台发起投诉，具体由祝某燕和吴某二以晨之科公司的名义，通过网站公布的投诉渠道向网站发送撤稿函以及晨之科公司提供的《律师函》、《法律申明》、晨之科公司营业执照扫描件、晨之科公司法定代表人朱某的身份证扫描件等资料，大部分正规网站查验资料后会主动删除信息，此种行为方式是莱媒公司接受晨之科委托后按照媒体的投诉流程投诉进行删除，属于合法的代理行为，对于莱媒公司因付出管理和人力成本等而依据合同取得报酬，充分体现了晨之科公司对莱媒公司代理行为的认可和双方之间的意思自治，其本身不属于刑法评价的范畴。二是代理晨之科公司向信息源头主体支付费用请求撤稿，莱媒公司与信息源头（原创首发的自媒体平台、作者本人等）主体商议撤稿费用，信息源头主体收费后会协助莱媒向转发平台发送撤稿函，实现消除关于晨之科负面网络消息的预期目标。此种行为方式实施过程中，莱媒公司沟通撤稿与支付对价的代理行为均经晨之科公司确认，此种有偿代理晨之科撤稿的行为，本质上属于代理晨之科公司向信息源头主体购买协助"删帖"服务。由于信息源头主体协助"删帖"的行为本身不属于《解释》第 7 条所处罚的"删帖"经营行为，因此莱媒公司的此种代理行为不属于利用网络信息平台的直接"删帖"行为，既未严重侵害互联网安全和扰乱网络信息服务秩序，更没有违反《全国人民代表大会常委会关于维护互联网安全的决定》的具体规定。虽然其他部门法目前尚不能给予有效规制，但不应当

---

[1] 张向东："网络非法经营犯罪若干问题辨析"，载《法律适用》2014 年第 2 期。

直接适用刑法予以处罚。三是转委托第三方处理，对无法通过网站投诉、协商撤稿方式处理的负面信息，莱媒公司会在淘宝、QQ 群、微信群上寻找自称可以删帖的第三方，与第三方协商好价格后，莱媒公司在此基础上加价向晨之科公司报价，晨之科公司同意的则通知第三方删除。现有证据表明，莱媒公司并不了解第三方具体如何删除信息，可以明确莱媒公司作为晨之科公司的代理，在取得晨之科公司认可的情形下，通过向职业"删帖"人王某勇购买"删帖"服务从而实现取酬，该行为同样不属于其利用网络信息平台实施的直接"删帖"行为。根据现行刑法规定及司法解释，莱媒公司所实施的"删帖"行为，均为接受晨之科委托后代理的正当维权、沟通协调与购买服务行为，不属于《解释》第 7 条所规定的利用网络信息平台实施的直接"删帖"行为类型。因此，莱媒公司的行为无法被纳入"删帖型"非法经营罪的构成要件评价范畴，无法认定其构成非法经营罪。

其三，根据现有查明的事实和证据，按照我国现行刑事立法，作为共同犯罪中的买卖型"片面对向犯"，莱媒公司接受晨之科公司的有偿委托后，帮助其向职业"删帖"人王某勇购买删除信息服务的行为属于典型的不受刑法处罚的行为。其在购买"删帖"服务的过程中，不存在教唆和帮助王某勇有偿提供删除信息服务的行为，因此，也不能和王某勇构成非法经营罪的共犯。

本案中，对莱媒公司的涉案行为比较容易产生误判之处主要在于如何评价莱媒公司代理晨之科公司向职业"删帖"人王某勇购买"删帖"服务的行为。特别是在王某勇已经另案判决成立非法经营罪的情况下，对莱媒公司的购买行为是否应当予以刑事处罚？单纯从事实上进行判断，无论如何好像都可以认为，向职业"删帖"人王某勇购买"删帖"服务的行为客观上对王某勇"删帖型"非法经营的行为起到了帮助作用。如果莱媒公司不代理晨之科公司购买"删帖"服务，王某勇就不会从事该"删帖"行为，但是不能据此认为，凡是通过网络信息平台购买"删帖"服务的行为，都与王某勇构成"删帖型"非法经营罪的共犯。晨之科公司从王某勇处直接购买"删帖"服务与其通过莱媒公司代理购买此种"删帖"服务，对王某勇非法经营罪所起的作用完全相同。所以，为了确认莱媒公司代购"删帖"服务的行为是否与王某勇构成非法经营罪的共犯，必须结合刑法中的对向犯理论进行认定。

对向犯是指以存在两人以上的对向性参与行为为要件的必要共犯形态。例如，非法贩卖枪支、弹药、爆炸物的行为与非法购买枪支、弹药、爆炸物的行为，倒卖车票、船票的行为与购买他人倒卖的车票、船票的行为，贩卖淫秽物品牟利罪中的贩卖行为与购买行为，贿赂罪中的行贿行为与受贿行为，等等，都属于对向犯。在刑法对对向犯双方参与行为的罪刑作了明确规定的情况下，不存在适用疑难，但是刑法中还存在大量的仅处罚一方参与行为的片面对向犯情形，对此需要进行特别分析。从刑法规定的方式来看，片面对向犯至少存在三种类型：一是有的犯罪的全部情形均属于片面对向犯。例如《刑法》第 140 条至第 148 条规定的各种生产、销售伪劣产品的犯罪，仅处罚销售行为，而不处罚购买行为。二是有的犯罪中只有部分情形属于对向犯（可谓部分对向犯）。例如《刑法》第 272 条规定的挪用资金罪，表现为"公司、企业或者其他单位的工作人员，利用职务上的便利，挪用本单位资金归个人使用或者借贷给他人"。显然，"借贷给他人"时需要他人实施接收资金的行为，但《刑法》第 272 条没有规定使用挪用的资金的行为构成犯罪，因而属于片面对向犯。三是虽然从刑法分则条文中看不出其表述的是对向犯，但事实上包含了对向犯。例如《刑法》第 384 条规定的挪用公款罪只有"归个人使用"的表述，而没有"借贷给他人"的规定。该条仅规定挪用公款的行为构成犯罪，而没有规定使用挪用的公款的行为构成犯罪。但事实上，挪用公款罪中有大量的案件是借贷给他人使用，因而属于事实上的片面对向犯。[1]本案中，《解释》第 7 条规定的"删帖型"非法经营罪即属于前述第一种类型的片面对向犯，构成"删帖型"非法经营罪，必然存在购买"删帖"服务的一方。但是刑法规定仅处罚违反国家规定、以营利为目的实施提供网络"删帖"服务行为的卖方，而不处罚购买"删帖"服务的买方。这一点也为我国刑事司法实践所认可。截至目前笔者所看到的"删帖型"非法经营罪判决，还没有处罚买方的情形。因此，"删帖型"非法经营罪作为典型的片面对向犯，即以他人购买"删帖"服务的对向行为为要件，是否处罚双方的行为，在形式上取

---

〔1〕 参见张明楷："对向犯中必要参与行为的处罚范围"，载《比较法研究》2019 年第 5 期。

决于刑法的规定，在实质上取决于双方行为的不法程度的差异、非难可能性的程度以及刑事政策的考量。但显而易见的是，我国刑法和司法实践都仅将有偿提供"删帖"服务的经营行为规定为犯罪，而没有将购买有偿"删帖"服务的行为规定为犯罪（片面的对向犯）。在这种情况下，毫无疑问的是，不能直接根据《刑法》第 225 条第 4 项和《解释》第 7 条的规定，将莱媒公司代理晨之科公司向王某勇购买"删帖"服务的行为认定为非法经营罪予以处罚。

进一步分析可知，只有当莱媒公司的代理行为对王某勇非法经营罪的正犯实施行为起到了超出购买范围的促进作用时，才可能构成共犯。具体而言，超出购买范围的促进作用包括成立教唆犯与帮助犯两种情形：一是构成教唆犯的情形，在王某勇本身没有有偿提供"删帖服务"的犯罪故意时，莱媒公司作为代理人使其产生故意进而提供有偿"删帖"服务的，成立非法经营罪的教唆犯；二是构成帮助犯的情形，在王某勇已有有偿提供"删帖"服务的犯意的情况下，莱媒公司作为代理人的行为对王某勇起到了超出购买范围的帮助作用时，成立非法经营罪的帮助犯。现有已查明事实和证据表明，王某勇作为职业"删帖"人，其犯罪故意早已存在，莱媒公司作为代理人购买"删帖"服务，根本不了解其如何实施，更没有提供任何支持帮助，因此莱媒公司作为购买服务一方，并未对王某勇的非法经营行为起到超出购买范围的促进作用，自然不成立非法经营罪的共犯。

三、"秘乐短视频 APP"经营行为的适用分析

（一）秘乐短视频 APP 运营模式基本情况

秘乐短视频 APP 是浙江秘乐魔方网络科技有限公司（以下简称"秘乐公司"）旗下产品。秘乐公司成立于 2019 年 11 月 28 日，注册地址为杭州市上城区秋涛路，注册资本为 5000 万元人民币；2020 年 4 月 13 日，该公司变更注册地址至宁波市鄞州区首南街道泰康中路 468 号 615 室，目前该公司实际办公地址变更为杭州市西湖区文二西路 669 号西溪智慧大厦 5 层至 10 层。作为新上线的短视频社交平台，秘乐短视频 APP 半年内注册量已突破5000 万，用户遍布全国各地，关注和上传的内容覆盖生活的方方面面。在

这片以短视频为主的领土中，用户可以选择做直播、打广告、卖东西等，将个人想法融合多种其他模式，为各行各业创造可能性，如"短视频+电商""短视频+直播""短视频+社交""短视频+旅游"等。秘乐短视频 APP 运营规则说明如下：

1. 秘豆说明

"秘豆"是平台内的一种虚拟积分，用户每观看一分钟的短视频内容，就可以获得一定的"秘豆"。

观看短视频内容每分钟所获得"秘豆"的数量，与用户的"个人活跃指数"有关。

每人每天仅在观看短视频内容的前 5 分钟可以获得"秘豆"，超过 5 分钟后，将不再获得秘豆。

用户可以使用"秘豆"兑换虚拟物品（头像框、装饰、游戏道具等）、兑换任务道具"铭文"等。

2. 秘宝说明

"秘宝"是用户在平台内直接充值后，所获得的"代币"。

充值金额与"秘宝"的比例是固定的，为 1 元人民币 = 10 秘宝。

"秘宝"不可以兑换成人民币。

用户可以在平台内使用秘宝为其喜欢的短视频内容打赏、在线上商城换购商品或其他虚拟商品。

3. 个人活跃指数说明

个人活跃指数，是指用户在平台中的正面和负面行为，通过平台综合算法所得出的一个数值，此数值代表用户在平台中的活跃程度；正面行为越多，个人活跃指数越高；当产生负面行为时，个人活跃指数会降低；个人活跃指数最高值为 100 000，最低值为 0。

对个人活跃指数产生正面影响的包括（正面行为）：在线时长，即用户在平台中观看视频内容的时长；作品数量 & 质量，即用户在平台中发布的作品数量、作品被点赞次数、作品被转发次数、作品被评次数、作品被打赏次数；互动行为，即用户对其他用户作品的点赞、转发、评论、打赏的互动行为；平台消费，即用户在平台上的消费行为，包括但不仅限于打赏、商城购物的消费行为；监督共查，即用户在平台上对违法违规的用户或视频内容的举报，并经平台核实无误。

对个人活跃指数产生负面影响的包括（负面行为）：被平台发现存在违法违规行为，不符合平台规则的行为；被其他用户投诉、举报、发生纠纷，并经核实无误。

4. 集市说明

用户可以在集市中自愿以设置地摊方式发起置换，将观看短视频内容所获得的虚拟分积分"秘豆"兑换成"秘宝"。

同时，用户也可以使用通过充值所获得的"秘宝"，在集市中自愿以设置地摊方式发起置换，将"秘宝"兑换成虚拟积分"秘豆"。

5. 铭文任务说明

"铭文"是平台内的任务道具，用户可以使用观看短视频内容所得虚拟积分"秘豆"进行兑换。

获得"铭文"后，在铭文有效期内，用户可以获得由任务道具所带来的额外虚拟积分；额外虚拟积分奖励计算方式为：兑换"铭文"所需秘豆数量×奖励比率。

"铭文"的奖励比率每个周期会递减5‰。周期按照自然月，每月会递增2天（随产品运营阶段会调整相应设置）。

用户每邀请一个好友，会获得平台额外给予的5%的虚拟积分"秘豆"推荐奖励。（此奖励仅对由用户"直接邀请"的好友有效。）

6. 用户等级说明

用户每邀请一个好友在秘乐短视频平台上完成注册，即获得50点"经验值"；累计一定的经验值后，用户的等级也会随之提高；级别越高的用户，在为短视频内容打赏时所要缴纳给平台的打赏服务费比例越低。

7. 达人说明

用户直接邀请的好友达到一定数量，并且用户的"个人活跃指数"以及这些好友的个人活跃指数达到一定标准时，会成为"秘乐达人"，平台会给予用户"达人称号"；获得达人称号后，用户将会得到平台的虚拟积分"秘豆"奖励。

8. 联盟活跃指数说明

在用户直接邀请的好友中，除去个人活跃指数最高的前两名好友的活跃指数后，其他好友的个人活跃指数之和，称为联盟活跃指数。

联盟活跃指数仅包括由用户直接邀请的好友的个人活跃指数；被间接邀请的好友的个人活跃指数，一律不计算在其中（包括个人活跃指数以及联盟活跃指数）。

（二）"短视频 APP"经营行为认定的理论分析

2018 年被誉为"中国合规元年"，国务院国资委于 11 月颁布了《中央企业合规管理指引（试行）》，国家发改委、外交部、商务部、人民银行、国资委、外汇局、全国工商联于 12 月联合下发了《企业境外经营合规管理指引》（以下简称《指引》）。虽然两个指引均为指导性，但标志着我国企业经营风险管理领域的重心已从法律风险管理转为合规管理，并从中央企业转为所有企业，而企业所需要遵守的也不再仅仅是法律的强制性规定。

判断秘乐短视频 APP 经营模式是否符合法律规范，主要是准确界定其创新经营行为是否属于新型的非法传销方式，对此应在准确理解《刑法》第 224 条之一"组织、领导传销活动罪"和《关于办理组织领导传销活动刑事案件适用法律若干问题的意见》（公通字 ［2013］ 37 号）（以下简称《意见》），以及《禁止传销条例》（以下简称《条例》）的相关规定基础上，结合秘乐公司的常规经营活动，对其行为性质进行准确界定，并综合考虑数字经济信息新业态经营创新模式予以判断。

参照近年来国务院打击传销的一系列文件，结合近年来的传销行政执法实践，《条例》对传销作出了明确界定，规定组织者或者经营者发展人员，通过被发展人员直接或间接发展人员的数量或者销售业绩为依据计算和给付报酬，或者要求被发展人员以交纳一定费用为条件取得加入资格等方式牟取非法利益，扰乱经济秩序，影响社会稳定的任何行为都属于传销。同时，为了便于理解，《条例》还列举了传销的三种具体表现形式，即以发展下线的数量为依据计提报酬的传销行为（即"拉人头"），以发展的下线的推销业绩为依据计提报酬的传销行为（即"团队计酬"），以及骗取入门费的传销行为。根据刑法及《意见》的规定，组织、领导传销中的传销活动具有以下特征：一是往往以从事商品、服务推销等经营活动为名，诱骗他人参加；二是要求参加者以交纳费用或者购买商品、服务等方式加入资格。在营利模式方面，组织者、领导者获取的利益并非来自于经营活动本身，而是以参加者为了获得加入资格而交纳的费用（俗称"入会费"）或者购买商品、服务的费用作为获利来源。各层级中，上层级人员的计酬或返利（获利），也来源于下层级人员的交纳费用。三是按照一定的顺序组成层级，具体要求参与传销活动的人员在 30 人以上，层级在三级以上。在维系与发展组织的方式方面，上层级人员引诱、胁迫下层级参加人员继续发展他人参加传销活动，各层级人员均主要以发展成员的数量作为计酬或返利依据。四是传销活动最本质的特征在于其诈骗性，共同点在于以高额回报为诱饵，对参加者进行精神乃至人身控制，诱骗甚至胁迫其成员不断发展新成员，以敛取成员缴纳的入门费。五是传销活动具有多方面的社会危害性。[1]

依据现行法律法规可知，秘乐短视频作为一种数字经济的短视频经营模式，其平台注册用户可以选择做直播、打广告、卖东西等，将个人想法融合多种其他模式，并为各行各业创造可能性，如"短视频+电商""短视频+直播""短视频+社交""短视频+旅游"等。其经营模式要求用户必须每天观看视频方能获得秘豆，并对秘豆的获取数量进行了限制，用户看视频的时间越长，给公司带来的广告收益越多。其本质上是一种积分，是一种激励用户看视频从而提高日活跃度的方式，主要在于为了确保平台流量，在流量为王的数字经济时代具有合理性，并非以从事商品、服务推销为名，诱骗他人参加传销组织。虽然秘乐允许用户充值购买发行虚拟代币秘宝，但不允许用户直接将其变现，其作为秘乐短视频平台流通的一种"代币"，与"抖音"的"抖币"一样仅在视屏平台内有效。因此，其不具有人民币支付结算功能，不涉及扰乱金融管理秩序的非法经营行为，用户按规定可以使用秘宝够买礼物在平台内为喜欢的短视频内容打赏、在线上商城换购商品或其他虚拟商品，视频主播或商家在收到礼物后方可按平台要求在免费提供的集市兑换，平台在用户送礼物环节收取 5%的相关费用。其主要是通过广告、游戏商城等板块实现营利，因此允许用户充值购买秘宝在短视

---

〔1〕 参见肖中华："再论组织、领导传销活动罪界定的基本问题"，载《检察日报》2019 年 3 月 27 日。

频平台内部流通的行为不属于非法经营行为和骗取入门费的传销行为。对于秘乐短视频分享好友玩的经营规则，尽管通过点击用户个人专属分享链接，把秘乐分享给好友并实名认证，分享的好友越多活跃度就越高，到达星级达人得到的秘豆奖励越多，从而可以通过秘豆在集市置换或交换获取更多利润，但经营规则同时明确限制仅认可直接邀请的好友，且被邀请的好友也必须按照秘乐短视频运营规则方可获得秘豆或实现秘宝代币流通，且此种秘豆奖励获取方式还必须结合个人活跃指数进行认定，个人活跃指数则由在线时长、作品数量质量、互动行为、平台消费、监督共查等多种正面因素结合而成。因此，秘乐分享好友实名认证的经营模式显然并不属于建立在以直接邀请的好友的推销业绩为依据计提报酬的传销行为（即"团队计酬"）。

在实践中，对于秘乐短视频 APP 是否属于传销平台，必须综合考查两点：一是用户或直接被邀请人员向平台购买商品、接受服务所支付的费用是否严重背离市场价值规律。只有严重背离市场价值规律，组织者、领导者对被组织者、领导者，上层级对下层级，才能够以发展人员数量作为计酬、返利依据获取传销意义上的非法利益，秘乐短视频 APP 不属于此种情况。二是平台是否有引诱、胁迫参加者继续发展他人参加的行为。传销组织的人员发展，鲜明地体现为自上而下层层引诱、胁迫人员参加的特点，如果用户或被直接邀请的好友出于自愿、意思表示真实地参加传销活动，不能认定为犯罪意义上的传销组织。当然，对于行为人采取编造、歪曲政策、虚构、夸大经营、投资、服务项目及盈利前景，掩饰计酬、返利真实来源或者其他欺诈、胁迫手段的，即使平台用户表面上系自愿参加，从规范意义上也应判断为被引诱、胁迫参加。但需要注意的是，对于秘乐短视频 APP 平台这种以短视频观赏流量快速增加为目的，伴以个人活跃指数，结合达人等级为奖励依据的经营活动，其经营至今并不存在前述所列引诱、胁迫参加行为，不能被认定为组织、领导传销活动。

秘乐短视频 APP 经营模式作为一种新经济业态，在相关法律法规存在一定滞后性的情况下，存在较大的经营风险，平台经营主体应特别重视合规管理完善，有效防范企业法律风险。合规计划的运用在公司治理的实践中并非新鲜事物，很长一段时间以来，很多公司均通过设立独立的合规部门、聘用专业的人员来监督、审查本单位业务是否符合法律法规要求、行业标准以及自有规章制度。从公司治理以及公司社会责任来讲，合规计划设置目的可以被归纳为三个方面：一是确保公司遵守法律法规，进而避免发生法律责任；二是控制公司内部风险，防止企业"内鬼"行为；三是履行公司社会责任，避免经营行为给社会造成危害。[1]按照我国相关主管部门发布的《指引》，合规是指企业及其员工的经营管理行为符合法律法规、监管规定、行业准则商业管理、道德规范和企业章程、规章制度以及国际条约、规则等要求。具体而言，秘乐短视频 APP 平台的经营活动固然依靠自然人来实施，但该活动并不是某个自然人的任意而为，而是应当受到秘乐公司的治理结构和运营方式限制。秘乐公司内部治理结构和经营方式必须依靠规则及其实施建立起来，这里的规则既包括公司对短视频平台经营相关法律法规的遵守和在公司内部管理的细化，也包括行业规范、本单位章程、管理文件、操作规程等。并且，应当充分意识到，纸面的规定不足以说明平台积极履行法律法规规定的义务以及行业规范等规定的义务，这些规则的落实，并由此形成的、事实上的治理机构和运营方式，才是值得关注的对象。

秘乐短视频 APP 作为一种中立平台存在时，其经营模式客观上有被他人利用从事违法犯罪活动的可能，比如尽管秘乐短视频 APP 不允许秘豆直接在集市变现，但是当有人刻意利用秘乐短视频经营规则将其作为实施传销活动的平台时，将会给秘乐短视频 APP 的正常经营发展带来极大的法律风险，根据现行法律法规完善秘乐短视频 APP 的经营合规计划，本身就是秘乐公司有效防范控制法律风险的应有举措。合规计划内容一方面来自法律法规的明确要求，另一方面则是秘乐公司对其自身及员工的自我约束。前者例如税收、工商登记、会计账簿等方面的内部规定，实际上是落实法律法规所确定的强制性义务，而不遵从这些强制性义务，其本身就是违法的；后者虽然由公司自己制定，而法律法规并没有强制要求公司制定，但公司仍会为了防范可能的法律风险，例如公司内部应自行制定"平台反传销审查规约""秘乐员工行为准则"等，更是为了充分进行合规管理，主动

---

[1] 时延安："合规计划实施与单位的刑事归责"，载《法学杂志》2019 年第 9 期。

履行内部监管职责，防止他人利用平台从事不法行为给公司可能造成的法律风险。

因此，对于短视频 APP 平台这样一种数字经济新业态发展模式，早期阶段注重平台流量增长符合企业发展规律，但在实现了快速发展的初步目标之后，在现行法律法规存在一定滞后性的情形下，秘乐公司应主动针对管理机制的建设和执行情况、信息披露和利益冲突、主管人员尽职履责、制度检查整改情况，审查、完善合规管理制度，通过外部和内部规范体系建设以防范法律风险，基于秘乐公司良性健康发展需要，健全、完善内部治理结构，建立涵盖管理、防范、预警和纠偏四个方面的企业合规机制。具体而言，应从三个方面对合规管理机制进行完善：一是建立一个设计良好的书面合规计划；二是确保公司有独立、权威和拥有必要资源的合规组织体系，建立合规奖励和惩戒机制，重点在于确保公司合规计划的有效运转；三是在有违规行为发生时，无论是司法机关已经发现还是没有发现，公司合规体系均能够有效识别违规行为，并及时纠正和自我报告，确保公司合规计划有效运作或工作。

参考文献

第一部分　中文参考文献

（一）著作、译著类

1. 陈兴良：《刑事法治论》，中国人民大学出版社 2007 年版。

2. 陈兴良：《刑法知识论》，中国人民大学出版社 2007 年版。

3. 陈兴良：《刑法的人性基础》，中国方正出版社 1999 年版。

4. 陈兴良：《本体刑法学》，商务印书馆 2001 年版。

5. 陈兴良：《刑法的价值构造》，中国人民大学出版社 1998 年版。

6. 陈兴良：《罪刑法定主义》，中国法制出版社 2010 年版。

7. 陈兴良：《刑法哲学》（修订 2 版），中国政法大学出版社 2000 年版。

8. 陈忠林：《意大利刑法纲要》，中国人民大学出版社 1999 年版。

9. 陈正云：《刑法的精神》，中国方正出版社 1999 年版。

10. 陈金钊：《法律解释的哲理》，山东人民出版社 1999 年版。

11. 陈金钊等：《法律解释学》，中国政法大学出版社 2006 年版。

12. 储槐植：《刑事一体化论要》，北京大学出版社 2007 年版。

13. 董皞：《司法解释论》，中国政法大学出版社 1999 年版。

14. 邓子滨：《中国实质刑法观批判》，法律出版社 2009 年版。

15. 段匡：《日本的民法解释学》，复旦大学出版社 2005 年版。

16. 冯果、袁康：《社会变迁视野下的金融法理论与实践》，北京大学出版社 2013 年版。

17. 高铭暄：《刑法专论》，高等教育出版社 2002 年版。

18. 高铭暄、赵秉志：《中国刑法立法之演进》，法律出版社 2007 年版。

19. 高金桂：《利益衡量与刑法之犯罪判断》，元照出版公司 2003 年版。

20. 赵秉志：《刑法基本问题》，北京大学出版社 2010 年版。

21. 冯军：《刑法问题的规范理解》，北京大学出版社 2009 年版。

22. 顾肖荣等：《经济刑法总论比较研究》，上海社会科学院出版社 2008 年版。

23. 郭锋等：《金融发展中的证券法问题研究——以金融创新中的法律制度构建为路径》，法律出版社 2010 年版。

24. 黄茂荣：《法学方法与现代民法》（第 5 版），法律出版社 2007 年版。

25. 何帆：《刑法修正案中的经济犯罪疑难解析》，中国法制出版社 2006 年版。

26. 孔祥俊：《法律解释方法与判解研究：法律解释·法律适用·裁判风格》，人民法院出版社 2004 年版。

27. 李希慧：《刑法解释论》，中国人民公安大学出版社 1995 年版。

28. 李洁：《论罪刑法定的实现》，清华大学出版社 2006 年版。

29. 李国如：《罪刑法定原则视野中的刑法解释》，中国方正出版社 2001 年版。

30. 李耀东、李钧：《互联网金融框架与实践》，电子工业出版社 2014 年版。

31. 刘仁文：《刑事政策初步》，中国人民公安大学出版社 2004 年版。

32. 刘仁文：《环境资源保护与环境资源犯罪》，中信出版社 2004 年版。

33. 刘仁文等：《立体刑法学》，中国社会科学出版社 2018 年版。

34. 刘宪权、吴允锋：《侵犯知识产权犯罪理论与实务》，北京大学出版社 2007 年版。

35. 刘宪权：《证券期货犯罪理论与实务》，商务印书馆 2005 年版。

36. 刘远：《金融诈骗罪研究》，中国检察出版社 2002 年版。

37. 刘伟：《经济刑法规范适用原论》，法律出版社 2012 年版。

38. 林山田：《经济犯罪与经济刑法》，三民书局 1981 年版。

39. 林维：《刑法解释的权力分析》，中国人民公安大学出版社 2006 年版。

40. 林喆：《法律思维学导论》，山东人民出版社 2000 年版。

41. 黎宏：《刑法总论问题思考》，中国人民大学出版社 2007 年版。

42. 刘树德：《罪状解构——刑事法解释的展开》，法律出版社 2002 年版。

43. 刘红婴：《法律语言学》，北京大学出版社 2003 年版。

44. 郎胜主编：《中华人民共和国刑法释义》（第 5 版含刑法修正案），法律出版社 2011 年版。

45. 马克昌主编：《经济犯罪新论：破坏社会主义经济秩序罪研究》，武汉大学出版社 1998 年版。

46. 彭辅顺等编著：《非法经营罪专题整理》，黄京平审定，中国人民公安大学出版社 2007 年版。

47. 屈学武：《金融刑法学研究》，中国检察出版社 2004 年版。

48. 曲新久：《刑法的精神与范畴》，中国政法大学出版社 2000 年版。

49. 舒国滢等：《法学方法论问题研究》，中国政法大学出版社 2007 年版。

50. 孙国祥、魏昌东：《经济刑法研究》，法律出版社 2005 年版。

51. 唐稷尧：《经济犯罪的刑事惩罚标准研究》，四川大学出版社 2007 年版。

52. 田宏杰：《中国刑法现代化研究》，中国方正出版社 2000 年版。

53. 谭兆强：《法定犯理论与实践》，上海人民出版社 2013 年版。

54. 涂龙科：《网络交易视阈下的经济刑法新论》，法律出版社 2017 年版。

55. 吴丙新：《修正的刑法解释理论》，山东人民出版社 2007 年版。

56. 吴允锋：《经济犯罪规范解释的基本原理》，上海人民出版社 2013 年版。

57. 王世洲：《德国经济犯罪与经济刑法研究》，北京大学出版社 1999 年版。

58. 王利明：《法律解释学导论：以民法为视角》，法律出版社 2009 年版。

59. 王海桥：《刑法解释的基本原理——理念、方法及其运作规则》，法律出版社 2012 年版。

60. 王海桥：《经济刑法解释原理的建构及其适用》，中国政法大学出版社 2015 年版。

61. 肖吕宝：《主、客观违法论在刑法解释上的展开》，黑龙江人民出版社 2008 年版。

62. 肖中华：《犯罪构成及其关系论》，中国人民大学出版社 2000 年版。

63. 许玉秀：《当代刑法思潮》，中国民主法制出版社 2005 年版。

64. 谢望原等：《中国刑事政策研究》，中国人民大学出版社 2006 年版。

65. 谢晖、陈金钊：《法律：诠释与应用——法律诠释学》，上海译文出版社 2002 年版。

66. 谢平、邹传伟、刘海二：《互联网金融手册》，中国人民大学出版社 2014 年版。

67. 杨艳霞：《刑法解释的理论与方法：以哈贝马斯的沟通行动理论为视角》，法律出版社 2007 年版。

68. 杨兴培、李翔：《经济犯罪和经济刑法研究》，北京大学出版社 2009 年版。

69. 张天虹：《经济犯罪新论》，法律出版社 2004 年版。

70. 张明楷：《诈骗罪与金融诈骗罪研究》，清华大学出版社 2006 年版。

71. 张明楷：《刑法分则的解释原理》，中国人民大学出版社 2004 年版。

72. 张明楷：《刑法学》（第 5 版），法律出版社 2016 年版。

73. 张明楷：《法益初论》（修订版），中国政法大学出版社 2003 年版。

74. 张明楷：《刑法的基本立场》（修订版），商务印书馆 2019 年版。

75. 张明楷：《外国刑法纲要》（第 2 版），清华大学出版社 2007 年版。

76. 张智辉、刘远主编：《金融犯罪与金融刑法新论》，山东大学出版社 2006 年版。

77. 张军等：《刑法纵横谈（总则部分）》（增订版），北京大学出版社 2008 年版。

78. 张小虎：《刑法的基本观念》，北京大学出版社 2004 年版。

79. 张志铭：《法律解释操作分析》，中国政法大学出版社 1999 年版。

80. 周光权：《刑法公开课》（第 1 卷），北京大学出版社 2019 年版。

81. 陈志龙：《法益与刑事立法》，台湾大学丛书编辑委员会 1992 年版。

82. 高宣扬：《解释学简论》，三联书店（香港）有限公司 1988 年版。

83. 黄荣坚：《刑法问题与利益思考》，中国人民大学出版社 2009 年版。

84. 柯耀程：《变动中的刑法思想》，中国政法大学出版社 2003 年版。

85. 林山田：《刑法通论》（上册）（增订第 9 版），台湾大学法学院图书部 2005 年版。

86. 林东茂：《危险犯与经济刑法》，五南图书出版公司 2002 年版。

87. 林钰雄：《新刑法总则》，中国人民大学出版社 2009 年版。

88. 苏俊雄：《刑法总论》（I），台湾大学法学院图书部 1998 年版。

89. 王泽鉴：《法律思维与民法实例》，中国政法大学出版社 2001 年版。

90. 吴庚：《宪法的解释与适用》（第 3 版），三民书局 2004 年版。

91. 许恒达：《法益保护与行为刑法》，元照出版有限公司 2016 年版。

92. 张国钧：《邓小平的利益观》，北京出版社 1998 年版。

93. 颜厥安：《法与实践理性》，允晨文化实业股份有限公司 1998 年版。

94. 余振华：《刑法深思·深思刑法》，元照出版公司 2005 年版。

95. 易君博：《政治理论与研究方法》，三民书局 1993 年版。

96. 卞耀武主编：《英国证券发行与交易法律》，法律出版社 1999 年版。

97. 蔡墩铭主编：《刑法争议问题研究》，五南图书出版公司 1995 年版。

98. 陈兴良主编：《经济刑法学（总论）》，中国社会科学出版社 1990 年版。

99. 陈兴良主编：《刑法方法论研究》，清华大学出版社 2006 年版。

100. 陈兴良主编：《刑法各论精释》（下），人民法院出版社 2015 年版。

101. 陈泽宪主编：《经济刑法新论》，群众出版社 2001 年版。

102. 冯军、肖中华主编：《刑法总论》，中国人民大学出版社 2008 年版。

103. 冯中华主编：《公司经济犯罪研究》，中国方正出版社 2005 年版。

104. 高铭暄、王作富主编：《中国惩治经济犯罪全书》，中国政法大学出版社 1995 年版。

105. 高铭暄、赵秉志编：《新中国刑法立法文献资料总览》，中国人民公安大学出版社 1998 年版。

106. 高铭暄、马克昌主编：《刑法学》，中国法制出版社 1999 年版。

107. 高铭暄、马克昌主编：《中国刑法解释》（上），中国社会科学出版社 2005 年版。

108. 顾肖荣主编：《经济刑法》（1~6），上海出版社 2003~2007 年版。

109. 马克昌主编：《近代西方刑法学说史略》，中国检察出版社 2004 年版。

110. 何秉松主编：《新时代曙光下刑法理论体系的反思与重构——全球性的考察》，中国人民公安大学出版社 2008 年版。

111. 刘杰主编：《经济刑法概论》，中国人民公安大学出版社 2003 年版。

112. 刘仁文主编：《刑法学的新发展》，中国社会科学出版社 2014 年版。

113. 刘生荣、但伟主编：《破坏市场经济秩序犯罪的理论与实践》，中国方正出版社 2001 年版。

114. 梁根林主编：《刑法方法论》，北京大学出版社 2006 年版。

115. 梁根林、[德] 埃里克·希尔根多夫主编：《中德刑法学者的对话：罪刑法定与刑法解释》，北京大学出版社 2013 年版。

116. 李立众、吴学斌主编：《刑法新思潮：张明楷教授学术观点探究》，北京大学出版社 2008 年版。

117. 李翔主编：《经济犯罪司法适用疑难解析》，知识产权出版社 2008 年版。

118. 曲新久主编：《刑法学》（第 2 版），中国政法大学 2009 年版。

119. 王仲兴主编：《经济犯罪形态与对策研究》，广东人民出版社 2006 年版。

120. 王作富主编：《刑法分则实务研究》（第 5 版），中国方正出版社 2013 年版。

121. 吴晓灵主编：《互联网金融：中国实践的法律透视》，上海远东出版社 2015 年版。

122. 肖扬主编：《中国刑事政策和策略问题》，法律出版社 1996 年版。

123. 赵秉志主编：《犯罪总论问题探索》，法律出版社 2004 年版。

124. 赵秉志主编：《刑法基础理论探索》，法律出版社 2002 年版。

125. 赵秉志主编：《刑法解释研究》，北京大学出版社 2007 年版。

126. 赵秉志、张军主编：《中国刑法学年会文集（2003 年度）：刑法解释问题研究》，中国人民公安大学出版社 2003 年版。

127. 周密主编：《美国经济犯罪和经济刑法研究》，北京大学出版社 1993 年版。

128. 周旺生主编：《立法学》，法律出版社 2000 年版。

129. 周正庆主编：《证券知识读本》（修订本），中国金融出版社 2006 年版。

130. 赵旭东主编：《公司法学》（第 3 版），高等教育出版社 2012 年版。

131. 中国证券监督管理委员会稽查局编：《证券期货稽查典型案例分析》，科学出版社 2013 年版。

132. 中国人民大学刑事法律科学研究中心编：《明德刑法学名家讲演录》（第 1 卷），北京大学出版社 2009 年版。

133. 最高人民法院中国应用法学研究所编：《人民法院案例选·刑事卷》（1992 年–1996 年合订本），人民法院出版社 1997 年版。

134. 中华人民共和国最高人民法院刑事审判第一庭、第二庭编：《刑事审判参考》，法律出版社 2004 年版。

135. 全国人大常委会法工委刑法室编:《中华人民共和国刑法修正案（八）条文说明、立法理由及相关规定》,北京大学出版社 2011 年版。

136. ［英］哈特:《法律的概念》,张文显等译,中国大百科全书出版社 1996 年版。

137. ［英］丹宁:《法律的训诫》,杨百揆、刘庸安、丁健译,法律出版社 1999 年版。

138. ［英］Chris Jenks:《文化》,俞智敏、陈光远、王淑燕译,巨流图书有限公司 2002 年版。

139. ［英］丹尼斯·罗伊德:《法律的理念》,张茂柏译,新星出版社 2005 年版。

140. ［美］波斯纳:《法理学问题》,苏力译,中国政法大学出版社 1994 年版。

141. ［美］罗斯科·庞德:《法律史解释》,曹玉堂、杨知译,邓正来校,华夏出版社 1989 年版。

142. ［美］赫施:《解释的有效性》,王才勇译,生活·读书·新知三联书店 1991 年版。

143. ［美］E. 博登海默:《法理学:法律哲学及其方法》,邓正来译,中国政法大学出版社 1999 年版。

144. ［美］本杰明·N. 卡多佐:《法律的成长 法律科学的悖论》,董炯,彭冰译,中国法制出版社 2002 年版。

145. ［美］P. 诺内特、P. 塞尔兹尼克:《转变中的法律与社会:迈向回应型法》（修订版）,张志铭译,中国政法大学出版社 2004 年版。

146. ［美］米尔顿·弗里德曼:《资本主义与自由》,张瑞玉译,商务印书馆 2007 年版。

147. ［美］兹维·博迪、罗伯特·C. 默顿、戴维·L. 克利顿:《金融学》（第 2 版）,曹辉、曹音译,刘澄、曹辉校,中国人民大学出版社 2010 年版。

148. ［美］海尔·斯科特、安娜·葛蓬:《国际金融:法律与监管》,刘俊译,法律出版社 2015 年版。

149. ［美］丹尼尔·贝尔:《社群主义及其批评者》,李琨译,香港牛津大学出版社 2000 年版。

150. ［意］贝卡里亚:《论犯罪与刑罚》,黄风译,中国大百科全书出版社 1993 年版。

151. ［意］艾柯等:《诠释与过度诠释》,王宇根译,生活·读书·新知三联书店 1997 年版。

152. ［意］杜里奥·帕多瓦尼:《意大利刑法学原理》（注评版）,陈忠林译评,中国人民大学出版社 2004 年版。

153. ［法］保罗·利科尔:《解释学与人文科学》,陶远华等译,曲炜等校,河北人民出版社 1987 年版。

154. ［法］卡斯东·斯特法尼:《法国刑法总论精义》,罗结珍译,中国政法大学出版社 1998 年版。

155. ［德］H. 科殷:《法哲学》,林荣远译,华夏出版社 2003 年版。

156. ［德］阿·迈纳:《方法论导论》,王路译,生活·读书·新知三联书店 1991 年版。

157. ［德］马克斯·韦伯:《论经济与社会中的法律》,张乃根译,中国大百科全书出版社 1998 年版。

158. ［德］罗伯特·阿列克西:《法律论证理论——作为法律证立理论的理性论辩理论》,舒国滢译,中国法制出版社 2002 年版。

159. ［德］哈贝马斯:《在事实与规范之间:关于法律和民主法治国的商谈理论》,童世骏译,生活·读书·新知三联书店 2003 年版。

160. ［德］拉德布鲁赫:《法学导论》,米健、朱林译,中国大百科全书出版社 1997 年版。

161. ［德］亚图·考夫曼:《类推与"事物本质"——兼论类型理论》,吴从周译,颜厥安校,学林文化事业有限公司 1999 年版。

162. ［德］卡尔·拉伦茨:《法学方法论》,陈爱娥译,商务印书馆 2003 年版。

163. ［德］卡尔·恩吉施:《法律思维导论》,郑永流译,法律出版社 2004 年版。

164. ［德］考夫曼:《法律哲学》,刘幸义等译,法律出版社 2004 年版。

165. ［德］汉斯·海因里希·耶塞克、托马斯·魏根特:《德国刑法教科书(总论)》,徐久生译,中国法制出版社 2001 年版。

166. ［德］克劳斯·罗克辛:《德国刑法学 总论:犯罪原理的基础构造》(第 1 卷),王世洲译,法律出版社 2005 年版。

167. ［德］约翰内斯·韦赛尔斯:《德国刑法总论》,李昌珂译,法律出版社 2008 年版。

168. ［德］康拉德·黑塞:《联邦德国宪法纲要》,李辉译,商务印书馆 2007 年版。

169. ［瑞典］汉斯·舍格伦、约兰·斯科格编:《经济犯罪的新视角》,陈晓芳、廖志敏译,北京大学出版社 2006 年版。

170. ［日］大塚仁:《刑法概说(总论)》(第 3 版),冯军译,中国人民大学出版社 2003 年版。

171. ［日］中山研一:《刑法的基本思想》,姜伟、毕英达译,国际文化出版公司 1988 年版。

172. ［日］前田雅英:《日本刑法各论》(第 2 版),董璠舆译,刘俊麟校订,五南图书出版公司 1995 年版。

173. ［日］大谷实:《刑法总论》,黎宏译,法律出版社 2003 年版。

174. ［日］福田平、大塚仁编:《日本刑法总论讲义》,李乔、文石、周世铮译,佟阶、绍华、吕心廉校译,何鹏校订,辽宁人民出版社 1986 年版。

175. ［日］木村龟二主编:《刑法学词典》,顾肖荣、郑树周译校,上海翻译出版公司

1991 年版。

176. ［日］前田庸：《公司法入门》（第 12 版），王作全译，北京大学出版社 2012 年版。

176. ［日］芝原邦尔：《经济刑法研究》（下），有斐阁 2005 年版。

178. ［日］佐佐木史朗编：《判例经济刑法大事》（第 1 卷），日本评论社 2000 年版。

179. ［日］佐伯仁志、道垣内弘人：《刑法与民法的对话》，于改之、张小宁译，北京大学出版社 2012 年版。

180. ［日］佐伯仁志：《制裁论》，丁胜明译，北京大学出版社 2018 年版。

181. （清）薛允升撰：《唐明律合编》，怀效锋、李鸣点校，法律出版社 1999 年版。

182. 冯军译：《德国刑法典》（附德文），中国政法大学出版社 2000 年版。

183. 徐久生、庄敬华译：《德国刑法典》（2002 年修订），中国方正出版社 2004 年版。

184. 徐久生译：《瑞士联邦刑法典》（1996 年修订），中国法制出版社 1999 年版。

185. 张明楷译：《日本刑法典》（第 2 版），法律出版社 2006 年版。

186. 潘再平修订主编：《新德汉词典》（《德汉词典》修订本），上海译文出版社 2000 年版。

（二）论文类

1. 蔡军："刑法解释的基本立场分析——从罪刑法定原则的形式性和实质性理解出发"，载《理论月刊》2006 年第 9 期。

2. 储槐植、何群："刑法谦抑性实践理性辨析"，载《苏州大学学报（哲学社会科学版）》2016 年第 3 期。

3. 陈兴良："法律解释的基本理念"，载《法学》1995 年第 5 期。

4. 陈兴良、周光权："刑法司法解释的限度——兼论司法法之存在及其合理性"，载《法学》1997 年第 3 期。

5. 陈兴良："四要件犯罪构成的结构性缺失及其颠覆——从正当行为切入的学术史考察"，载《现代法学》2009 年第 6 期。

6. 陈兴良："形式与实质的关系：刑法学的反思性检讨"，载《法学研究》2008 年第 6 期。

7. 陈兴良："当代中国刑法理念"，载《北京大学研究生学志》2007 年第 3 期。

8. 陈兴良："刑法解释方法及位阶关系"，载《人民法院报》2005 年 2 月 23 日

9. 陈兴良："刑事法治的理念建构"，载北京大学法学院编：《刑事法治的理念建构》，法律出版社 2002 年版。

10. 陈弘毅："当代西方法律解释学初探"，载《中国法学》1997 年第 3 期。

11. 陈金钊："文义解释：法律方法的优位选择"，载《文史哲》2005 年第 6 期。

12. 陈伟、蔡荣："互联网金融刑法规制的路径选择与展望"，载《南昌大学学报（人文社会科学版）》2016 年第 5 期。

13. 程昉："罪刑法定原则下的刑法解释及其发展趋势"，载《浙江社会科学》2003 年第 2 期。

14. 陈忠林："中国刑法中的证券犯罪"，载高铭暄、赵秉志主编：《中日经济犯罪比较研究》，法律出版社 2005 年版。

15. 陈忠林、王昌奎："刑法概念的重新界定及展开"，载《现代法学》2014 年第 4 期。

16. 高铭暄、梁剑："金融凭证诈骗罪若干疑难问题研究"，载《法学》2003 年第 12 期。

17. 高铭暄、王剑波："我国证券犯罪立法的本土化与国际化思辨"，载《法学家》2008 年第 1 期。

18. 高媛："互联网金融犯罪刑法治理的完善研究"，载《延边大学学报（社会科学版）》2018 年第 1 期。

19. 顾肖荣："近期证券市场的主要涉罪问题"，载《法学》2007 年第 6 期。

20. 郭研："部门法交叉视域下刑事违法性独立判断之提倡——兼论整体法秩序统一之否定"，载《南京大学学报（哲学·人文科学·社会科学）》2020 年第 5 期。

21. 何秉松、杨艳霞："论刑法解释观"，载《西南民族大学学报（人文社科版）》2006 年第 5 期。

22. 姜涛："刑法解释的刑事政策化"，载陈兴良主编：《刑事法评论》（第 30 卷），北京大学出版社 2012 年版。

23. 简爱："一个标签理论的现实化进路：刑法谦抑性的司法适用"，载《法制与社会发展》2017 年第 3 期。

24. 姜明安："行政违法行为与行政处罚"，载《中国法学》1992 年第 6 期。

25. 姜伟、陈正云："罪刑法定与刑法解释——兼析为收养而偷盗婴儿的行为应否定罪"，载《人民检察》2001 年第 1 期。

26. 姜伟、卢宇蓉："论刑法解释的若干问题"，载《中国刑事法杂志》2003 年第 6 期。

27. 蒋惠岭："浅谈司法裁判与法律解释方法"，载《法律适用（国家法官学院学报）》2001 年第 7 期。

28. 蒋熙辉："刑法解释限度论"，载《法学研究》2005 年第 4 期。

29. 蒋熙辉："中俄非法经营罪比较研究"，载《检察日报》2002 年 5 月 10 日。

30. 李希慧："论刑法解释的原则"，载《法律科学（西北政法学院学报）》1994 年第 6 期。

31. 李希慧："刑法的论理解释方法探讨"，载《法商研究（中南政法学院学报）》1994 年第 5 期。

32. 李凤梅："非公有制经济平等刑法保护之解读与思考"，载《河北法学》2008 年第 12 期。

33. 梁根林："刑法适用解释规则论"，载《法学》2003 年第 12 期。

34. 刘炯："经济犯罪视域下的刑法保护前置化及其限度"，载《厦门大学学报（哲学社会科学版）》2020 年第 4 期。

35. 马春晓："中国经济刑法法益：认知、反思与建构"，载《政治与法律》2020 年第 3 期。

36. 梅传强、张永强："金融刑法的范式转换与立法实现——从'压制型法'到'回应型法'"，载《华东政法大学学报》2017 年第 5 期。

37. 林卫星、李丽："我国刑法对非公有制经济区别保护的原因探析——兼评平等保护观"，载《政法论丛》2007 年第 2 期。

38. 廖增昀："略论经济犯罪"，载《法律学习与研究》1988 年第 1 期。

39. 刘志远："刑法解释的限度——合理的扩大解释与类推解释的区分"，载《国家检察官学院学报》2002 年第 5 期。

40. 刘仁义："引言　从刑法注释到刑法解释学"，载《环球法律评论》2010 年第 5 期。

41. 刘艳红："走向实质解释的刑法学——刑法方法论的发端、发展与发达"，载《中国法学》2006 年第 5 期。

42. 刘艳红："犯罪论体系：范畴论抑或目的论"，载《中国法学》2008 年第 1 期。

43. 刘明祥："论刑法学中的类推解释"，载《法学家》2008 年第 2 期。

44. 刘伟："资本功能转变中的虚报注册资本罪"，载《中国刑事法杂志》2008 年第 4 期。

45. 劳东燕："刑事政策与刑法解释中的价值判断——兼论解释论上的'以刑制罪'现象"，载《政法论坛》2012 年第 4 期。

46. 劳东燕："风险社会与功能主义的刑法立法观"，载《法学评论》2017 年第 6 期。

47. 莫洪宪、郭玉川："论刑法对非国有经济的保护——谈平等保护与区别保护的冲突与协调"，载《湖北社会科学》2008 年第 2 期。

48. 欧阳本祺："论行政犯违法判断的独立性"，载《行政法学研究》2019 年第 4 期。

49. 彭辅顺："刑法解释方法与人权保障的实现——从类推解释、扩张解释、限制解释谈起"，载《政法论丛》2007 年第 1 期。

50. 齐文远、周详："论刑法解释的基本原则"，载《中国法学》2004 年第 2 期。

51. 曲新久："论刑法解释与解释文本的同步效力——兼论刑法适用的逻辑路径"，载《政法论坛》2006 年第 2 期。

52. 钱小平："我国惩治贿赂犯罪立法检讨——以积极治理主义为视角"，载《法商研究》2018 年第 1 期。

53. 阮齐林："新刑法提出的新课题"，载《法学研究》1997 年第 5 期。

54. 时延安、阴建峰："刑事政策在刑法有权解释中的功能"，载《南都学坛》2005 年第 2 期。

55. 时延安："刑法规范的结构、属性及其在解释论上的意义"，载《中国法学》2011 年第 2 期。

56. 时延安："合规计划实施与单位的刑事归责"，载《法学杂志》2019 年第 9 期。

57. 宋盈："互联网金融刑法规制谦抑说之反驳——兼与刘宪权教授商榷"，载《学术界》2017 年第 7 期。

58. 苏彩霞："刑法解释方法的位阶与运用"，载《中国法学》2008 年第 5 期。

59. 苏力："解释的难题：对几种法律文本解释方法的追问"，载《中国社会科学》1997 年第 4 期。

60. 苏雄华："中国传销的概念清理及其入罪检讨"，载《河北法学》2010 年第 2 期。

61. 孙广华："论经济犯罪（上）"，载《中国法学》1988 年第 2 期。

62. 涂龙科："改革开放三十年来经济犯罪基础理论研究综述"，载《河北法学》2008 年第 11 期。

63. 王广辉："宪法解释与宪法理解"，载《中国法学》2001 年第 4 期。

64. 王骏："不同法域之间违法性判断的关系"，载《法学论坛》2019 年第 5 期。

65. 王利明："民法要扩张 刑法要谦抑"，载《中国大学教学》2019 年第 11 期。

66. 王世洲："刑法方法理论的若干基本问题"，载《法学研究》2005 年第 5 期。

67. 王政勋："论刑法解释中的词义分析法"，载《法律科学（西北政法学院学报）》2006 年第 1 期。

68. 王昭武："法秩序统一性视野下违法判断的相对性"，载《中外法学》2015 年第 1 期。

69. 王作富："罪刑法定原则与刑法扩大解释"，载中国人民大学刑事法律科学研究中心编：《明德刑法学名家讲演录》（第 1 卷），北京大学出版社 2009 年版。

70. 王海桥、马渊杰："被害人自冒风险的刑事归责——论自我负责原则"，载《中国刑事法杂志》2011 年第 1 期。

71. 王钢："德国近五十年刑事立法述评"，载《政治与法律》2020 年第 3 期。

72. 王勇："互联网时代的金融犯罪变迁与刑法规制转向"，载《当代法学》2018 年第 3 期。

73. 吴丙新："罪刑法定与刑法解释的冲突"，载《法学论坛》2001 年第 5 期。

74. 吴镝飞："法秩序统一视域下的刑事违法性判断"，载《法学评论》2019 年第 3 期。

75. 吴元曜："论经济刑法概括条款之规范模式"，载《军法专刊》第 51 卷第 10 期。

76. 肖中华："经济犯罪的规范解释"，载《法学研究》2006 年第 5 期。

77. 肖中华："刑法目的解释和体系解释的具体运用"，载《法学评论》2006 年第 5 期。

78. 肖中华、王海桥："空白刑法的规范诠释：在规范弹性与构成要件明确性之间"，载《法学杂志》2009 年第 8 期。

79. 肖中华："再论组织、领导传销活动罪界定的基本问题"，载《检察日报》2019 年 3 月 27 日。

80. 徐汉明、张乐："大数据时代惩治与预防网络金融犯罪的若干思考"，载《经济社会体制比较》2015 年第 3 期。

81. 谢望原："论刑事政策对刑法理论的影响"，载《中国法学》2009 年第 3 期。

82. 谢煜伟："检视日本刑事立法新动向——现状及其课题"，载《月旦评法学杂志》2009 年第 2 期。

83. 阎二鹏、任海涛："经济刑法立法模式之比较与选择"，载《政治与法律》2008 年第 5 期。

84. 薛生全："价值指引下的刑法解释"，载《法学杂志》2004 年第 6 期。

85. 张明楷："罪刑法定原则与法律解释方法"，载游伟主编：《华东刑事司法评论》（第 3 卷），法律出版社 2003 年版。

86. 张明楷："刑法学中的概念使用与创制"，载《法商研究》2021 年第 1 期。

87. 张明楷："刑法解释的理念"，载《国家检察官学院学报》2008 年第 6 期。

88. 张明楷："刑法理念与刑法解释"，载《法学杂志》2004 年第 4 期。

89. 张明楷："注重体系解释　实现刑法正义"，载《法律适用》2005 年第 2 期。

90. 张明楷："刑事立法的发展方向"，载《中国法学》2006 年第 4 期。

91. 张明楷："以违法与责任为支柱构建犯罪论体系"，载《现代法学》2009 年第 6 期。

92. 张明楷："对向犯中必要参与行为的处罚范围"，载《比较法研究》2019 年第 5 期。

93. 张向东："网络非法经营犯罪若干问题辨析"，载《法律适用》2014 年第 2 期。

94. 赵秉志："宽严相济的刑事政策与刑法解释关系论"，载《河南省政法管理干部学院学报》2008 年第 2 期。

95. 张小虎："对刑法解释的反思"，载《北京师范大学学报（社会科学版）》2003 年第 3 期。

96. 张志铭："当代中国的法律解释问题研究"，载《中国社会科学》1996 年第 5 期。

97. 郑军男："刑法司法解释方法论——寻求刑法司法解释的客观性"，载《吉林大学社会科学学报》2003 年第 6 期。

98. 周光权："积极刑法立法观在中国的确立"，载《法学研究》2016 年第 4 期。

99. 陈爱娥："如何明确适用'法律明确性原则'——评司法院大法官释字第五四五号解

释",载《月旦法学》2002年第88期。

100. 参见李圣杰:"飞走的金丝雀——包摄错误",载《月旦法学教室》2004年第22期。

101. 叶益发:"从犯罪论体系的演进看构成要件论的发展",载韩忠谟法学教授基金会编:《刑事思潮之奔腾:韩忠谟教授纪念论文集》2000年版。

102. 龙癸艺:"论罪刑法定主义之明确性原则",载《中原财经法学》2003年第11期。

103. 蔡墩铭:"罪刑法定主义与构成要件明确性",载蔡墩铭主编:《刑法争议问题研究》,五南图书出版公司1999年版。

104. 陈朴生:"罪刑法定与行政刑法之解释方法",载《法令月刊》1986年第5期。

105. 刘幸义:"法律规范之结构及其关联性",载《中兴法学》1986年第22期。

106. 张佳宏:"从政府管制探讨竞争政策",载《公平交易季刊》2000年第3期。

107. [德] 克劳斯·罗克辛:"刑法的任务不是法益保护吗?",樊文译,载陈兴良主编:《刑事法评论》(第19卷),北京大学出版社2007年版。

108. [德] 洛塔尔·库伦:"罪刑法定原则与德国司法实践",载梁根林、[德] 埃里克·希尔根多夫主编:《中德刑法学者的对话:罪刑法定与刑法解释》,北京大学出版社2013年版。

109. [德] 乌韦·布劳洛克:"法规保护目的理论",姚志明译,载《中正大学法学集刊》2000年第3期。

110. [日] 前田雅英:"罪刑法定主义与实质的构成要件解释》,载《现代刑事法》2001年第1期。

111. [日] 前田雅英:"罪刑法定主义的现代意义",载前田雅英:《现代社会与实质的犯罪论》,东京大学出版社1992年版。

112. [日] 佐久间修:"共同过失与共犯",载马克昌、莫洪宪主编:《中日共同犯罪比较研究》,武汉大学出版社2003年版。

113. [日] 神山敏雄:"经济犯罪的理论框架",载顾肖荣主编:《经济刑法》(第1辑),上海人民出版社2003年版。

114. [日] 津田博之:"日本的证券犯罪——以内幕交易罪为中心",刘隽译,载《中日刑事法研讨会会议议论文集》2009年。

115. [日] 芝原邦尔:"经济刑法的保护法益",载《法学协会杂志》第115卷第4号。

116. [日] 今井猛嘉:"环境犯罪",李立众译,载《河南省政法管理干部学院学报》2010年第1期。

117. [日] 伊东研佑:"作为保护法益的'环境'",载《环境刑法研究序说》2003年。

118. [日] 伊东研佑:"刑法的行政从属性与行政机关的刑事责任",载《环境刑法研究序说》2003年。

119. ［日］伊藤司："环境刑法总论——环境利益与刑法规制"，载《法政研究》1993
年第 3、4 号。

120. 范德安："非法经营罪研究"，吉林大学 2009 年博士学位论文。

121. 顾乐："刑法解释的存在依据与实现方式"，吉林大学 2008 年博士学位论文。

122. 胡东飞："刑法解释的基本观念"，清华大学 2006 年博士学位论文。

123. 吴从周："类型思维与法学方法"，台湾大学 1993 年硕士学位论文。

124. 吴元曜："证券诈欺刑事责任之研究"，台湾大学 1993 年博士学位论文。

第二部分 外文参考文献

（一）英文文献

1. Paul Ricoeur, *Hermeneutics and the human Sciences*, Cambridge University Press, 1981.

2. William N. Elkridge, Jr, *Dynamic Statutory Interpretation*, Harvard University Press, 1994.

3. Ruth Sullivan, *Statutory Interpretation*, Irwin Law, 1997.

4. Rupert Cross, *Statutory Interpretation*, Butterworths, 1994.

5. Guru Prasanna Singh, *Principals of Statutory Interpretation*, Wadhwa and Company, 1992.

（二）法文文献

1. Salih Mahsoub, La force obligatoire de la loi pénale pour le juge：étude sur l'interprétation et l'analogie dans les législations nouvelles et spécialement en droit pénal suisse, L. Geneaux, 1952, Suisse.

（三）德文文献

1. Vgl. Georg Schwalm, Der objektivierte Wille des Gesetzgebers, Heinitz-FS, 1972.

2. Friedrich Nowakowski, Das österreichische Strafrecht in seinen Grundzügen, 1995.

3. Jakobs, AT, 4/21 （2 Aufl., Berlin 1993）.

4. Foregger /Serini, StGB, Wien, 1988.

5. Vgl. Christian Starck, Funktion der Parlamentarischen Gesetzgebung im demokratischen Verfassungsstaat, in：ders., Der demokratische Verfassungsstaat：Gestalt, Grundlagen, Gefaehrdungen, 1995.

（四）日文文献

1. ［日］増田豊：《語用論的意味理論と法解釈方法論》，勁草書房 2008 年版。

2. ［日］福田平：《刑法解釈学の諸問題》，有斐閣 2007 年版。

3. ［日］関哲夫：《刑法解釈の研究》，成文堂 2006 年版。

4. ［日］萩原滋：《罪刑法定主義と刑法解釈》，成文堂 1998 年版。

后　记

　　2003 年北京非典肆虐时，我作为一名北方工业大学的本科生在校园里隔离封闭，2019 年新冠爆发后，我作为一名北方工业大学的专业教师忙于疫情防控和线上教学。与疫情两次相逢，虽庆幸自己与身边人皆安然无恙，但也常为不幸者祈福悲伤，看到疫情中那些勇于逆行的人，我一直告诫自己，活着就要努力去热爱，永远不要害怕被伤害。

　　自 2010 年博士毕业回到本科时的母校任教十一载，昔日意气青年恰入不惑，虽挣扎纠结难免，但我一直热爱教师这个职业，也一直热爱刑法科研教学。北方工业大学法学学科设立于 1985 年，同年设立的经济法研究所在中国经济法学会顾问张士元先生的带领下，一直在经济法学界占有一席之地。因此，2011 年刑法学硕士点获准设立时，根据北京已有的刑法学科点布局，在法律系老主任和原刑法学科带头人吴邲光教授的支持下，就明确将经济刑法的实体程序一体化研究作为特色研究方向。这些年来，我作为刑法学科的一名教师，结合自己的科研教学尝试就经济刑法的基础理论进行体系性的初步思考，虽然深知珠玉在前、思考难免浅陋错漏，但仍然想将已经形成的文字交付出版，一方面供有兴趣的学生学习经济刑法参考，另一方面也供学界专家同仁批评指正，为日后不断修改完善提供反思。生命是有残缺的，我们要学会接受它，观今日学术一片繁荣景象，哪怕这本交付出版的小书能够对学生们有一点点益处，也是它的价值所在了。

　　人生际遇，莫非种因成果，一得一失，但求问心无愧。偶有小成，半缘于努力半缘于机遇，在此必须感谢的是那些教导提携我的恩师、前辈和领导，肯定支持信任我的家人、朋友和学生，因为有你们，我从未感到孤单和绝望，也从未后悔自己的职业选择，需要感谢的人会铭记在心，在此原谅我不一一具名。这几年选调法院挂职、入选北京市国家治理青年人才选拔培养、担任法律系主任，感谢我所在学院院长刘泽军教授所给予的关爱支持，感谢我可敬可爱的同事们为我分担了诸多日常事务。

本书得以顺利完成和出版，特别致谢北方工业大学法律系的同仁郭玮博士和我的研究生岳毅的协助，致谢中国政法大学出版社丁春晖主任的帮助支持。真诚祝愿国家繁盛，人民安乐，法治日昌！

王海桥 2021 年 2 月于京西寓所